텐서플로 라이트를 활용한
안드로이드 딥러닝

텐서플로 라이트를 활용한 안드로이드 딥러닝

더 작고, 더 가벼운 모바일, 에지 기기용 머신러닝

초판 1쇄 발행 2021년 8월 1일

지은이 임태규 / **펴낸이** 김태헌
펴낸곳 한빛미디어(주) / **주소** 서울시 서대문구 연희로2길 62 한빛미디어(주) IT출판부
전화 02-325-5544 / **팩스** 02-336-7124
등록 1999년 6월 24일 제 25100-2017-000058호 / **ISBN** 979-11-6224-459-3 93000

총괄 전정아 / **책임편집** 홍성신 / **기획** 박민아 / **편집** 박민정
디자인 이아란 / **전산편집** 이소연
영업 김형진, 김진불, 조유미 / **마케팅** 박상용, 송경석, 한종진, 이행은, 고광일, 성화정 / **제작** 박성우, 김정우

이 책에 대한 의견이나 오탈자 및 잘못된 내용에 대한 수정 정보는 한빛미디어(주)의 홈페이지나 아래 이메일로
알려주십시오. 잘못된 책은 구입하신 서점에서 교환해드립니다. 책값은 뒤표지에 표시되어 있습니다.

한빛미디어 홈페이지 www.hanbit.co.kr / 이메일 ask@hanbit.co.kr

지금 하지 않으면 할 수 없는 일이 있습니다.
책으로 펴내고 싶은 아이디어나 원고를 메일(writer@hanbit.co.kr)로 보내주세요.
한빛미디어(주)는 여러분의 소중한 경험과 지식을 기다리고 있습니다.

더 작고,
더 가벼운
모바일,
에지 기기용
머신러닝

텐서플로 라이트를 활용한
안드로이드 딥러닝

임태규 지음

한빛미디어
Hanbit Media, Inc.

모바일 분야는 이미 성숙하여 많은 전문가가 포진해 있고, 딥러닝은 진입장벽이 높은 기술입니다. 이처럼 각기 다른 분야의 두 기술을 융합한다는 것은 쉽지 않은 일이라고 생각합니다. 모바일이라는 기존 기술의 강점을 유지하면서 딥러닝이라는 새로운 기술을 접목하여 더욱 발전시키기 위해 한계를 넘어서야 하기 때문입니다. 이러한 도전적인 일에 앞장선 저자의 노력이 이 책에 고스란히 담겨 있어 독자들에게 새로운 길을 제시합니다.

오홍식 (에너지엑스 CIO)

실력 있는 엔지니어 및 개발자가 대우받는 시대입니다. IT 기업들은 아무리 인력이 부족해도 실력이 없으면 채용하지 않지만 실력 있는 개발자라면 수단과 방법을 가리지 않고 모셔갑니다. 그 결과 개발자 연봉이 치솟고 있는 현재 흐름을 만들었습니다.

이 책은 On-Device AI 분야뿐만 아니라 독자의 개발 실력을 키울 수 있게 만드는 개발 기본서입니다. 코드만 찍어내는 개발자가 아닌, 생각하고 고민하며 제한된 자원에서 신기술을 구현하는 개발자가 될 수 있도록 인도합니다. 초반은 안드로이드와 딥러닝 모델에 대해 학습하고 후반부에서는 기술 융합과 더불어 성능 최적화의 방향으로 제시합니다. 이 책으로 학습하는 독자 여러분은 실력 있는 개발자가 될 것입니다.

박재웅 (국가과학기술인력개발원 부연구위원)

오랫동안 안드로이드 개발을 헤왔지만 딥러닝 모델을 앱에서 직접 불러와 다루어본 적은 없었습니다. 이 책은 딥러닝 모델을 활용한 앱을 만들어볼 수 있는 유일한 가이드입니다.

이 책은 생소한 코드를 마치 페어 프로그래밍을 하듯이 한 줄 한 줄 이해시켜줍니다. 책을 다 읽고 나면 실무에서 사용 가능한 수준의 모델을 불러와 이를 이용한 앱을 만들고 최적화까지 수행할 수 있습니다. 딥러닝 모델을 다루는 앱을 개발해야 한다면 이 책을 적극 추천합니다.

황재영 (삼성전자 모바일 엔지니어)

딥러닝 기술은 하루가 다르게 빠르게 진화하고 있고 그에 따라 경량 딥러닝에 대한 관심도 점점 증가하고 있으며 다양한 분야에서 활용되고 있습니다. 국내는 관련 분야에 대한 전문적인 내용을 다룬 서적이 부족한 현실이나, 저자가 작성한 본 도서는 해당 분야를 학습하려고 하는 독자들에게 많은 도움이 될 것이라고 생각합니다.

본 도서는 기초적인 모바일 개발부터 전문적인 딥러닝 알고리즘과 활용 방법에 대하여 기술하여 혼자 학습하기에 무리가 없고 전체적인 모바일 딥러닝 기술을 이해하고 관련 앱을 개발하는 데 길라잡이와 같은 역할을 할 것입니다.

부디 이 책을 통하여 익힌 모바일 딥러닝 노하우를 이용하여 AI 기술 성숙도가 증대되기를 바라며, 궁극적으로 국내 AI 산업이 발전하기를 기대해 봅니다.

이상헌(한화시스템 시스템 엔지니어)

딥러닝 환경을 구성하기 위해 AWS 등의 클라우드를 이용하는 경우가 많다. 하지만 보안, 네트워크 사용량 증가, 클라우드 사용 요금에 대한 부담이 있다. On-Device AI를 이용한다면 위의 걱정들을 말끔히 해결할 수 있다.

현실적으로 딥러닝 구동 환경은 대부분 x86 cpu, 리눅스, NVIDIA 그래픽 카드를 가진 환경이고 많은 예제들이 앞의 조건을 충족한다고 가정한다. 반면에 에지 디바이스는 cpu, 그래픽 카드의 부재 등 다른 운영체제와 하드웨어 구성이 크게 다르다. 그래서 에지 디바이스에서 딥러닝을 접하기에 문턱이 높다고 느껴왔었다.

이 책에서는 안드로이드에서 텐서플로를 구동하는 방법을 설명한다. 에지 디바이스에서 딥러닝을 경험하고 싶었던 사람들에게는 희소식이다. 부족한 예제가 큰 벽으로 느껴왔는데, 이 책을 통해서 많은 부분을 해소할 수 있을 것이라 생각한다.

윤영민(현대오토에버 AI 엔지니어)

머리말

지난 몇 년간 딥러닝을 필두로 인공지능 기술이 비약적으로 발전하여 IT 업계 전반으로 확산되었습니다. 현업에서는 인공지능이 포함되지 않은 프로젝트는 시작도 하기 어렵다는 우스갯소리마저 나오고 있습니다.

하지만 딥러닝은 여전히 소수의 전공자들만 접근할 수 있는 영역으로 인식되고 있습니다. 최근에는 다양한 딥러닝 관련 서적이 출간되고 텐서플로, 파이토치 등의 플랫폼이 발전하면서 진입 장벽이 점점 낮아지고 있습니다.

딥러닝은 강력한 컴퓨팅 자원이 필요하기 때문에 지금까지는 클라우드나 워크스테이션 등의 인프라를 갖춘 백엔드 환경에서 발전해왔습니다. 모바일에서 딥러닝 기반 기술을 제공하는 대부분의 서비스는 서버에 데이터를 전달하고 결과를 전달받아 보여주는 형태로 시스템을 설계합니다. 하지만 실시간 서비스 제공, 개인 정보 보호, 오프라인 환경 서비스 제공 등 다양한 이유로 서버 없이 기기 자체에서 딥러닝 모델을 수행하는 On-Device AI 기술의 수요가 점차 늘어나고 있습니다. 덕분에 딥러닝의 발전에 주도적으로 참여하기 어려웠던 모바일 개발자들이 더 적극적으로 딥러닝과 인공지능 기술을 모바일 환경 안으로 끌어들일 수 있게 되었습니다.

모바일 딥러닝은 아직 완전히 성숙하지 않은 기술입니다. 하드웨어의 한계, 알고리즘의 한계 등 개선해야 할 사항이 많습니다. 텐서플로 라이트와 파이토치 모바일 등 프레임워크가 발전하고 있음에도 아직 커뮤니티나 문서가 부족하고 관련 서적은 더더욱 부족합니다. 그나마 제공되는 샘플 코드나 레퍼런스도 입문자가 이해하기에는 어려운 수준입니다. 이처럼 들어서기가 쉽지 않은 모바일 딥러닝의 세계를 이해하는 데 조금이나마 도움이 되고자 이 책을 쓰게 되었습니다. 입문자의 시선에서 각 기술을 먼저 다룬 다음 이를 통합하는 방식으로 서술했습니다. 동작하는 코드를 만들어내는 데에서 그치지 않고 가급적 라인 단위로 각 코드의 의미를 상세히 설명했습니다.

On-Device AI는 아직 생소하지만 미래가 유망한 분야입니다. 모바일은 사용자가 가장 많은 클라이언트 환경이고, 딥러닝을 접목할 수 있는 분야가 매우 많습니다. 모바일 딥러닝을 배우려는 독자에게 이 책이 길잡이가 되기를 바랍니다.

감사의 말

이 책을 집필하는 동안 도움을 주신 많은 분들께 감사드립니다. 먼저 항상 저를 믿고 지지해주시는 어머니, 아버지와 장모님, 장인어른께 고마운 마음을 전하고 싶습니다. 가까이에서 응원해주는 영배 형, 은지 누나, 영욱 씨, 초아, 준구에게도 늘 고맙고, 귀여운 시아와 태겸이는 힘들 때 큰 위로가 됩니다. 자주 보지는 못하지만 마음의 고향인 스피어스 친구들에게도 감사 인사를 전합니다.

또한 집필 시작부터 마지막까지 물심양면으로 지원해주신 홍성신, 박민아 편집자님께 감사드립니다. 두 분의 세심한 손길을 거쳐 책이 나아지는 모습을 보면서 많이 배울 수 있었습니다.

마지막으로 훌륭한 선생님이자 최고의 학생이며 든든한 친구인 인생의 반려자 윤지에게 고맙다는 말을 하고 싶습니다. 항상 곁에 있어준 덕분에 오늘도 한 걸음 나아가고 있습니다.

2021년 7월 임태규

임태규

dualcode.pe@gmail.com

삼성전자에서 9년 동안 안드로이드 기반 서비스를 개발했고, 현재 쿠팡에서 플러터를 이용하여 모바일 앱을 개발하고 있습니다. 정보관리기술사로 IT 기술 전반에 관심이 많으며, 최근에는 인공지능 기술에 주목하고 있습니다. 모바일 개발자로서 모바일과 인공지능 기술의 융합에 기여하고자 합니다.

이 책에 대하여

대상 독자

이 책은 안드로이드 앱에서 딥러닝 모델을 활용하는 방법을 다룹니다. 이 책을 읽으려면 자바와 파이썬 언어에 대한 기본적인 지식이 필요합니다. 자바와 파이썬 언어에 익숙하지 않은 독자는 사전 지식을 갖춘 뒤 이 책을 읽기 바랍니다.

앱 개발 경험이 있는 안드로이드 개발자라면 이 책을 통해 스스로 만든 앱에 딥러닝 모델을 배포하여 활용하는 방법을 익힐 수 있습니다. 또한 딥러닝 모델 개발 경험이 있는 AI 엔지니어라면 직접 개발한 모델을 안드로이드 환경에서 서비스하는 방법을 배울 수 있습니다.

이 책의 구성

이 책은 총 9개 장으로 구성되어 있습니다. 먼저 안드로이드 앱을 개발하는 방법과 딥러닝 모델을 개발하는 방법을 살펴본 다음 딥러닝 모델을 활용한 안드로이드 앱을 개발하는 방법을 설명합니다. 그리고 모델의 추론 성능을 측정하고 이를 최적화하는 방법도 다룹니다.

1장: 개요 및 개발 환경 구축

- 1장에서는 안드로이드와 텐서플로 라이트 프레임워크를 소개하고 개발 환경을 구축합니다.

2장, 3장: 안드로이드 앱 개발

- 2장에서는 안드로이드 프로젝트를 생성하고 프로젝트 구조와 구성 요소를 알아봅니다.

- 3장에서는 안드로이드 앱의 UI를 구성할 수 있도록 레이아웃과 위젯에 대해 살펴보고 외부 컴포넌트를 사용하는 방법을 알아봅니다.

4장: 딥러닝 모델 개발

- 4장에서는 텐서플로 라이트 모델 개발 워크플로를 알아보고 각 프로세스에 따라 모델을 개발하여 안드로이드 프로젝트에 배포합니다.

5장, 6장, 7장: 딥러닝 모델을 이용한 안드로이드 앱 개발

- 5장에서는 4장에서 개발한 딥러닝 모델을 활용하여 안드로이드 앱을 개발합니다. 앱에서 모델에 입력할 데이터를 만들고, 이를 모델에 입력하여 추론하고 그 결과를 표현하는 방법을 알아봅니다.

- 6장에서는 프레임워크를 이용하여 다양한 방법으로 기기에서 이미지를 얻고 이를 분석하는 앱을 개발합니다.

- 7장에서는 기기의 카메라에 입력되는 데이터를 실시간으로 처리하는 앱을 개발합니다. 이미지 크기 최적화와 비동기 처리 등 실시간 데이터 처리를 위한 기법을 알아봅니다.

8장, 9장: 성능 향상 및 최적화

- 8장에서는 기기에서 모델의 추론 성능을 측정하고, 이를 향상시키는 방법을 알아봅니다.

- 9장에서는 제한된 환경에서 최고의 성능을 낼 수 있도록 모델을 최적화하는 방법을 알아봅니다.

개발 환경

- 파이썬 버전: 3.8
- 텐서플로 버전: 2.4.1
- 텐서플로 라이트 버전: 2.4.0
- 통합 개발 환경: Android Studio, Visual Studio Code
- 테스트 기기: 구글 픽셀3, 삼성 갤럭시S20

예제 코드

책에 수록된 예제 코드로 전체적인 흐름을 따라갈 수 있지만, 실제 구현이 필요한 경우 다음 깃허브 주소에서 전체 소스코드를 다운로드할 수 있습니다.

https://github.com/dualcoder-pe/android_tflite

문의 사항 및 제언

오탈자, 소스코드의 버그, 기타 문제 등 이 책에 대한 각종 문의 사항과 제언은 다음 깃허브 이슈에 등록해주시기 바랍니다. 독자 여러분의 소중한 의견을 기다리겠습니다.

https://github.com/dualcoder-pe/android_tflite/issues

차례

차례

1장
안드로이드와
텐서플로 라이트 입문

이 책에서는 텐서플로 라이트$^{TensorFlow\ Lite}$를 이용하여 안드로이드^{Android} 앱을 개발하는 방법을 알아볼 것입니다. 1장에서는 안드로이드와 텐서플로 라이트에 입문하는 독자를 위해 각 프레임워크^{framework}를 소개하고 개발 환경을 구축합니다. 즉 딥러닝 모델을 개발하고 이를 안드로이드에서 활용하기 위한 전체 개발 워크플로를 살펴본 다음 안드로이드와 텐서플로 라이트 개발 환경을 구축할 것입니다. 이 장을 읽고 나면 안드로이드와 텐서플로를 대략적으로 이해하고, 딥러닝 모델과 안드로이드 앱을 개발하는 환경을 갖출 수 있습니다.

1.1 안드로이드와 텐서플로 라이트를 이용한 앱 개발 워크플로

안드로이드와 텐서플로 라이트를 이용하여 앱을 개발하는 전체 프로세스는 [그림 1-1]과 같이 딥러닝 모델 개발과 안드로이드 앱 개발로 나눕니다.

그림 1-1 안드로이드 딥러닝 개발 프로세스

딥러닝 모델 개발 프로세스에서는 파이썬^{Python}과 텐서플로를 이용하여 모델을 설계하고 훈련합니다. 모델이 개발되면 모바일에서 사용 가능하도록 텐서플로 라이트 모델로 변환하여 저장합니다. 딥러닝 모델 개발 단계의 최종 산출물은 텐서플로 라이트 모델을 파일로 저장한 tflite 파일입니다.

tflite 파일이 생성되면 안드로이드 앱 개발 환경에서 안드로이드 앱의 UI$^{User\ Interface}$와 비즈니스 로직을 개발합니다. UI 개발 단계에서는 사용자에게 보여줄 화면을 개발하고 화면에서 발생하는 이벤트를 비즈니스 로직과 연결합니다. 비즈니스 로직 개발 단계에서는 UI로부터 전달받은 이벤트를 처리하고, 딥러닝 모델을 불러와 데이터 입력 및 추론 결과 처리 로직을 구현합니다. 앱 개발 단계의 최종 산출물은 안드로이드 기기에 직접 설치되는 앱의 설치 파일인 apk 파일입니다. 이렇게 개발된 앱은 사용자로부터 데이터를 입력받아 딥러닝 모델로 추론하여 결과를 활용하는 서비스를 제공합니다.

각 개발 프로세스는 일정 수준까지 병행하여 진행할 수 있습니다. 예를 들어 안드로이드 앱의 UI 개발과 데이터 생성 로직 개발은 딥러닝 모델 개발 프로세스와 병행이 가능합니다. 앱에서 모델을 불러와 추론하는 부분을 구현하기 전까지만 딥러닝 모델을 완성하면 됩니다. 모델 개발 자와 앱 개발자가 협업하여 앱을 개발하는 프로젝트의 경우 두 프로세스를 병행하면 개발 일정 을 단축할 수 있습니다.

딥러닝 모델을 활용하여 안드로이드 앱을 개발할 때에는 텐서플로 라이트와 안드로이드 플랫 폼 등 여러 프레임워크를 이용하기 때문에 설치할 것도 많고 환경 구축이 다소 복잡합니다. 하 지만 설치 과정을 천천히 따라 해보면 처음 접하는 독자라도 쉽게 개발 환경을 구축할 수 있습 니다. 먼저 안드로이드에 대해 알아보고 개발 환경을 구축해봅시다.

1.2 안드로이드 입문

안드로이드는 스마트폰을 비롯해 다양한 임베디드 기기의 운영체제로 사용되는 플랫폼입니다. 2021년 6월을 기준으로 모바일 시장에서 안드로이드는 점유율이 72.83%로 1위를 차지하고 있습니다.* 만약 독자가 딥러닝 모델을 활용하여 만든 솔루션을 안드로이드로 배포한다면 스마 트폰 사용자의 72.83%가 잠재적인 고객이 되는 셈입니다. 그러므로 점유율 면에서 안드로이 드는 딥러닝 모델을 적용한 서비스를 제 공하기에 가장 매력적인 모바일 플랫폼 입니다.

딥러닝 모델은 강력한 컴퓨팅 자원을 필 요로 하지만, 안드로이드는 주로 모바일 환경에서 동작하기 때문에 디바이스에 서 가용한 컴퓨팅 자원이 제한적입니다. 그래서 지금까지는 딥러닝의 추론 결과 를 안드로이드 앱에서 이용하기 위해

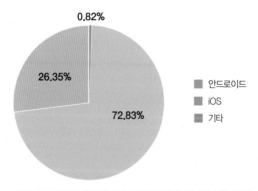

그림 1-2 모바일 운영체제별 시장 점유율(2021년 6월 기준)

---

* 출처: 시장조사 기관 스탯카운터

[그림 1-3]과 같이 서버에 데이터를 보내고 추론 결과를 받아서 활용하는 서버 기반 아키텍처를 많이 사용했습니다.

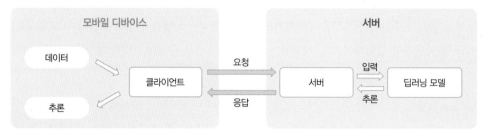

그림 1-3 서버 기반 아키텍처

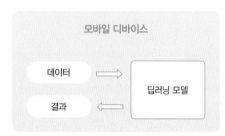

그림 1-4 On-Device AI

그러나 최근 안드로이드는 [그림 1-4]와 같이 서버를 통하지 않고 기기에서 직접 딥러닝 모델을 동작시키는 온디바이스 AI[on-device Artificial Intelligence]를 위한 아키텍처와 컴퓨팅 파워를 갖춰가고 있습니다. 또한 텐서플로는 모바일과 IoT[Internet of Things]에 특화된 딥러닝 프레임워크인 텐서플로 라이트를 공개하여 안드로이드의 On-Device AI 개발 환경을 더욱 개선해나가고 있습니다.

텐서플로 라이트는 텐서플로로 만든 모델을 모바일과 IoT 환경에서 활용할 수 있도록 지원하고 있습니다. 이 책에서는 텐서플로 라이트를 적극적으로 활용하여 딥러닝 모델과 안드로이드 앱을 개발할 것입니다.

1.2.1 안드로이드 플랫폼의 개요

리눅스 커널을 기반으로 한 오픈소스 플랫폼인 안드로이드는 커널부터 API까지 모든 계층을 지원하며, 앱 개발 언어로 자바[Java]와 코틀린[Kotlin]을 지원합니다. 이 책에서는 안드로이드 앱 개발 언어로 자바를 사용할 것입니다. 2019년 5월 7일 이후 코틀린이 안드로이드 앱 개발의 주력 언어가 되었으나, 텐서플로 라이트의 많은 예제 프로젝트는 자바로 작성되어 있습니다. 그밖에도 많은 안드로이드 프로젝트가 자바로 작성되었으며, 자바 코드를 코틀린으로 변환하기는 비교적 쉽습니다. 또한 자바와 코틀린은 100% 상호 호환되기 때문에 텐서플로 라이트 학습에 자바를 이용하는 것이 장기적으로 더 도움이 될 것입니다.

1.2.2 안드로이드 플랫폼 아키텍처

안드로이드 플랫폼 아키텍처와 안드로이드의 구성 요소^{component}를 살펴보면 안드로이드 플랫폼을 더 잘 이해할 수 있습니다. [그림 1-5]와 같이 안드로이드 플랫폼 아키텍처는 크게 커널, 하드웨어 추상화 계층$^{Hardware\ Abstraction\ Layer,\ HAL}$, 안드로이드 런타임$^{Android\ RunTime,\ ART}$, 네이티브 C/C++ 라이브러리, 자바 API$^{Application\ Programming\ Interface}$ 프레임워크, 시스템 앱으로 구성됩니다.

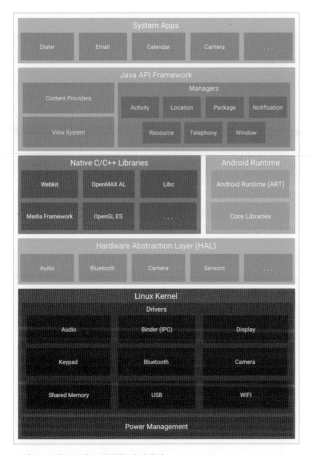

그림 1-5 안드로이드 플랫폼 아키텍처　출처: https://developer.android.com/guide/platform

운영체제의 핵심 기능을 수행하는 커널은 하드웨어와 소프트웨어 사이에서 하드웨어를 제어, 관리하고 소프트웨어에 하드웨어 자원을 제공합니다. 안드로이드 플랫폼은 리눅스 커널을 기반으로 하기 때문에 호환성이 뛰어납니다. 덕분에 하드웨어 제조 업체는 리눅스 기반의 커널과 공개된 소스코드를 참조하여 디바이스 드라이버를 쉽게 제작할 수 있습니다.

하드웨어 추상화 계층은 하위 계층인 하드웨어의 여러 기능을 인터페이스 형태로 상위 계층에 제공합니다. 안드로이드 런타임과 네이티브 C/C++ 라이브러리는 하드웨어 추상화 계층이 제공하는 인터페이스를 호출하여 디바이스의 기능을 이용할 수 있습니다.

안드로이드 런타임은 DEX^{Dalvik EXecutable} 파일을 실행하는 가상머신^{Virtual Machine, VM}입니다. DEX 파일은 컴파일러가 가상머신 위에서 소스코드를 실행하기 위해 변환한 중간 코드(바이트 코드)입니다. 바이트 코드를 사용하는 것은 자바의 특징으로, 자바는 하드웨어 아키텍처의 영향을 받지 않기 위해 소스코드를 바이트 코드로 변환하고 이를 가상머신 위에서 동작시킵니다. [그림 1-6]은 자바 코드가 기계어로 번역되기까지의 과정을 보여줍니다. 자바 코드를 중간 코드인 DEX로 변환함으로써 하드웨어 아키텍처에 의존적인 부분이 가상머신에서 처리되므로, 자바 코드는 하드웨어 아키텍처에 독립적으로 동작할 수 있습니다.

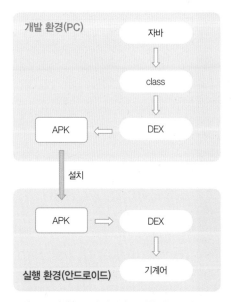

그림 1-6 자바 코드가 기계어로 변환되는 과정

네이티브 C/C++ 라이브러리는 C와 C++ 언어로 작성된 라이브러리를 제공합니다. 3D 그래픽스 라이브러리인 OpenGL ES, 웹 브라우저 라이브러리인 Webkit 등 C 언어 기반의 라이브러리가 여기에 포함됩니다. 안드로이드 NDK ^{Native Development Kit}를 이용하면 네이티브 C/C++ 라이브러리를 사용하여 C와 C++로 안드로이드 앱을 만들 수 있습니다. C와 C++는 자바처럼 바이트 코드 변환 과정이 없고, 가상머신 없이 네이티브로 동작하기 때문에 처리 속도가 더 빠릅니다. 따라서 수행 속도가 중요한 기능을 개발하거나 이미 C와 C++로 개발된 모듈을 재사용하는 경우 NDK를 이용합니다. NDK를 이용하여 C와 C++로 개발한 코드를 자바에서 호출할 때에는 [그림 1-7]과 같이 JNI ^{Java Native Interface}를 이용합니다.

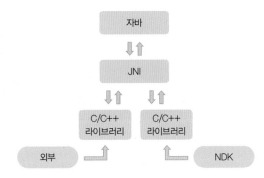

그림 1-7 NDK와 JNI를 이용한 C/C++ 코드 사용

자바 API 프레임워크는 앱 개발에 필수적인 기능을 제공하는 자바 기반의 API입니다. 이 책에서 다루는 내용 중 많은 부분이 여기에 속하며, 안드로이드 앱을 개발할 때 주로 자바 API를 호출하게 될 것입니다.

시스템 앱은 플랫폼에 기본적으로 포함되어 사용자가 기기를 이용하는 데 필요한 필수적인 기능을 제공하는 앱 모음으로 전화, SMS, 이메일, 카메라 앱 등이 속합니다. 시스템 앱도 자바 API 프레임워크를 이용합니다.

1.2.3 안드로이드의 구성 요소

안드로이드의 4대 구성 요소는 액티비티 ^{Activity}, 서비스 ^{Service}, 콘텐트 프로바이더 ^{Content Provider, CP}, 브로드캐스트 리시버 ^{Broadcast Receiver, BR}입니다. 이 네 가지 구성 요소는 인텐트 ^{intent}를 이용하여 상호 작용을 합니다. 각 구성 요소의 역할과 특징을 알아봅시다.

(1) 액티비티

액티비티는 안드로이드에서 가장 중요한 구성 요소로, 사용자에게 보이는 화면 UI를 담당합니다. 모든 안드로이드 앱은 적어도 하나의 액티비티를 가지고 있으며, 앱을 실행하면 지정된 액티비티의 코드가 생명주기에 맞추어 호출됩니다. 따라서 안드로이드 앱을 개발할 때에는 액티비티의 생명주기를 알고 그에 맞게 코드를 작성하는 것이 중요합니다.

액티비티의 생명주기는 6단계로 구분되며, 각 생명주기에 따라 [그림 1-8]과 같이 onCreate( ), onStart( ), onResume( ), onPause( ), onStop( ), onDestroy( )라는 콜백 함수^{callback function}가 호출됩니다.

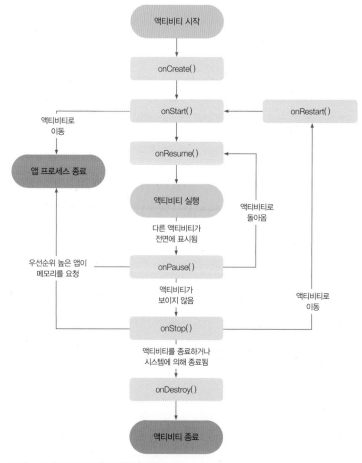

그림 1-8 안드로이드 액티비티의 생명주기

출처: https://developer.android.com/guide/components/activities/activity-lifecycle?hl=ko

액티비티가 시작되면 맨 먼저 onCreate( ) 함수가 호출됩니다. 콜백 함수는 필요할 때에만 오버라이딩^{overriding}하여 구현하면 되지만, onCreate( ) 함수를 구현하지 않는 경우는 거의 없습니다. onCreate( )는 처음 한 번만 호출되므로 여기에는 일반적으로 액티비티와 UI 구성 요소를 연결하고 초기화하는 로직을 구현합니다.

onCreate( )가 완료되면 다음으로 onStart( )가 호출되고 액티비티가 기기 화면에 나타납니다. 이때 앱은 액티비티를 화면에 띄우고 상호 작용을 준비합니다. onStart( )는 onCreate( )가 종료되었을 때뿐만 아니라 onStop( ) 상태에서 onRestart( )가 호출되었을 때, 즉 액티비티가 멈춘 뒤 다시 시작할 때에도 호출됩니다.

onStart( )가 완료되면 시스템은 onResume( )를 호출하며, onResume( ) 상태에서는 사용자와 앱의 상호 작용이 가능합니다. onResume( )에서는 앱이 전면에 표시되어 동작하는 동안 실행할 기능을 활성화합니다.

onResume( ) 상태에서 전화가 오거나 다른 액티비티를 실행하는 등 액티비티가 포커스를 잃은 경우 또는 기기의 화면을 끄는 경우 onPause( )가 호출됩니다. onPause( )는 onResume( )와 짝꿍이라고 생각하면 됩니다. onPause( )에서는 onResume( )로 활성화한 동작을 중지할 수 있습니다. onPause( ) 상태에서 앱이 다시 포커스를 받으면 onResume( ) 상태로 돌아갑니다.

액티비티가 더 이상 화면에 표시되지 않으면 onPause( )를 거쳐 onStop( )이 호출됩니다. onStop( )은 onStart( )와 짝꿍으로, onStart( )에서 할당했던 리소스를 초기화하거나 파일, DB, 네트워크 등에 데이터를 저장하는 동작을 구현합니다.

onStop( )이 호출되어도 액티비티는 메모리에서 즉각 해제되지 않고 여전히 남아 있습니다. 그러나 사용자가 액티비티를 완전히 종료하거나 액티비티의 finish( ) 함수를 호출한 경우 또는 시스템이 액티비티를 소멸시킨 경우 액티비티가 소멸되면서 onDestroy( )를 호출합니다. 액티비티 생명주기의 마지막 단계인 onDestroy( )에서는 아직 해제되지 않은 모든 객체나 리소스를 해제하고 정리합니다.

(2) 서비스

서비스는 기기의 화면에 표시되지 않고 백그라운드에서 실행되는 작업을 처리하는 구성 요소입니다. 백그라운드에서 처리해야 하는 작업은 네트워크를 이용한 데이터 송수신, 음원 재생, 대용량 파일 입출력 등 시간이 오래 걸리는 것들입니다. 이러한 작업이 백그라운드에서 처리되지 않는다면 안드로이드 운영체제는 ANR^{Application Not Responding} 오류를 발생시키고, 시스템은 사용자에게 애플리케이션이 응답하지 않는다는 메시지를 보여줍니다. 서비스는 기본적으로 메인 스레드에서 동작하며, 앱의 실행 여부와 관계없이 동작할 수 있습니다.

서비스의 유형에는 백그라운드^{background}, 포그라운드^{foreground}, 바인드^{bind}가 있습니다. 백그라운드 서비스는 사용자에게 보이지 않는 서비스로, UI와 상관없는 작업을 처리할 때 사용합니다. 포그라운드 서비스는 UI를 표시할 필요가 있을 때 사용합니다. 상태 바^{progress bar} 처리나 알림^{notification} 등 서비스에서 동작하더라도 UI가 필요한 작업에는 포그라운드 서비스를 사용합니다. 바인드는 클라이언트-서버 아키텍처를 제공하는 서비스입니다. 서비스가 서버 역할을 하고, 서비스를 바인딩한 구성 요소가 클라이언트 역할을 합니다. 바인드 서비스를 이용하면 서로 다른 프로세스 간에도 데이터를 주고받을 수 있어 프로세스 간 통신^{Inter Process Communication, IPC}의 수단으로도 쓰입니다.

서비스는 액티비티와 다른 고유의 생명주기를 가지고 있으며, [그림 1-9]는 서비스의 생명주기를 보여줍니다.

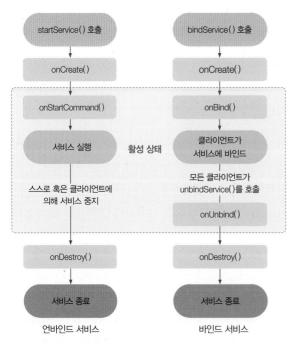

그림 1-9 서비스의 생명주기

출처: https://developer.android.com/guide/components/services?hl=ko

서비스를 사용하려는 구성 요소가 startService( )를 호출하면 처음 한 번은 서비스가 생성되면서 onCreate( )가 호출됩니다. onCreate( )가 완료되었거나 두 번째로 startService( )를 호출하면 onStartCommand( )가 호출되고, 서비스가 종료되면 onDestroy( )가 호출됩니다. 한편 바인드 서비스는 생명주기에 다소 차이가 있는데, startService( ) 대신 bindService( )를 호출하여 서비스를 바인딩합니다. 바인딩이 완료되면 onStartCommand( ) 대신 onBind( )가 호출되고, 모든 클라이언트의 연결이 해제되면 onUnbind( )가 호출됩니다. 서비스의 시작과 종료 시에 각각 onCreate( )와 onDestroy( )가 호출되는 것은 일반 서비스와 동일합니다.

(3) 콘텐트 프로바이더

CP라고도 일컫는 콘텐트 프로바이더는 외부에 데이터를 제공하는 역할을 합니다. 주로 앱 내에서 생성하거나 관리하는 데이터를 다른 앱에 제공하는 기능을 표준화합니다. SQLite처럼 구조화된 관계형 데이터베이스를 공유하거나 이미지, 음악 파일처럼 비구조화된 데이터를 공유합니다. 콘텐트 프로바이더를 구현하면 앱 내부 데이터를 외부에 공유할 수 있고, 다른 앱의 콘텐트 프로바이더를 호출하여 해당 앱의 데이터에 접근하거나 읽고 쓸 수 있습니다. 예를 들어 연락처의 콘텐트 프로바이더를 통해 앱에 저장된 연락처를 받아올 수 있고, 미디어 콘텐트 프로바이더를 통해 저장된 사진이나 비디오 등을 얻을 수 있습니다.

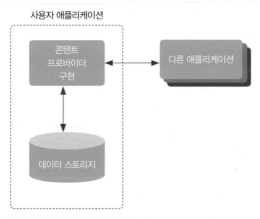

그림 1-10 콘텐트 프로바이더

출처: https://developer.android.com/guide/topics/providers/content-providers?hl=ko

콘텐트 프로바이더를 이용하면 데이터 접근 권한을 상세히 관리할 수 있어 보안과 데이터 관리에도 유용합니다. 내·외부 저장소에 따라 권한을 달리 부여할 수도 있고, 읽기/쓰기 등 접근 수준을 다르게 설정할 수도 있습니다. 또한 쿼리를 기반으로 하기 때문에 데이터의 유형이나 세부 구현에 의존적이지 않도록 비동기식으로 데이터에 접근할 수 있습니다.

(4) 브로드캐스트 리시버

브로드캐스트 리시버는 브로드캐스팅된 메시지를 받는 수신자입니다. 브로드캐스트 리시버를 이해하려면 먼저 브로드캐스팅을 이해해야 합니다. 브로드캐스팅은 이벤트 기반 아키텍처[Event Driven Architecture, EDA]인 발행-구독 패턴과 유사합니다. 발행-구독 패턴은 발행자[publisher]와 구독자[subscriber], 이벤트 관리자[event broker]로 구성됩니다. 발행자는 정보를 담은 이벤트를 발행하고, 구독자는 원하는 이벤트를 받아서 처리하며, 이벤트 관리자는 중간에서 이벤트를 수신 및 전달하는 메시지 큐[message queue] 역할을 합니다. 발행-구독 패턴은 발행자와 구독자가 느슨하게 결합되며[loosely-coupled] 비동기로 동작하기 때문에 널리 사용되고 있습니다.

그림 1-11 발행-구독 패턴

브로드캐스트 리시버는 구독자 역할을 하고, 인텐트는 메시지가 되며, 이벤트 관리자는 안드로이드 운영체제가 담당합니다. 브로드캐스팅을 이용하면 발행자는 알리고 싶은 이벤트가 발생했을 때 원하는 정보를 인텐트에 담아 불특정 다수 또는 특정 패키지를 지정하여 보낼 수 있습니다. 구독자는 원하는 메시지 필터를 미리 등록하여 브로드캐스팅된 메시지 가운데 원하는 것을 골라서 수신할 수 있습니다. 브로드캐스팅되는 메시지의 종류는 매우 다양합니다. 운영체제에서 각종 정보를 알리거나 디바이스 동작과 관련된 이벤트를 보내기도 하고, 특정 앱에서 스스로 정의한 이벤트를 브로드캐스팅하기도 합니다.

브로드캐스팅은 대상 패키지의 지정 여부에 따라 명시적 브로드캐스팅, 암시적 브로드캐스팅으로 구분됩니다. 명시적 브로드캐스팅은 발행자가 브로드캐스트를 요청할 때부터 어떤 패키지에 브로드캐스팅할지를 지정하며, 발행자가 지정하지 않은 패키지는 인텐트를 받을 수 없습니다. 반면에 암시적 브로드캐스팅은 모든 패키지를 대상으로 브로드캐스팅하므로 발행자가 패키지를 지정하지 않고 모든 패키지가 인텐트를 받을 수 있습니다.

브로드캐스팅을 수신하는 방법으로는 두 가지가 있습니다. 첫 번째는 안드로이드 매니페스트 manifest를 이용하는 정적인 방법입니다. 안드로이드 매니페스트는 앱에서 사용할 권한, 서비스, 액티비티 등을 선언하는 xml로 작성된 설정 파일로, 뒤에서 안드로이드 프로젝트의 구조를 설명할 때 자세히 다룰 것입니다. 브로드캐스팅을 수신하는 두 번째 방법은 코드상에서 컨텍스트 context에 수신하고자 하는 인텐트를 등록하는 방식입니다. 안드로이드 8.0(API Level 26)부터는 매니페스트를 이용한 브로드캐스팅 수신의 경우 명시적 브로드캐스팅만 가능하도록 제한하고 있습니다. 다만 몇 가지 암시적 브로드캐스팅은 매니페스트에서 수신 가능하도록 예외를 두었는데, 예외 동작action은 안드로이드 개발자 사이트의 다음 페이지에서 확인할 수 있습니다.

https://developer.android.com/guide/components/broadcast-exceptions?hl=ko

(5) 인텐트

인텐트는 구성 요소 간의 정보 전달을 위한 메시지 역할을 합니다. 즉 액티비티에서 다른 액티비티로 전환하거나, 서비스를 구동하거나, 브로드캐스팅을 통해 다른 앱에 메시지를 전달하는 등 다양한 역할을 합니다. 인텐트는 컴포넌트 이름, 액션, 데이터, 카테고리, 엑스트라, 플래그로 이루어져 있으며 이를 [표 1-1]에 정리했습니다.

표 1-1 인텐트 구성 요소의 역할

구성 요소	역할
컴포넌트 이름	인텐트를 전달할 대상 지정(컨텍스트+대상 클래스)
액션	인텐트를 통해 어떤 작업을 수행할지 전달(String)
데이터	인텐트가 가지고 있는 데이터(Uri)
카테고리	인텐트의 종류 구분(String)
엑스트라	인텐트 처리에 필요한 데이터(key-value)
플래그	인텐트의 메타 데이터(int)

컴포넌트 이름은 현재 컨텍스트와 대상 클래스로 구성되고, 여기에는 인텐트를 통해 어떤 컴포 넌트에 인텐트를 전달할지가 담겨 있습니다. 액션은 인텐트가 어떤 작업에 사용될지를 나타내 며, 액션에 따라 데이터나 엑스트라에 어떤 내용이 담겨 있는지 식별합니다. 데이터는 인텐트 에 담긴 데이터의 Uri와 MIME 타입 정보를 가지고 있습니다. 카테고리는 인텐트의 종류를 구 분할 수 있는 추가 정보를 담고 있으며, 엑스트라는 인텐트 처리에 필요한 데이터를 키-값 쌍 으로 가지고 있습니다. 플래그는 인텐트에 대한 다양한 추가 정보를 가지고 있는 메타 데이터 로, Intent 클래스 안에 정의되어 있습니다. 인텐트를 사용하는 데 이러한 여섯 가지 정보가 모 두 필요한 것은 아닙니다. 용도에 맞게 필요한 정보만 채워서 사용하면 됩니다.

1.3 안드로이드 개발 환경 구축

안드로이드 앱을 개발하려면 통합 개발 환경$^{\text{Integrated Development Environment, IDE}}$인 안드로이드 스 튜디오를 설치해야 합니다. 예전에는 JDK$^{\text{Java Development Kit}}$를 먼저 설치하고 안드로이드 스튜 디오를 설치해야 했지만 지금은 안드로이드 스튜디오를 설치할 때 함께 설치됩니다. 안드로이 드 스튜디오를 설치하고 나면 추후에 필요한 안드로이드 SDK$^{\text{Software Development Kit}}$나 텐서플로 라이트 라이브러리 등은 안드로이드 스튜디오를 통해 다운로드 및 설치가 가능합니다.

1.3.1 안드로이드 스튜디오 다운로드

다음 주소에서 최신 버전의 안드로이드 스튜디오를 다운로드할 수 있습니다.

```
https://developer.android.com/studio
```

1.3.2 안드로이드 스튜디오 설치

다운로드한 설치 파일을 실행하여 설치를 진행합니다. 안드로이드 스튜디오 설치 안내 창에서 〈Next〉를 클릭합니다.

그림 1-12 안드로이드 스튜디오 설치: 안내

가상 디바이스를 사용하려면 Android Virtual Device에 체크된 상태로 두고, 가상 디바이스 대신 실제 안드로이드 기기로 테스트하려면 Android Virtual Device의 체크를 해제합니다. 안드로이드 기기의 다양한 센서나 하드웨어를 활용하기 위해 실제 안드로이드 기기로 테스트하는 환경을 권장합니다.

그림 1-13 안드로이드 스튜디오 설치: 설치 요소 선택

이어서 설치 경로를 지정합니다. 기본 설정대로 설치할 것을 권장합니다.

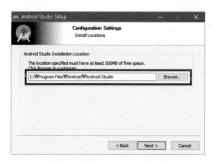

그림 1-14 안드로이드 스튜디오 설치: 설치 경로 지정

시작 메뉴에 아이콘을 추가하는 창이 나타나면 〈Install〉을 클릭하여 설치를 시작합니다.

그림 1-15 안드로이드 스튜디오 설치: 시작 메뉴 아이콘 추가

설치가 완료되면 〈Finish〉를 클릭하여 안드로이드 스튜디오를 실행합니다. 안드로이드 스튜디오를 처음 실행하면 설정 파일을 불러올 수 있는 대화상자가 나타나는데, 기존에 사용하던 설정이 없다면 Do not import settings를 선택하고 〈OK〉를 클릭하여 설정을 계속합니다.

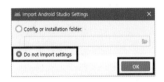

그림 1-16 안드로이드 스튜디오 첫 실행: 기존 설정 파일 불러오기

안내 창에서 〈Next〉를 클릭하면 다음과 같이 안드로이드 스튜디오 설치 유형을 선택할 수 있습니다. 기본 설정대로 Standard를 선택하고 〈Next〉를 클릭합니다.

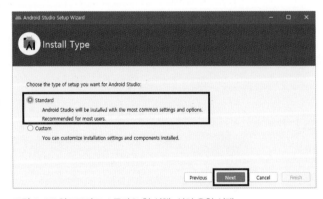

그림 1-17 안드로이드 스튜디오 첫 실행: 설치 유형 선택

다음으로 안드로이드 스튜디오의 테마를 선택하는 창이 나타나면 선호하는 테마를 선택하고 〈Next〉를 클릭합니다. 눈이 예민하다면 눈의 피로가 덜한 어두운 테마를 선택하는 것이 좋습니다.

그림 1-18 안드로이드 스튜디오 첫 실행: 테마 선택

이제 안드로이드 개발에 필요한 컴포넌트, 즉 최신 안드로이드 SDK, 빌드 도구, 가상 디바이스 등을 웹에서 다운로드합니다. SDK 아래에는 가상 디바이스 관련 드라이버 항목이 있는데 CPU 타입에 따라 드라이버가 다릅니다. 가상 디바이스를 설치하지 않는 경우 이 드라이버와 Android Virtual Device에 체크하지 않아도 됩니다.

그림 1-19 안드로이드 스튜디오 첫 실행: 컴포넌트 다운로드

다운로드가 완료되면 〈Finish〉를 클릭하여 안드로이드 스튜디오 환경 설정을 마칩니다.

그림 1-20 안드로이드 스튜디오 첫 실행: 프로젝트 준비

안드로이드 스튜디오의 설치가 거의 끝났으며 이제 프로젝트를 새로 생성하거나 기존 프로젝트를 불러올 수 있지만, 먼저 시스템 환경 변수를 설정하겠습니다. 시스템 환경 변수 설정은 필수 항목은 아니지만 추후 윈도우 콘솔 창에서 adb 등 안드로이드 명령어를 사용하거나 오래된 개발 환경에서 개발된 프로젝트를 불러올 때 유용합니다.

먼저 [시작]-[설정]의 검색 창 또는 작업 표시줄의 검색 창에 '환경 변수'를 입력하고 '시스템 환경 변수 편집'을 선택하여 시스템 속성 창에 진입합니다.

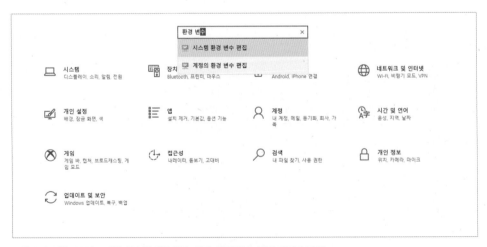

그림 1-21 안드로이드 개발 시스템 환경 변수 설정: 환경 변수 편집 페이지 검색

시스템 속성 창에서 〈환경 변수〉를 클릭합니다.

그림 1-22 안드로이드 개발 시스템 환경 변수 설정: 환경 변수 편집 페이지 진입

설정된 환경 변수가 나타날 것입니다.

그림 1-23 안드로이드 개발 시스템 환경 변수 설정: 환경 변수 편집 페이지

[표 1-2]와 같은 환경 변수를 새로 추가하겠습니다. ANDROID_HOME은 설정되어 있지 않을 테니 〈새로 만들기〉를 클릭하여 추가하고, PATH는 이미 설정되어 있으므로 〈편집〉을 클릭하여 값만 추가합니다. 만약 안드로이드 SDK를 기본 경로가 아닌 다른 곳에 설치했다면 ANDROID_HOME 값에는 실제 설치된 경로를 넣어야 합니다.

표 1-2 안드로이드 개발 시스템 환경 변수

변수명	변숫값
ANDROID_HOME	C:\Users\사용자명\AppData\Local\Android\sdk
PATH	%ANDROID_HOME%\tools
	%ANDROID_HOME%\platform-tools

제대로 설정되었다면 윈도우 커맨드 창을 열고 adb 명령을 입력했을 때 adb 매뉴얼이 나타납니다.

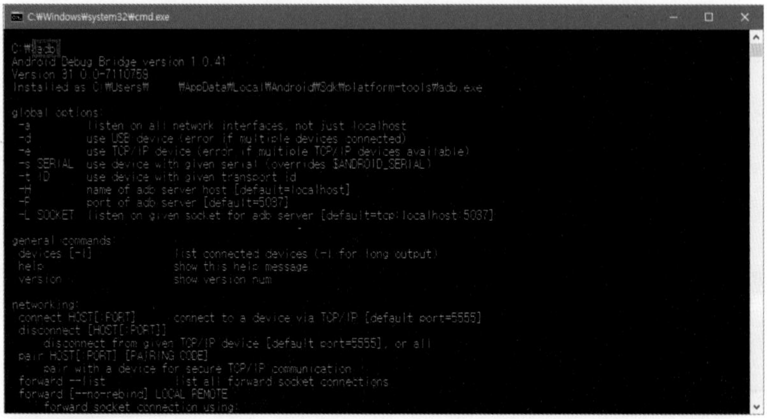

그림 1-24 안드로이드 개발 시스템 환경 변수 설정: 환경 변수 설정 확인

이제 안드로이드 스튜디오의 설치가 완료되었으며, 안드로이드 프로젝트 생성은 2장에서 계속할 것입니다.

1.4 텐서플로 라이트 입문

1.4.1 텐서플로 라이트의 개요

텐서플로 라이트는 모바일과 IoT 기기에 딥러닝 모델을 배포하고 추론하기 위해 구글에서 만든 라이브러리로, 텐서플로 모델을 안드로이드, iOS 또는 임베디드 기기에서 사용할 수 있는 모델로 변환합니다. 딥러닝 모델의 학습 및 추론에는 컴퓨팅 자원이 많이 필요한데, 모바일이

나 임베디드 기기는 가용한 컴퓨팅 자원이 제한적이므로 텐서플로 라이트는 모델 경량화에 중점을 둡니다.

1.4.2 텐서플로 라이트의 구성과 특징

(1) 텐서플로 라이트의 구성

텐서플로 라이트는 [그림 1-25]와 같이 컨버터^{converter}와 인터프리터^{interpreter}로 이루어져 있습니다. 컨버터는 텐서플로 모델을 모바일 환경에서 동작 가능하게 변환하고, 인터프리터는 변환된 모델을 모바일 및 임베디드 환경에서 실제로 동작시킵니다. 따라서 컨버터는 텐서플로 개발환경과 동일한 파이썬 개발 환경에서 활용하고, 인터프리터는 사용하려는 모바일 및 임베디드 개발 환경과 동일한 환경에서 활용합니다. 이 책에서는 안드로이드 개발 환경에서 인터프리터를 활용할 것입니다.

그림 1-25 텐서플로 라이트의 구성

(2) 텐서플로 라이트의 특징

텐서플로 라이트는 컴퓨팅 자원이 제한된 환경에서 딥러닝 모델을 실행해야 하므로 효율성에 초점을 맞추고 있습니다. 따라서 컴퓨팅 파워가 부족한 모바일 및 임베디드 환경에서 모델을 로드하고 추론하기 위해 모델의 크기를 줄여서 사용합니다. 또한 구글이 게임과 같이 고성능을 요구하는 앱을 위해 만든 FlatBuffers 라이브러리를 사용하기 때문에 이식성과 효율성이 좋습니다. 성능을 극대화하기 위해 텐서플로 라이트는 다양한 하드웨어 가속을 제공합니다. 특히 안드로이드는 GPU 가속 외에도 NNAPI$^{Neural Networks API}$ 위임을 지원하기 때문에 기기 환경에 따라 추가적으로 성능을 향상할 수 있습니다. 양자화 기술은 기기별로 더욱 최적화된 모델을 만들 수 있게 도와주는데 Float16 양자화, 정수 양자화, 동적 범위 양자화 등 다양한 옵션을 제공합니다.

텐서플로 라이트는 생산성 측면에서도 뛰어납니다. 안드로이드, iOS, 라즈베리파이 등 다양한 플랫폼 환경과 자바, 파이썬, C++, 스위프트, Objective-C 등 다양한 언어를 지원합니다. 또한 MobileNet, Deeplab v3, Mobile BERT 등 이미 학습이 완료된 다양한 최신 모델을 제공하여 안드로이드 앱에 최신 딥러닝 모델을 즉각 적용할 수 있는 환경을 갖추고 있습니다.

표 1-3 텐서플로 라이트의 특징

구분	특징	설명
효율성	모델 경량화	모바일 환경에서 동작을 위해 바이너리 크기 축소
	FlatBuffers	유연하고 효율적인 FlatBuffers 라이브러리 사용
성능	하드웨어 가속	GPU 가속, NNAPI 위임
	양자화	Float16 양자화, 정수 양자화, 동적 범위 양자화 등 양자화 옵션 제공
생산성	멀티 플랫폼 지원	안드로이드, iOS, 라즈베리파이 등 다양한 플랫폼 및 언어 지원
	사전 학습 모델	MobileNet, Deeplab, BERT 등 사전 학습 모델 지원

1.4.3 텐서플로와 텐서플로 라이트의 비교

텐서플로와 텐서플로 라이트는 개발 프로세스에서의 역할, 개발 언어, 지원하는 연산자 범위 등에 차이가 있습니다. 텐서플로는 모델 개발과 학습을 담당하고 텐서플로 라이트는 모델 변환과 추론을 담당합니다. 또한 텐서플로는 주로 파이썬을 이용하지만 텐서플로 라이트는 파이썬과 기기별 개발 언어를 모두 사용해야 합니다. 안드로이드는 자바나 코틀린을 사용하고 iOS는 Objective-C나 스위프트를 사용합니다. 모델 변환은 파이썬 환경에서, 추론은 자바나 코틀린 환경에서 수행됩니다.

한편 텐서플로는 행렬 곱셈에 쓰이는 tf.MatMul( ), 콘볼루션 연산에 쓰이는 tf.Conv2D( ) 등 딥러닝 모델 개발을 위해 다양한 연산자를 제공합니다. 그러나 텐서플로 라이트는 텐서플로가 지원하는 모든 연산자를 제공하지는 않고 일반적으로 널리 사용되는 연산자만을 지원합니다. 이러한 연산자 제약은 다음 절에서 자세히 살펴보겠습니다.

새로운 모델을 개발하려면 텐서플로를 이용해야 하지만, 이미 학습이 완료된 모델을 사용한다면 텐서플로 라이트만으로도 충분합니다. 학습된 모델의 지원을 점점 늘여가고 있기 때문에,

앞으로 더 많은 안드로이드 개발자가 텐서플로에 관한 선수 지식 없이도 손쉽게 텐서플로 라이트를 이용하여 안드로이드 앱을 개발할 수 있을 것입니다.

표 1-4 텐서플로와 텐서플로 라이트의 비교

구분	텐서플로	텐서플로 라이트
개발 언어	파이썬	파이썬+자바/코틀린
역할	딥러닝 모델 개발	딥러닝 모델 변환, 안드로이드에서 딥러닝 모델 실행
연산자	텐서플로의 모든 연산자	텐서플로의 일부 연산자(연산자 추가 가능)

1.4.4 텐서플로 라이트의 기술적 제약

(1) 연산자 제약

텐서플로 라이트는 텐서플로의 모든 연산자를 지원하지 않으며, 추론 모델에서 널리 사용되는 일부 연산자만 지원합니다. 따라서 직접 개발한 텐서플로 모델이 텐서플로 라이트에서 지원하지 않는 연산자를 사용한다면 모델 변환이 불가능합니다. 뿐만 아니라 텐서플로 라이트가 지원하는 연산자 중에도 일부는 성능 문제로 인해 특정 패턴만을 사용하도록 제한하기도 합니다. 하지만 버전이 올라갈수록 지원되는 연산자가 늘어나고 있으며, 텐서플로 팀은 앞으로 모든 확장자를 지원할 것이라고 밝혔습니다. 그렇다 해도 아직은 일부 연산자만 지원하기 때문에 필요한 텐서플로 연산자를 텐서플로 라이트 빌드에 추가하는 '연산자 선택' 기능을 사용해야 합니다.

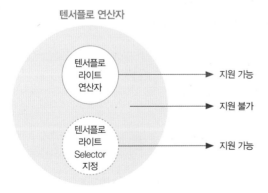

그림 1-26 연산자 제약과 연산자 선택

(2) 학습 제약

딥러닝 모델 개발 및 활용 프로세스는 모델을 개발하는 '학습' 단계와 개발한 모델을 새로운 데이터에 적용하는 '추론' 단계로 나뉩니다. 일반적으로 학습은 추론보다 훨씬 더 많은 데이터를 사용하므로 그만큼 많은 컴퓨팅 자원과 시간을 필요로 합니다.

텐서플로 라이트는 현재 기기 내에서 추론만 가능하며 기기 내 학습은 지원하지 않습니다. 따라서 온라인 학습을 적용하기 어렵고 정적 학습만 가능합니다. 정적 학습의 경우 모델이 주어진 데이터를 이용하여 학습을 완료하면 학습된 상태가 변하지 않고 항상 그대로 유지됩니다. 반면 온라인 학습은 동적 학습이 가능하여 모델이 배포된 이후에 발생하는 데이터를 이용하여 추가적으로 학습할 수 있고, 이 때문에 모델이 새로운 데이터에 적응할 수 있습니다. 동적 학습은 새로운 데이터가 지속적으로 발생하는 모바일 환경에 더 적합한 학습 방식입니다.

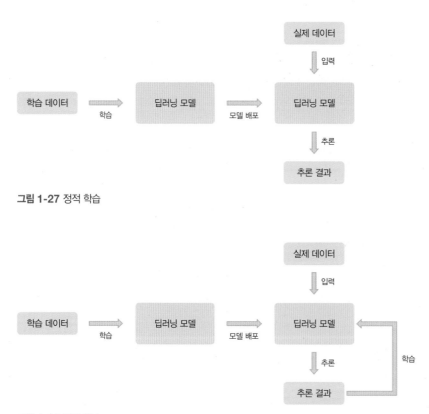

그림 1-27 정적 학습

그림 1-28 동적 학습

텐서플로 라이트 로드맵에 기기 내 학습이 포함되어 있는 것으로 미루어 보아 조만간 기기 내 학습을 지원할 것으로 예상됩니다.

1.5 텐서플로 라이트 개발 환경 구축

텐서플로 라이트의 기본적인 개념을 살펴보았으니 이제 텐서플로 라이트를 개발할 수 있는 개발 환경을 구축하겠습니다. 텐서플로 라이트 개발을 위해서는 파이썬 개발 환경, 텐서플로 개발 환경, 안드로이드 개발 환경이 필요합니다. 안드로이드 개발 환경은 준비되었으니 파이썬 개발 환경과 텐서플로 개발 환경을 구축하겠습니다.

1.5.1 파이썬 개발 환경 구축

파이썬은 최근 딥러닝 분야에서 가장 많이 사용되고 있는 언어입니다. 텐서플로, 케라스^{Keras}, 파이토치^{Pytorch} 등 다양한 딥러닝 라이브러리와 numpy, pandas, matplotlib 등 데이터 처리에 유용한 라이브러리가 파이썬으로 배포되고 있습니다. 파이썬은 2.x 버전에서 3.x 버전으로 넘어가면서 많은 변화가 있었기 때문에 서로 호환되지 않습니다. 따라서 처음 설치할 때부터 3.x 버전을 사용할 것을 추천하며 이 책에서는 3.8 버전을 사용하겠습니다.

(1) 파이썬 배포판 설치

파이썬은 공식 배포판을 설치하는 방법과 아나콘다^{Anaconda} 배포판을 설치하는 방법이 있습니다. 공식 배포판은 파이썬 사이트의 다운로드 페이지(http://www.python.org/downloads) 에서 직접 인스톨 파일을 다운로드하여 설치합니다. 개발 PC에 직접 설치되므로 설치가 쉽고 간단하다는 것이 장점이지만, 처음 구축한 환경이 아닌 다른 환경(예: 버전, 설치 패키지 등) 에서의 작업이 필요할 때 대응이 어렵습니다.

과학 컴퓨팅$^{science\ computing}$에 특화된 아나콘다 배포판은 개발 환경에 직접 설치되지 않고 가상 환경을 만들어 파이썬의 패키지를 관리하고 배포를 용이하게 합니다. 아나콘다를 이용하면 다양한 개발 환경을 동시에 구축하여 운영할 수 있습니다.

예를 들어 파이썬 3.8 버전에 의존성을 가진 프로젝트를 수행 중인데 이 프로젝트가 끝난 뒤 파이썬 3.5 버전을 사용하는 프로젝트를 수행한다고 가정해봅시다. 파이썬을 직접 설치했다면 이미 구축된 환경을 지우고 다시 환경을 구축해야 하지만, 아나콘다를 이용하여 가상환경에서 작업했다면 파이썬 3.5 기반의 새로운 가상환경을 만들어서 프로젝트를 바로 시작할 수 있습니다. 또한 파이썬 3.8 기반의 기존 프로젝트도 언제든지 다시 활성화하여 유지·보수를 할 수 있습니다. 이러한 이유로 이 책에서는 아나콘다를 이용하여 개발 환경을 구축할 것입니다. 리눅스 개발 환경을 사용하는 독자라면 아나콘다보다 더 폭넓은 가상화와 편리한 패키지 관리를 제공하는 도커^{Docker}를 이용하는 방법도 고려해보기 바랍니다.

그림 1-29 파이썬 공식 배포판의 구성

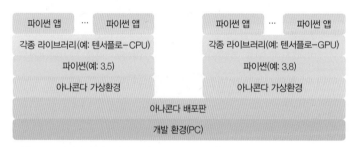

그림 1-30 아나콘다 배포판의 구성

아나콘다 설치 파일 다운로드

다음 주소에서 아나콘다 설치 파일을 다운로드할 수 있습니다.

```
https://www.anaconda.com/products/individual
```

〈Download〉를 클릭하면 페이지 하단의 다운로드 링크로 이동합니다. 윈도우, 맥OS, 리눅스 운영체제를 지원하니 각자 환경에 맞는 버전을 다운로드하면 됩니다. 여기서는 윈도우 환경에서 파이썬 3.8 버전을 설치하여 사용할 것입니다.

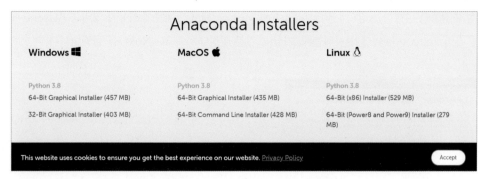

그림 1-31 아나콘다 배포판 다운로드 페이지

아나콘다 설치

다운로드한 파일을 실행하여 아나콘다를 설치합니다. Welcome 창에서 〈Next〉를 클릭하면
라이선스 동의 창이 나타납니다. 라이선스에 동의하면 〈I Agree〉를 클릭합니다.

그림 1-32 아나콘다 배포판 설치: 라이선스 동의

다음으로 현재 사용자용 설치와 전체 사용자용 설치를 선택하는 창이 나타나면 현재 사용자용
설치인 Just Me를 선택하고 〈Next〉를 클릭합니다.

그림 1-33 아나콘다 배포판 설치: 설치 유형 선택

설치 경로를 설정하는 창이 나타납니다. Just Me를 선택했기 때문에 사용자 영역(C:\Users\사용자명\anaconda3)에 설치되는데, 가급적 기본 설정대로 두고 〈Next〉를 클릭합니다.

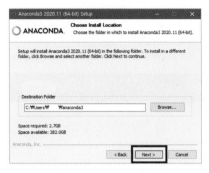

그림 1-34 아나콘다 배포판 설치: 설치 경로 설정

아나콘다 설치를 위한 추가 옵션 선택 창에서 첫 번째 체크박스에 체크하면 시스템 환경 변수에 아나콘다 관련 변수가 추가됩니다. 설치 마법사에서는 이 옵션을 추천하지 않지만, 아나콘다용 커맨드 창 외에 윈도우의 기본 커맨드 창에서도 아나콘다를 사용하기 위해 이 옵션에 체크합니다. 단, 이 옵션에 체크하면 아나콘다를 삭제하고 다른 경로에 재설치할 때 경로를 찾는데 문제가 발생할 수 있기 때문에 체크하지 않아도 무방합니다. 여러 통합 개발 환경과의 연동을 위한 두 번째 체크박스에도 체크한 뒤 〈Install〉을 클릭하여 설치를 시작합니다.

그림 1-35 아나콘다 배포판 설치: 추가 옵션 설정

설치가 완료되면 〈Next〉와 〈Finish〉를 클릭하여 설치를 마무리합니다. 아나콘다를 설치한 후 아나콘다의 가상환경을 사용하려면 먼저 가상환경을 만들어야 하는데, 이는 통합 개발 환경을 설치한 후 텐서플로 설치 과정에서 알아보겠습니다.

(2) 파이썬과 주피터 노트북

파이썬 개발에 가장 많이 사용되는 도구 중 하나는 주피터 노트북^{Jupyter Notebook}입니다. 주피터 노트북은 웹 기반으로 인터랙티브하게 파이썬 코드를 작성하고 즉시 결과를 확인할 수 있는 개발 도구로, 인터프리터 형태로 동작이 가능한 파이썬에 적합합니다.

파이썬의 기본 확장자는 py이지만 주피터 노트북은 ipynb를 사용합니다. py 파일과 ipynb 파일은 상호 변환이 용이합니다. py 파일의 소스코드를 ipynb 파일에 그대로 붙여넣어 실행할 수도 있고, 주피터 노트북에서 ipynb 파일을 py 형태로 내보낼 수도 있습니다. 주피터 노트북은 주로 데이터 분석, 과학 컴퓨팅 등 인터랙티브 컴퓨팅 분야에서 많이 사용됩니다. 인터프리터의 특징을 적극 활용하여 소스코드를 부분별로 동작시켜 볼 수 있고, 주석을 추가하여 문서 형태로 코드와 결과물을 관리할 수 있기 때문에 이 책에서도 주피터 노트북을 사용할 것입니다.

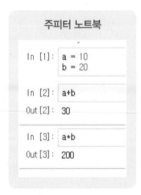

그림 1-36 파이썬과 주피터 노트북

주피터 노트북을 사용하기 위해서는 통합 개발 환경의 선택이 중요합니다. 통합 개발 환경에서 주피터 노트북을 지원하지 않으면 ipynb 파일을 작성하거나 실행할 수 없습니다. 다음 절을 읽고 적절한 통합 개발 환경을 선택하기 바랍니다.

(3) 통합 개발 환경

파이썬을 개발할 수 있는 통합 개발 환경은 매우 다양합니다. 윈도우에 파이썬을 설치하면 기본 설치되는 IDLE^{Integrated Development and Learning Environment}와 스파이더^{Spyder}, 주피터 노트북뿐만 아니라 파이참^{PyCharm}, 비주얼 스튜디오 코드^{Visual Studio Code} 등이 있고, 이 밖에도 대부분의 통합 개발 환경에서 파이썬 개발을 위한 플러그인을 제공합니다. 자신에게 맞는 통합 개발 환경을 선택할 수 있도록 각 통합 개발 환경의 특징을 알아봅시다.

IDLE는 윈도우에 파이썬을 설치할 때 기본으로 설치됩니다. 따라서 별도의 설치 과정 없이 바로 사용할 수 있으며 프로그램이 가볍다는 것이 장점입니다.

그림 1-37 IDLE

스파이더와 주피터 노트북은 아나콘다를 설치할 때 함께 설치됩니다. 스파이더는 R-Studio와 매우 유사하여 R을 사용해본 적이 있다면 금방 익숙해질 수 있으며, 주피터 노트북은 웹 기반의 통합 개발 환경으로 원격 환경에서 많이 사용됩니다. 딥러닝 개발 환경에서는 강력한 컴퓨팅 자원을 보유한 워크스테이션을 서버로 사용하는 경우가 많은데, 주피터 노트북은 웹 기반이므로 이러한 환경에서 유용합니다. 구글의 코랩^{Colab}도 주피터 노트북을 바탕으로 구현되었습니다. 현재는 주피터 노트북의 점유율이 가장 높습니다.

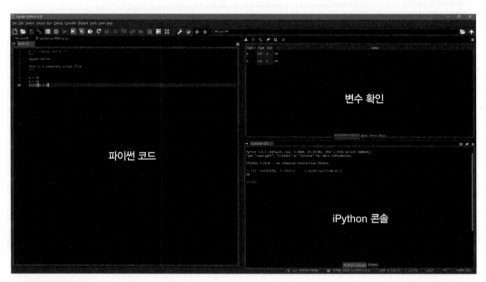

그림 1-38 스파이더

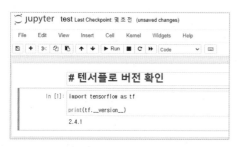

그림 1-39 주피터 노트북의 UI

파이참은 젯브레인스가 자사의 IntelliJ IDEA를 기반으로 만든 통합 개발 환경입니다. 안드로이드 스튜디오 역시 IntelliJ IDEA를 기반으로 만들어졌기 때문에 UI 구성이 거의 동일하여 자바나 안드로이드 개발자는 금세 환경에 익숙해질 수 있습니다. 파이참은 가장 완성도 높은 파이썬 통합 개발 환경 중 하나이며, 주피터 노트북에 이어 점유율 2위를 차지하고 있습니다.

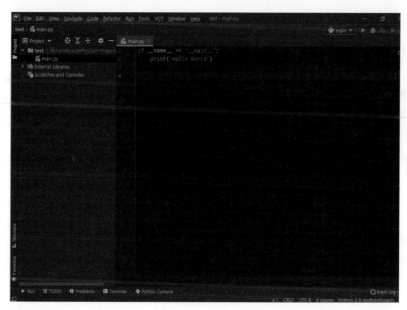

그림 1-40 파이참

마지막으로 비주얼 스튜디오 코드는 마이크로소프트에서 만든 소스코드 편집기로, 파이썬 전용 통합 개발 환경은 아니지만 파이썬을 위한 다양한 플러그인을 제공합니다. 비주얼 스튜디오 코드는 높은 완성도를 자랑하며 다양한 언어와 플랫폼에 이용되기 때문에 많은 사용자를 확보하고 있습니다. 이러한 사용자들이 금방 딥러닝 개발 환경에 익숙해질 수 있다는 것도 비주얼 스튜디오 코드의 장점입니다. 무엇보다도 가장 큰 장점은 py 파일과 ipynb 파일을 모두 다룰 수 있는 환경을 무료로 제공한다는 것입니다. 파이참은 py 파일은 무료로 편집이 가능하나 ipynb 파일을 다루기 위해서는 유료인 Professional 버전이 필요한 반면, 비주얼 스튜디오 코드는 이를 무료로 제공합니다. 그러므로 이 책에서는 딥러닝 모델 개발에 비주얼 스튜디오 코드를 이용할 것입니다. 독자가 자신에게 맞는 다른 통합 개발 환경을 선택하더라도 이후 과정을 따라 하는 데에는 문제가 없습니다.

그림 1-41 비주얼 스튜디오 코드

(4) 비주얼 스튜디오 코드 설치

비주얼 스튜디오 코드를 설치하는 방법을 알아봅시다.

비주얼 스튜디오 코드 다운로드

다음 주소에서 비주얼 스튜디오 코드 설치 파일을 다운로드할 수 있습니다. 윈도우, 맥OS, 리눅스별로 설치 파일을 제공합니다.

```
https://code.visualstudio.com/download
```

비주얼 스튜디오 코드 설치

사용권 계약의 내용을 읽고 '동의합니다'를 선택한 뒤 〈다음〉을 클릭합니다.

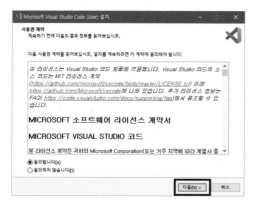

그림 1-42 비주얼 스튜디오 코드 설치: 계약 동의

설치 위치를 설정하고 〈다음〉을 클릭합니다.

그림 1-43 비주얼 스튜디오 코드 설치: 설치 위치 설정

시작 메뉴에 바로가기를 생성하고 〈다음〉을 클릭합니다.

그림 1-44 비주얼 스튜디오 코드 설치: 시작 메뉴에 바로가기 생성

비주얼 스튜디오 코드 설치에 관한 추가 옵션을 선택합니다. 'PATH에 추가'에만 체크하고 〈다음〉을 클릭합니다.

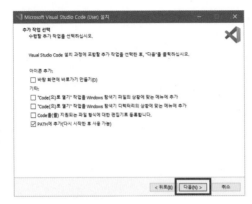

그림 1-45 비주얼 스튜디오 코드 설치: 설치 옵션 설정

지금까지 지정한 옵션을 확인한 뒤 〈설치〉를 클릭하고, 설치가 완료되면 〈마침〉을 클릭하여 비주얼 스튜디오 코드를 실행합니다.

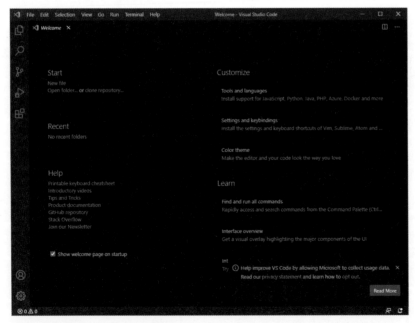

그림 1-46 비주얼 스튜디오 코드 실행 화면

비주얼 스튜디오에서 파이썬과 주피터 노트북을 사용하려면 플러그인을 설치해야 합니다. 먼저 파이썬 플러그인을 설치합니다.

파이썬 플러그인 설치

왼쪽 메뉴 중 맨 아래에 있는 Extensions 항목을 선택하면 확장 프로그램을 설치할 수 있는 Market Place가 있습니다. 상단 검색 창에 'python'을 입력하면 파이썬 플러그인이 나타나는데 〈Install〉을 클릭하여 설치합니다.

그림 1-47 파이썬 플러그인 설치

주피터 노트북 플러그인 설치

이어서 주피터 노트북 플러그인을 설치합니다. 검색 창에 'jupyter'를 입력하면 주피터 플러그인이 나타납니다. 최신 버전의 경우 파이썬 플러그인을 설치하면 주피터 플러그인이 같이 설치되지만, 만약 설치되지 않았다면 〈Install〉을 클릭하여 설치합니다.

그림 1-48 주피터 플러그인 설치

이제 비주얼 스튜디오 코드를 사용할 준비가 되었습니다.

1.5.2 텐서플로 개발 환경 구축

텐서플로2의 초기 버전인 2.0.0은 텐서플로1.0과 마찬가지로 CPU 버전과 GPU 버전으로 나뉘어 있어 각자 개발 환경에 맞는 버전을 설치해야 했지만, 텐서플로 2.1.0부터는 CPU 버전과 GPU 버전이 통합되었습니다. 따라서 CPU만 사용하는 경우 CPU only 버전을 설치하면 GPU 버전에서만 사용되는 라이브러리를 설치하지 않을 수 있습니다.

> **GPU를 이용한 텐서플로**
>
> GPU가 없는 환경이거나 CPU only 버전을 설치했다면 모든 연산이 CPU에서만 수행됩니다. 딥러닝은 연산량이 많기 때문에 CPU만 이용하는 경우 모델의 학습 및 추론에 소요되는 시간이 매우 길어질 수 있습니다. GPU를 지원하는 텐서플로를 사용하면 딥러닝의 연산에 GPGPU General-Purpose computing on Graphics Processing Units 기술을 이용합니다. GPGPU 기술은 CPU가 처리하던 산술 연산에 GPU를 이용하는 것으로, 그전에 GPU는 그래픽 관련 처리만을 담당했으나 GPGPU 기술로 인해 병렬처리에 특화된 GPU 자원을 일반 애플리케이션이 활용할 수 있게 됨으로써 딥러닝 기술의 발전을 이끌었습니다. GPU 버전은 NVIDIA의 GPU가 설치되어 있어야 사용할 수 있습니다.

CPU only 버전은 간단한 명령어로 설치할 수 있지만 GPU를 이용하기 위한 통합 버전은 설치가 다소 복잡합니다. 텐서플로 라이브러리뿐만 아니라 그래픽 드라이버, CUDA Toolkit, cuDNN을 설치해야 하기 때문입니다.

2021년 3월 현재 텐서플로의 최신 버전은 2.4.1입니다. 아나콘다 가상환경을 먼저 구성하고 CPU only 버전과 통합 버전의 설치 방법을 알아보겠습니다.

표 1-5 텐서플로 설치 패키지의 변화

구분	특징	설치 패키지
2.0.0 버전	CPU, GPU 버전 분리	CPU 버전: tensorflow GPU 버전: tensorflow-gpu
2.1.0 버전 이후	CPU, GPU 버전 통합	CPU/GPU 통합 버전: tensorflow CPU only 버전: tensorflow-cpu

(1) 아나콘다 가상환경 만들기

파이썬 정식 배포판을 설치했다면 이 단계를 건너뛰어도 됩니다. 하지만 아나콘다 배포판을 설치했다면 텐서플로를 설치하기 전에 가상환경을 만들어야 합니다.

Anaconda Prompt 실행

[Windows key]-[Anaconda3]-[Anaconda Prompt]를 선택하여 실행합니다. 아나콘다를 설치할 때 환경 변수 추가 옵션에 체크했다면 윈도우 커맨드 창을 실행해도 됩니다.

그림 1-49 Anaconda Prompt 실행

가상환경 목록 확인

설치된 가상환경을 확인하기 위해 다음 명령어를 입력합니다. 처음에는 base만 있을 것입니다.

```
conda env list
```

그림 1-50 아나콘다 가상환경 목록 확인

가상환경 생성

다음 명령어를 입력하여 파이썬 3.8 버전을 사용하는 'tf2'라는 이름의 가상환경을 생성합니다. 'tf2'는 다른 이름으로 바꿔도 되며, 파이썬 버전은 3.8을 권장합니다.

```
conda create -n 가상환경명 python=3.8
```

그림 1-51 아나콘다 가상환경 생성

설치 과정에서 필요한 패키지가 같이 설치됩니다. 'y'를 입력하여 설치를 시작합니다. 설치 완료 후 가상환경 목록 확인 명령어를 다시 입력하여 패키지가 생성된 것을 확인합니다. tf2 가상환경이 생성되었지만 아직 활성화되지 않았기 때문에 base에 ＊ 표시가 있습니다.

그림 1-52 생성된 가상환경 확인

(2) 텐서플로 CPU only 버전 설치

다음으로 학습과 추론에 CPU만 사용하는 텐서플로를 설치합니다. GPU도 이용 가능한 개발 환경을 구축하고자 하는 독자는 CPU only 버전 설치를 건너뛰고 통합 버전을 설치하면 됩니다.

아나콘다 가상환경 활성화

아나콘다 가상환경 위에 텐서플로를 설치할 것이므로 먼저 가상환경을 활성화합니다. 활성화가 완료되면 명령어 입력줄 앞에 '(가상환경명)'이 생깁니다.

```
conda activate 가상환경명
```

그림 1-53 아나콘다 가상환경 활성화

'conda env list' 명령으로 가상환경 목록을 확인하면 tf2 가상환경이 활성화되어 앞에 *가 표시되었습니다. 이제 텐서플로 패키지를 설치하면 tf2 가상환경에 설치됩니다.

그림 1-54 아나콘다 가상환경 활성화 확인

텐서플로 CPU 패키지 설치

다음 명령어를 입력하여 텐서플로 CPU 버전을 설치합니다. 기본적으로 최신 버전이 설치되며, 뒤에 '==버전명'을 붙이면 해당하는 버전이 설치됩니다.

```
pip install tensorflow-cpu
```

그림 1-55 텐서플로 CPU 버전 설치

텐서플로 패키지 뿐만 아니라, 텐서플로를 사용하는 데 필요한 패키지가 함께 설치됩니다.

설치 확인

설치가 완료되면 파이썬을 실행하고 간단히 텐서플로의 버전을 출력하는 코드를 실행하여 제대로 설치되었는지 확인합니다. Anaconda Prompt에서 'python'을 입력하면 파이썬 코드를 작성할 수 있습니다. 다음 코드를 입력했을 때 [그림 1-56]과 같이 버전이 출력된다면 정상적으로 설치된 것입니다.

```
import tensorflow as tf
print(tf.__version__)
```

그림 1-56 텐서플로 버전 확인

[3] 텐서플로 GPU 버전 설치

NVIDIA의 그래픽 카드가 설치된 개발 환경이라면 통합 버전을 설치하여 GPU를 이용할 수 있는 환경을 구축합니다. 통합 버전 설치는 텐서플로 라이브러리 설치, 그래픽 드라이버 설치, CUDA Toolkit 설치, cuDNN 설치 순으로 진행됩니다.

텐서플로 GPU 패키지 설치

다음 명령어를 입력하여 텐서플로 CPU/GPU 통합 버전을 설치합니다. 가상환경이 활성화된 상태에서 설치해야 합니다.

```
pip install tensorflow
```

그림 1-57 텐서플로 통합 버전 설치

NVIDIA 그래픽 드라이버 설치

그래픽 카드가 설치되어 있다면 그래픽 드라이버도 설치되어 있을 것입니다. 윈도우 커맨드 창에 'nvidia-smi'를 입력하면 현재 설치된 NVIDIA 그래픽 카드의 정보가 출력됩니다.

```
nvidia-smi
```

그림 1-58 NVIDIA 그래픽 드라이버 버전 확인

텐서플로에서 GPU를 사용하려면 418.x 버전 이상의 드라이버가 설치되어 있어야 합니다. 만약 드라이버가 설치되지 않았거나 설치된 그래픽 드라이버가 418.x보다 낮은 버전이라면 장착된 그래픽 카드에 맞는 드라이버를 다음 주소에서 다운로드하여 설치하면 됩니다.

```
https://www.nvidia.com/download/index.aspx?lang=kr
```

CUDA Toolkit 설치

드라이버 설치를 완료한 후 CUDA Toolkit를 설치합니다. 텐서플로 2.1.0 버전 이상을 사용하려면 CUDA Toolkit 10.1 버전 이상이 설치되어 있어야 합니다. 2021년 3월 현재 최신 버전은 11.2이지만 호환성을 위해 11.0을 설치하여 사용하겠습니다. 다음 주소에서 CUDA Toolkit를 다운로드할 수 있습니다.

```
https://developer.nvidia.com/cuda-toolkit-archive
```

그림 1-59 CUDA Toolkit 다운로드

다운로드한 파일을 실행하여 CUDA Toolkit를 설치합니다. 〈OK〉를 클릭하여 압축을 풉니다.

그림 1-60 CUDA Toolkit 설치: 패키지 압축 해제 경로 설정

설치 마법사가 실행되면 라이선스를 확인하고 〈동의 및 계속〉을 클릭합니다.

그림 1-61 CUDA Toolkit 설치: 라이선스 동의

꼭 필요하지 않은 도구는 설치에서 제외하기 위해 '사용자 정의 설치'를 선택했습니다. '빠른 설치'를 선택해도 무방합니다.

그림 1-62 CUDA Toolkit 설치: 설치 옵션 설정

CUDA의 Development와 Runtime만 선택하여 설치합니다. '빠른 설치'를 선택했다면 다음 페이지로 바로 넘어갈 것입니다.

그림 1-63 CUDA Toolkit 설치: 사용자 정의 설치 옵션

설치 위치를 선택하는 창이 나타나는데 여기서는 기본 경로를 유지할 것을 권장합니다. 〈다음〉을 클릭하여 설치를 시작합니다.

그림 1-64 CUDA Toolkit 설치: 설치 위치 설정

CUDA Toolkit 설치가 완료되면 〈닫기〉를 클릭하여 종료합니다. CUDA Toolkit는 환경 변수를 자동으로 추가합니다. 환경 변수 설정을 확인하기 위해 윈도우 설정 검색 창 또는 작업 표시줄 검색 창에 '환경 변수'를 입력하고 '시스템 환경 변수 편집'을 선택한 다음 CUDA_PATH 항목이 생성되어 있는지 확인합니다. 설치한 경로와 동일한 경로로 설정되어 있어야 합니다.

그림 1-65 CUDA Toolkit 설치: 환경 변수 확인

cuDNN 설치

CUDA Toolkit를 설치한 후 cuDNN을 설치합니다. cuDNN은 다음 주소에서 다운로드할
수 있습니다.

```
https://developer.nvidia.com/rdp/cudnn-archive
```

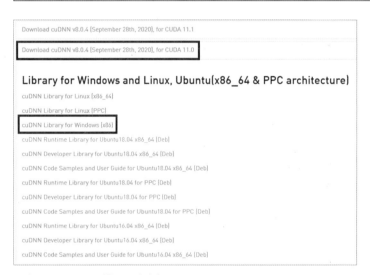

그림 1-66 cuDNN 다운로드 페이지

다운로드하여 압축을 풀면 CUDA 폴더가 있고 그 아래에 bin, include, lib 폴더가 있습니다.
이 세 폴더를 CUDA Toolkit이 설치된 경로에 복사합니다. 기본 설치라면 경로가 다음과 같
을 것입니다.

```
C:\Program Files\NVIDIA GPU Computing Toolkit\CUDA\v11.0
```

이 경로에 이미 bin, include, lib 폴더가 존재할 것입니다. bin 폴더의 파일을 bin 폴더로 복사하고 include, lib 폴더의 파일도 각각 동일한 폴더로 복사합니다.

(4) 텐서플로 설치 확인

이제 텐서플로가 올바르게 설치되었는지, 그리고 설치된 버전과 GPU 사용 여부를 확인하기 위해 Anaconda Prompt에서 'python'을 입력한 뒤 다음 코드를 입력합니다.

```python
import tensorflow as tf
print(tf.__version__)
tf.config.list_physical_devices('GPU')
```

[그림 1-67]과 같이 사용 가능한 GPU 목록이 출력됩니다. device_type이 GPU인 장치가 출력되면 제대로 설치된 것입니다.

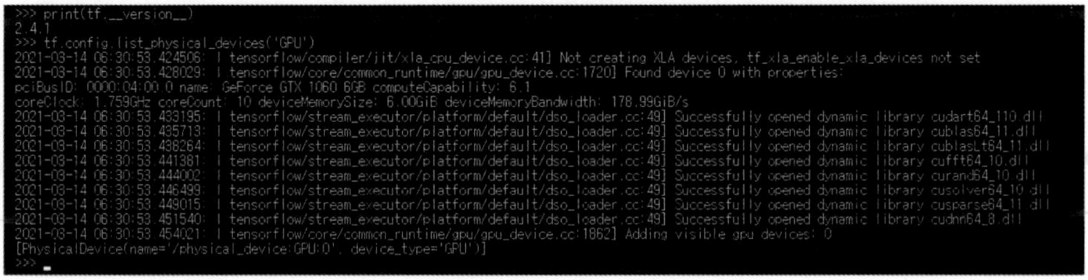

그림 1-67 list_physical_devices 함수를 이용한 텐서플로 GPU 사용 확인

tf.config.list_physical_devices 함수 대신에 tf.test.is_gpu_available 함수를 사용하면 True/False 값으로 GPU 사용 여부를 알려줍니다. 다만 이 함수는 제거될 예정이므로 향후 버전에서는 사용하기 어려울 수도 있습니다.

> **GPU 사용 관련 CUDA Toolkit 버전 에러**
>
> 오래된 CUDA Toolkit와 cuDNN을 설치하면 GPU 이용 시 간혹 다음과 같은 에러가 발생하는 경우도 있습니다.
>
> tensorflow/stream_executor/platform/default/dso_loader.cc:55] Could not load dynamic library 'cudnn64_7.dll'; dlerror: cudnn64_7.dll not found

이 에러가 발생하면 list_physical_devices 함수나 is_gpu_available 함수를 호출해도 GPU가 사용 가능하지 않다는 결과만 반환됩니다. 이러한 경우 cuDNN 10.0 버전을 다운로드하고 bin 폴더에 있는 cudnn64_7.dll 파일을 CUDA Toolkit 설치 경로의 bin 파일로 복사하면 됩니다.

1.5.3 구글 코랩을 이용한 개발 환경

지금까지 사용자 PC 리소스를 활용하여 모델을 개발하는 환경을 소개했습니다. 간단한 모델은 PC의 CPU만으로도 충분히 학습이 가능하지만 복잡한 모델을 학습시키려면 GPU를 사용해야 합니다. 그러나 성능이 뛰어난 GPU는 가격이 매우 비싸기 때문에 많은 딥러닝 연구자는 구글에서 제공하는 코랩을 이용하여 클라우드 환경에서 텐서플로를 사용하고 있습니다.

코랩은 클라우드 기반으로 주피터 노트북 환경을 제공하는 서비스입니다. 코랩에 접속하여 웹브라우저상에서 ipynb 파일로 코드를 작성하고 이를 클라우드에서 수행할 수 있습니다. 코랩을 사용하기 위해 설치해야 할 프로그램이나 라이브러리는 없으며, 다음 주소에 접속하기만 하면 바로 코랩에서 파이썬을 이용할 수 있습니다.

```
https://colab.research.google.com/
```

그림 1-68 구글 코랩

코랩은 NVIDIA의 K80, T4, P4, P100과 같은 GPU와 구글의 TPU$^{Tensor\ Process\ Unit}$를 무료로 제공합니다. 단, 세션을 할당받고 12시간이 지나면 자동으로 세션이 끊깁니다. 유료 버전인 코랩 프로의 경우 이러한 제약 없이 사용할 수 있는데 비용은 월 9.99달러입니다.

코랩을 사용하기 위해서는 구글 계정이 필요하며, 작성한 코드나 학습에 필요한 데이터를 계정에 연동된 구글 드라이브에서 가져오거나 저장할 수 있습니다. 깃허브^{GitHub}에서 코드를 간편하게 불러오는 기능도 제공합니다.

이 책 4장의 모델 개발이나 9장의 모델 최적화는 코랩 환경에서 할 수 있습니다. 해당 장에서 코랩을 사용하는 방법도 고려해보기 바랍니다.

1.6 마무리

이 장에서는 딥러닝 모델을 개발하고 이를 활용하여 안드로이드 앱을 개발하기 위한 워크플로를 살펴보았습니다. 또한 안드로이드와 텐서플로 라이트를 간단히 소개하고 개발 환경을 구축했습니다. 이제 딥러닝 모델과 안드로이드 앱을 개발할 수 있는 환경을 갖추었으니 다음 장에서는 안드로이드 프로젝트를 생성하고 실제 안드로이드 기기에서 실행해보겠습니다.

2장
처음 만드는 안드로이드 앱

이 장에서는 안드로이드 스튜디오로 프로젝트를 생성하고 빌드하여 실제 안드로이드 기기에서 앱을 실행하는 과정까지 알아봅니다. 먼저 프로젝트를 생성하고 프로젝트의 구조와 Gradle 빌드를 살펴본 다음 안드로이드 기기에서 앱을 실행하겠습니다. 이 장을 통해 안드로이드 개발 환경과 프로젝트의 구조에 익숙해지고 실제 기기를 이용하여 앱을 개발하는 방법을 이해할 수 있습니다.

2.1 안드로이드 프로젝트 생성

프로젝트를 생성하기 위해 안드로이드 스튜디오를 실행합니다. 다른 통합 개발 환경과 마찬가지로 [File]-[New]-[New Project]를 선택하여 새로운 프로젝트를 만들 수 있습니다.

그림 2-1 안드로이드 프로젝트 생성

[Create New Project] 창이 나타나는데 여기서 앱의 기본 템플릿을 선택할 수 있습니다. Empty Activity를 선택하고 〈Next〉를 클릭합니다.

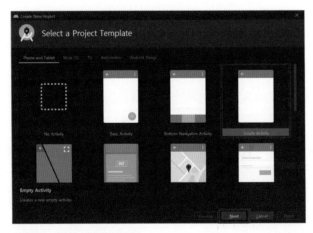

그림 2-2 프로젝트 템플릿 선택

템플릿을 선택한 뒤 다음과 같이 프로젝트의 설정 값을 입력합니다. 프로젝트 이름, 패키지 이름, 저장 경로, 사용 언어, 최소 SDK 버전을 설정할 수 있습니다. 프로젝트 이름은 마음대로 정할 수 있는데 여기서는 'DigitClassifier'로 했습니다. 프로젝트 이름을 입력하면 자동으로 패키지 이름이 생성되는데 이 또한 수정이 가능합니다.

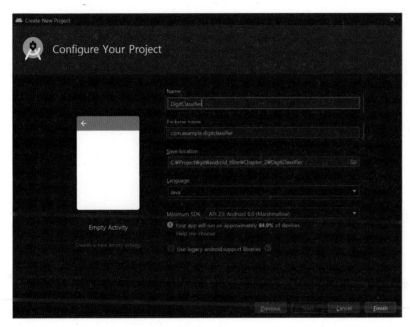

그림 2-3 프로젝트 이름과 패키지 이름 설정

프로젝트 생성 시 입력한 패키지 이름은 자동으로 애플리케이션 ID로 사용됩니다. 패키지 이름과 애플리케이션 ID를 나중에 바꿀 수도 있지만, 구글 플레이스토어에 게시한 후 애플리케이션 ID를 변경하면 다른 앱으로 취급되므로 변경 시 유의해야 합니다.

패키지 이름 설정 시 주의 사항

애플리케이션 ID에는 다음과 같은 제약이 따르므로 이를 지켜 패키지 이름을 정하는 것이 좋습니다.

- 하나 이상의 점을 포함해야 합니다.
- 각 세그먼트는 문자로 시작해야 합니다. (세그먼트는 점으로 구분되는 단위입니다. 예를 들어 com. example.test의 세그먼트는 com, example, test입니다.)
- 허용되는 문자는 영어 소문자·대문자, 숫자, 언더바(_)입니다.

다음으로 프로젝트를 저장할 위치를 지정합니다. 로컬 PC의 원하는 경로를 지정하면 되는데, 특별히 관리하는 폴더가 없다면 기본 경로를 사용해도 됩니다. 또한 프로젝트에 사용할 언어로 'Java'를 선택합니다. Java로 설정하더라도 나중에 코틀린 코드를 추가할 수 있고, Kotlin으로 설정하더라도 나중에 자바 코드를 추가할 수 있습니다.

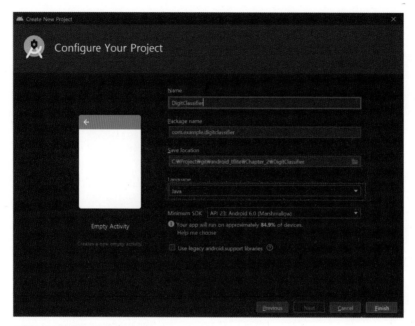

그림 2-4 프로젝트 기본 언어 설정

마지막으로 애플리케이션이 정상적으로 동작하기 위한 최소 SDK 버전을 설정합니다. 최소 SDK 버전을 낮게 설정할수록 더 오래된 안드로이드 버전의 기기를 지원하여 더 많은 기기에서 앱을 사용할 수 있습니다. 하지만 너무 오래된 SDK까지 지원하는 경우 최근에 추가된 API 사용에 제약이 따르기도 합니다. 따라서 적절한 수준의 최소 SDK 버전을 설정하는 것이 좋습니다. Help me choose를 선택하면 [그림 2-6]과 같은 안드로이드 운영체제 버전별 점유율을 볼 수 있으므로 이를 참고하여 최소 SDK 버전을 설정합니다. 필자는 Android 6.0(Marshmallow, API Level 23)으로 설정했는데 이렇게 하면 안드로이드 기기의 84.9%에서 이 앱을 사용할 수 있습니다.

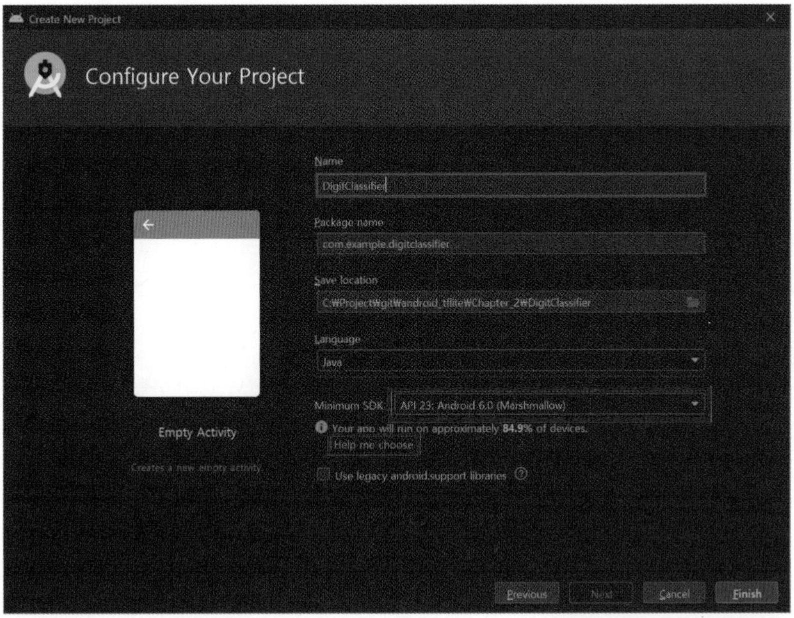

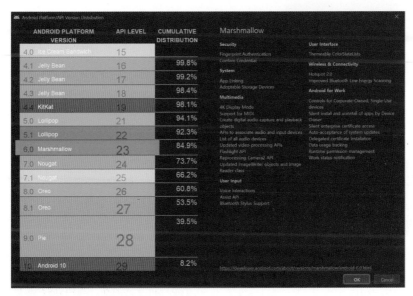

그림 2-5 최소 SDK 버전 설정

그림 2-6 안드로이드 운영체제 버전별 점유율

최소 SDK 버전을 설정한 후 〈Finish〉를 클릭하면 안드로이드 프로젝트 생성이 완료됩니다.

2.2 안드로이드 프로젝트의 구조 및 기본 코드 분석

프로젝트의 전체 구조와 기본 코드인 AndroidManifest.xml, MainActivity.java, activity_main.xml 파일에 대해 알아봅시다.

2.2.1 안드로이드 프로젝트의 구조

프로젝트가 생성되면 [그림 2-7]과 같이 프로젝트 뷰에 프로젝트의 구조가 트리 형태로 나타납니다. 만약 [그림 2-7]과 동일하지 않다면 안드로이드 스튜디오 오른쪽 하단에 'process running...'이라고 표시되어 있는지 확인합니다. 프로젝트 구성이 완료되지 않았다면 프로젝트가 제대로 표시되지 않을 수 있으며, 프로젝트 구성이 완료되면 [그림 2-7]과 동일하게 나타날 것입니다.

그림 2-7 안드로이드 프로젝트의 구조

프로젝트 뷰가 보이지 않는다면 상단 메뉴에서 [View]-[Tool Windows]-[Project]를 선택합니다.

그림 2-8 프로젝트 뷰 표시

프로젝트 뷰는 안드로이드 개발 편의를 제공하기 위한 최적의 트리로 구성됩니다. 그러므로 프로젝트 뷰에서 보여주는 트리 구조가 파일 시스템의 계층 구조를 그대로 따르지는 않습니다. 자주 사용하는 파일은 쉽게 접근할 수 있도록 별도로 구성되어 있고 자주 사용하지 않는 파일은 숨겨져 있습니다.

프로젝트 구조의 최상단에는 app 모듈과 Gradle Scripts가 있습니다. app 모듈은 manifests, java, res 폴더로 이루어져 있습니다.

manifests 폴더에는 AndroidManifest.xml 파일이 있습니다. 이는 모든 안드로이드 프로젝트가 필수로 가지고 있는 파일로, 앱에 관한 여러 가지 메타 정보를 담고 있습니다. 기기에 앱이 설치되면 안드로이드 운영체제가 각 앱의 AndroidManifest.xml 파일 내용을 참조하여 시스템을 운영합니다.

java 폴더에는 자바의 소스코드 파일이 있습니다. 사용 언어를 코틀린으로 설정해도 java라는 이름으로 폴더가 생성되며, 코틀린 파일도 이 폴더에 추가할 수 있습니다. java 폴더에는 실제 앱의 로직을 구현한 소스코드뿐만 아니라 Unit Test와 Instrumentation Test를 위한 테스트 코드도 추가됩니다. [그림 2-9]에서 보듯이 java 폴더 아래에는 패키지 이름으로 된 폴더가 3개 있습니다. 첫 번째 폴더는 실제 앱에서 동작할 소스코드가 담긴 폴더, '(androidTest)'가 붙어 있는 두 번째 폴더는 Instrumentation Test를 위한 코드가 담긴 폴더, '(test)'가 붙어 있는 세 번째 폴더는 Unit Test를 위한 코드가 담긴 폴더입니다.

그림 2-9 java 폴더의 구조

Unit Test와 Instrumentation Test

Unit Test는 소스코드가 구현하는 기능과 함수, 클래스 등이 잘 동작하는지 확인하는 테스트로 코드 구현과 통합 테스트 사이에서 수행됩니다. 안드로이드의 Unit Test는 개발 PC의 JVM 위에서 수행되며, 액티비티나 컨텍스트, 뷰 등 안드로이드 프레임워크에 의존하는 기능은 테스트할 수 없습니다. 프레임워크에 의존하는 코드를 테스트하려면 mocking 프레임워크를 이용해야 합니다. Instrumentation Test는 Unit Test와 목적이 같지만 실제 안드로이드 기기나 에뮬레이터상에서 동작하는 테스트입니다. Instrumentation Test를 Unit Test에 포함하기도 하는데, 이 경우 JVM에서 수행하는 Unit Test를 Local Test로 구분하기도 합니다. Instrumentation Test는 안드로이드 프레임워크에 의존적인 기능도 모두 테스트할 수 있습니다.

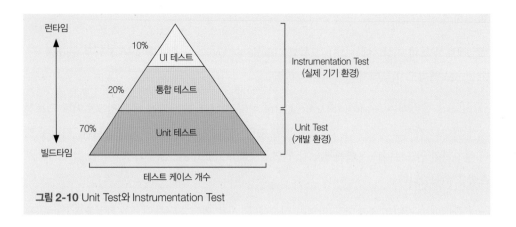

그림 2-10 Unit Test와 Instrumentation Test

res 폴더에는 앱에서 사용하는 리소스 파일이 있으며 drawable, layout, mipmap, values 폴더가 기본으로 생성됩니다. drawable 폴더에는 화면에 그릴 그래픽 리소스가 있고, layout 폴더에는 액티비티나 View를 구성하는 아키텍처를 xml로 정의하는 파일이 있습니다. 또한 mipmap 폴더에는 앱 아이콘을 저장하며, values 폴더에는 색상, 문자열, 스타일을 정의합니다. drawable 폴더를 픽셀 밀도별로 여러 개 생성하여 각 픽셀 밀도에 최적화된 리소스를 제공할 수 있고, values 폴더를 언어별로 여러 개 생성하여 다국어를 지원하는 것도 가능합니다.

그림 2-11 res 폴더의 구조

픽셀 밀도

안드로이드 기기는 스마트폰, 태블릿 등 화면의 크기가 다양하고, 같은 화면 크기라도 픽셀의 크기가 다양합니다. 따라서 동일한 크기의 이미지가 화면의 픽셀 밀도에 따라 다르게 보입니다. 픽셀 밀도는 1인치를 몇 개의 픽셀로 표현하는지를 나타내며 단위는 DPI^Dot Per Inch입니다.

다양한 픽셀 밀도의 안드로이드 기기를 모두 지원하기 위해 이미지 등을 화면에 표시할 때 밀도 독립형 화소 ^Density Independent Pixel, DIP를 사용합니다. 밀도 독립형 화소에는 'dp'라는 단위를 사용하는데, 1dp는 160dpi의 1픽셀과 동일합니다. 160dpi는 1인치를 160개의 픽셀로 나타낸 것입니다. dp를 사용하면 다음과 같이 디바이스의 픽셀 밀도에 따라 실제 픽셀 크기를 변환합니다. 예를 들어 이미지 크기를 10×10dp로 설정했다면 160dpi의 화면에서는 10×10픽셀로 보이고 240dpi 화면에서는 15×15픽셀로 보입니다.

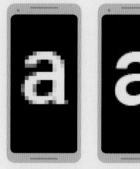

그림 2-12 픽셀 밀도에 따라 달리 보이는 화면

출처: https://developer.android.com/training/multiscreen/screendensities?hl=ko

$$px = dp \times (dpi/160)$$

다양한 픽셀 밀도를 모두 지원하기 위해 각 픽셀 밀도에 최적화된 리소스를 사용하도록 drawable 폴더를 분기할 수 있습니다. drawable 폴더를 'drawable-밀도 한정자' 포맷으로 여러 개 생성하여 리소스를 넣으면 각 픽셀 밀도에 맞는 리소스를 보여줍니다(예: drawable-mdpi).

표 2-1 밀도 한정자

밀도 한정자	설명	dpi 범위
ldpi	저밀도	~120dpi
mdpi	중밀도	~160dpi
hdpi	고밀도	~240dpi
xhdpi	초고밀도	~320dpi
xxhdpi	초초고밀도	~480dpi
xxxhdpi	초초초고밀도	~640dpi
nodpi	모든 밀도. 화면 밀도와 무관하게 사용	
tvdpu	텔레비전용 밀도. 중밀도~고밀도 사이	약 213dpi(mdpi×1.33)

Gradle Scripts는 안드로이드의 빌드 관련 파일을 모아놓은 폴더입니다. .gradle 파일은 gradle 빌드 스크립트이고 .properties 파일은 빌드 관련 변수를 설정해둔 파일입니다. build.gradle 파일에는 프로젝트의 gradle 파일과 모듈의 gradle 파일이 있습니다. 프로젝트 뷰에서 build. gradle 뒤에 '(Project: 프로젝트명)'이라고 표시되어 있는 파일이 프로젝트의 build.gradle 파일이며, 프로젝트 전체에 적용될 빌드 관련 스크립트가 작성되어 있습니다. build.gradle 뒤에 '(Module: 모듈명)'이라고 표시되어 있는 파일은 모듈의 build.gradle 파일이며, 해당 모듈에 적용되는 빌드 관련 스크립트가 작성되어 있습니다.

안드로이드 프로젝트를 만들면 'app'이라는 기본 모듈이 생성되기 때문에 프로젝트 뷰에는 'Module: app'이라고 표시되어 있을 것입니다. 외부 라이브러리 선언이나 앱 ID, 앱 버전, SDK 버전 등을 기본 모듈인 app의 build.gradle에 설정합니다. 이 책에서 다루는 프로젝트의 경우 대개 app 모듈 하나만 있기 때문에 앞으로 추가할 스크립트는 app 모듈의 build. gradle 파일에 추가할 것입니다. 그러나 규모가 큰 프로젝트를 수행할 때에는 모듈을 여러 개 생성하여 모듈별로 코드를 관리하기도 합니다. 모듈을 추가하면 그 개수만큼 모듈의 gradle 파일이 늘어납니다.

그림 2-13 Gradle Scripts 폴더의 파일

2.2.2 안드로이드 기본 코드 분석

Empty 템플릿으로 프로젝트를 만들면 액티비티가 하나인 앱이 생성됩니다. 액티비티는 MainActivity.java 파일로 생성되고, activity_main.xml 파일에 UI 레이아웃이 작성되어 있습니다. 이 액티비티는 AndroidManifest.xml에도 등록되어 있습니다. 기본적으로 생성되는 이 세 가지 파일에 대해 알아봅시다.

(1) AndroidManifest.xml

[코드 2-1]은 기본 생성된 AndroidManifest.xml 파일로, 여기에는 앱의 기본 정보와 구성 요소, 권한, 기능을 선언합니다. 앱의 기본 정보는 앱의 패키지 이름, 앱 이름과 ID, 테마, 아이콘 등입니다. 패키지 이름은 manifest 태그의 속성으로 지정되고 나머지 항목은 application 태그의 속성으로 지정됩니다. application 태그는 [코드 2-1]과 같이 앱을 생성하면 기본으로 작성됩니다.

코드 2-1 AndroidManifest.xml

```xml
<?xml version="1.0" encoding="utf-8"?>
<manifest xmlns:android="http://schemas.android.com/apk/res/android"
    package="com.example.digitclassifier">
    <application
        android:allowBackup="true"
        android:icon="@mipmap/ic_launcher"
        android:label="@string/app_name"
        android:roundIcon="@mipmap/ic_launcher_round"
        android:supportsRtl="true"
        android:theme="@style/AppTheme">
        <activity android:name=".MainActivity">
            <intent-filter>
                <action android:name="android.intent.action.MAIN" />
                <category android:name="android.intent.category.LAUNCHER" />
            </intent-filter>
        </activity>
    </application>
</manifest>
```

앱의 구성 요소는 application의 하위 항목에 작성합니다. 프로젝트 생성 시 자동으로 생성된 MainActivity가 application 항목 아래에 추가되고, android:name 속성으로 액티비티의 클래스 이름인 MainActivity가 지정되어 있습니다. activity 태그는 〈intent-filter〉를 하위 태그로 추가할 수 있습니다. 〈intent-filter〉는 어떤 인텐트를 수신할지 선언합니다. [코드 2-1]처럼 action으로 'android.intent.action.MAIN'을 지정하고 category로 'android.intent.category.LAUNCHER'를 지정하면 앱을 시작할 때 그 액티비티가 실행됩니다. 액티비티 외에도 서비스나 브로드캐스트 리시버, 콘텐트 프로바이더 등을 추가했다면 application 항목의 하위에 〈service〉, 〈receiver〉, 〈provider〉 등으로 등록해야 해당 구성 요소를 사용할 수 있습니다.

이 밖에도 매니페스트에 앱의 권한을 정의하거나 요청할 수도 있고, 사용할 기능을 선언할 수도 있습니다. 권한 요청은 안드로이드 기기에서 보호하는 영역에 접근하기 위해 필요합니다. 연락처, 통화 내역, 문자 메시지 등 민감한 사용자 정보나 카메라, 인터넷 등 보안이 필요한 기능을 이용하려면 매니페스트에 권한 요청을 등록해야 합니다.

등록된 권한 요청은 앱 설치 시 사용자에게 고지되며, 중요한 권한의 경우 그 권한이 보호하는 영역에 접근할 때 사용자로부터 명시적인 사용 동의를 받도록 요구할 수 있습니다. 또는 앱에서 특정 구성 요소를 제공할 때 새로운 권한을 정의하여 그 권한을 가진 앱만 해당 구성 요소에 접근하도록 권한을 설정할 수도 있습니다. 권한 요청을 등록할 때에는 〈uses-permission〉 태그를 사용하고, 새로운 권한을 정의할 때에는 〈permission〉 태그를 사용합니다.

앱에서 특정 하드웨어나 소프트웨어 기능을 사용할 때에도 매니페스트에 그 기능을 사용할 것임을 선언해야 합니다. 기능을 선언하면 해당 기능을 제공하지 않는 기기에 앱이 설치되지 않도록 배제할 수 있습니다.

(2) MainActivity.java

프로젝트를 생성하면 하나의 액티비티가 자동으로 생성되며 그 코드는 MainActivity.java 파일에 작성되어 있습니다. 코드의 위치는 java 폴더 아래에 패키지 이름으로 된 폴더이며, 프로젝트 뷰에서는 com.example.digitclassifier 폴더 아래에 있을 것입니다. [코드 2-2]와 같이 MainActivity 클래스는 AppCompatActivity 클래스를 상속합니다. AppCompatActivity 는 Activity 클래스의 하위 클래스로, Activity 클래스의 기능과 함께 이전 버전 안드로이드와의 하위 호환성을 제공합니다.

코드 2-2 MainActivity.java

```
package com.example.digitclassifier;

import androidx.appcompat.app.AppCompatActivity;
import android.os.Bundle;

public class MainActivity extends AppCompatActivity {

    @Override
    protected void onCreate(Bundle savedInstanceState) {
        super.onCreate(savedInstanceState);
```

```
        setContentView(R.layout.activity_main);
    }
}
```

MainActivity.java는 처음 생성될 때 onCreate() 함수만 재정의하고 있습니다. onCreate() 함수 안에서는 super.onCreate() 함수를 통해 상위 클래스인 AppCompatActivity의 onCreate()를 먼저 호출합니다. 다음으로 setContentView() 함수를 호출하여 R.layout.activity_main을 액티비티의 콘텐트 뷰로 설정합니다. 이제 MainActivity에서 activity_main에 구현되어 있는 View를 연결하여 사용할 수 있습니다.

onCreate() 외에도 onStart(), onResume() 등 액티비티의 다양한 생명주기 함수를 재정의할 수 있고, 여러 기능을 하는 사용자 함수도 자유롭게 만들 수 있는데 이는 3장에서 자세히 살펴보겠습니다.

(3) activity_main.xml

MainActivity.java에서 콘텐트 뷰로 설정한 R.layout.activity_main은 activity_main.xml 파일을 가리킵니다. 위치는 res 폴더 아래의 layout 폴더입니다. [코드 2-3]과 같이 ConstraintLayout을 root로 가지고 있고 그 아래에 TextView가 하나 있습니다.

코드 2-3 activity_main.xml

```
<?xml version="1.0" encoding="utf-8"?>
<androidx.constraintlayout.widget.ConstraintLayout
    xmlns:android="http://schemas.android.com/apk/res/android"
    xmlns:app="http://schemas.android.com/apk/res-auto"
    xmlns:tools="http://schemas.android.com/tools"
    android:layout_width="match_parent"
    android:layout_height="match_parent"
    tools:context=".MainActivity">

    <TextView
        android:layout_width="wrap_content"
        android:layout_height="wrap_content"
        android:text="Hello World!"
        app:layout_constraintBottom_toBottomOf="parent"
        app:layout_constraintLeft_toLeftOf="parent"
        app:layout_constraintRight_toRightOf="parent"
```

```
        app:layout_constraintTop_toTopOf="parent" />

    </androidx.constraintlayout.widget.ConstraintLayout>
```

ConstraintLayout은 일정한 규칙을 바탕으로 하위 View를 정렬해서 보여주기 위한 레이아웃이고, TextView는 화면에 Text를 보여주는 위젯입니다. ConstraintLayout과 TextView는 UI에 관련된 다양한 속성을 정의하고 있습니다. android:layout_width와 android:layout_height는 각각 가로와 세로 크기에 대한 설정을 나타내고, android:text는 TextView에 설정될 문자열을, 'app:layout_'으로 시작되는 속성은 TextView의 상대적 위치를 나타냅니다. 설정된 값은 'Hello World!'라는 문자열을 가진 TextView를 문자열 길이만큼 가로세로 크기를 맞추어 ConstraintLayout의 중앙에 배치하라는 의미입니다. 이처럼 layout 폴더에서 XML 파일로 UI의 여러 속성을 설정할 수 있습니다.

2.3 안드로이드 개발 언어

안드로이드는 개발 언어로 자바와 코틀린을 지원합니다. 안드로이드 초창기부터 자바를 개발 언어로 사용했고 아직도 많은 안드로이드 프로젝트가 자바로 개발되고 있습니다. 코틀린은 2017년에 안드로이드의 개발 언어로 추가되어 2019년에는 자바를 밀어내고 주력 개발 언어가 되었습니다. 현재 안드로이드 개발자 사이트에서는 코틀린과 자바 샘플 코드를 모두 제공하고 있지만 코틀린 코드를 먼저 보여줍니다. 코틀린이 주력 언어가 되었으나 필자는 아직까지는 안드로이드를 처음 배울 때 자바가 더 낫다고 생각합니다. 기존의 많은 안드로이드 코드가 자바로 개발되었고, 현업에서도 다수의 프로젝트가 여전히 자바로 개발되고 있기 때문입니다. 또한 텐서플로 라이트의 안드로이드 예제 프로젝트도 자바로 구현된 것이 더 많습니다.

물론 코틀린은 문법이 간결하고 자바보다 생산성이 뛰어나며 자바가 지원하지 않는 많은 기능을 언어 수준에서 지원하고 있습니다. 점점 더 많은 안드로이드 프로젝트가 코틀린 기반으로 바뀌는 흐름을 피할 수는 없을 것입니다. 따라서 자바로 안드로이드를 배운다고 해도 언젠가는 코틀린을 배워야 합니다. 다행히도 코틀린을 다루는 많은 안드로이드 책은 자바 개발자를 대상으로 하고 있습니다. 또한 코틀린은 자바와 100% 상호 호환되며, 코틀린으로 작성한 코드를 디컴파일^{decompile}하면 자바 코드로 변환됩니다. 게다가 자바로 안드로이드를 배우고 나면 코틀린은 금방 익힐 수 있으니 걱정 말고 자바로 안드로이드를 시작하세요.

[코드 2-4]는 프로젝트를 처음 만들 때 생성되는 기본 액티비티 코드로, 자바와 코틀린의 문법 차이를 간단히 비교해볼 수 있습니다. 짧은 코드이지만 클래스를 상속하는 extends 구문, 함수 정의 방법, override 키워드의 사용, 함수의 리턴 값 정의, 함수의 파라미터 선언, Null 허용 값 선언 등 문법 차이를 알 수 있습니다.

코드 2-4 자바와 코틀린 소스코드
자바

```java
public class MainActivity extends AppCompatActivity {

    @Override
    protected void onCreate(Bundle savedInstanceState) {
        super.onCreate(savedInstanceState);
        setContentView(R.layout.activity_main);
    }
}
```

코틀린

```kotlin
class MainActivity : AppCompatActivity() {
    override fun onCreate(savedInstanceState: Bundle?) {
        super.onCreate(savedInstanceState)
        setContentView(R.layout.activity_main)
    }
}
```

안드로이드 앱 개발을 위해서는 자바를 깊이 알수록 좋지만 함수와 클래스의 정의, 제어문 등 기본적인 문법만 알아도 괜찮습니다. 이러한 독자도 충분히 따라올 수 있도록 자세히 설명할 것입니다. 다만, 이 책의 내용 중 자바 문법 때문에 이해되지 않는 부분이 있다면 자바 기본서를 가볍게 읽고 나서 이 책을 보기 바랍니다.

2.4 Gradle

Gradle은 안드로이드의 빌드 툴입니다. 안드로이드의 통합 개발 환경이 이클립스에서 안드로이드 스튜디오로 옮겨오면서 안드로이드 빌드를 Gradle이 담당하게 되었습니다. Gradle은 안드로이드 코드와 리소스를 빌드하여 안드로이드 앱에 설치 가능하도록 APK 형태로 만듭니다. 여기서는 Gradle을 이용한 안드로이드의 빌드 프로세스와 Gradle 빌드 설정을 살펴봅시다.

2.4.1 안드로이드 빌드 프로세스

안드로이드의 소스가 APK로 빌드되는 과정은 [그림 2-14]와 같습니다. 먼저 컴파일러는 app 모듈에 작성된 소스코드를 바이트 코드인 DEX 파일로 컴파일하고 리소스도 컴파일합니다. APK Packager는 DEX 파일과 컴파일된 리소스를 하나로 묶어 APK를 만드는데, 이때 KeyStore를 이용하여 APK를 서명합니다. APK는 압축된 포맷이므로 파일 확장자를 zip으로 바꾸고 압축을 풀어 간단히 앱을 위·변조할 수 있습니다. 따라서 위·변조를 막기 위해 배포 전에 앱을 서명해야 합니다. 서명된 APK는 안드로이드 기기에 바로 설치하거나 플레이스토어를 통해 배포할 수 있습니다.

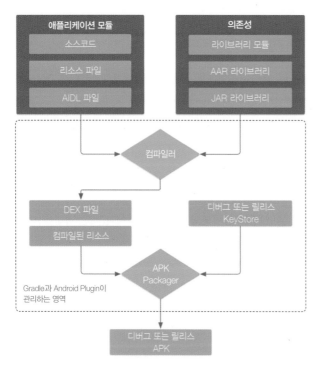

그림 2-14 Gradle 빌드 프로세스

출처: https://developer.android.com/studio/build

앱 서명

앱 서명은 배포된 앱의 실행 파일이 정당한 제작자에 의해 제작되고 위·변조되지 않았음을 확인하여 무결성을 보장하는 기술입니다. 앱 서명을 이용하면 정당한 제작자가 서명한 앱이 위·변조되지 않았는지를 설치 과정에서 검증을 통해 확인할 수 있습니다. 앱 서명의 원리를 이해하기 쉽게 [그림 2-15]에 나타냈습니다.

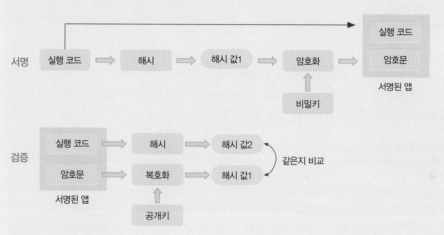

그림 2-15 앱 서명의 원리

앱을 서명할 때 앱의 실행 코드는 단방향 해시 알고리즘을 통해 해시 값으로 변환되는데 이 값을 편의상 해시 값 1이라고 하겠습니다. 해시 값 1은 제작자가 가지고 있는 비밀키에 의해 비대칭 암호화 알고리즘으로 암호화되고, 이 암호문은 앱의 실행 코드와 하나의 파일로 묶여 서명된 앱으로 배포됩니다.

앱의 위·변조 여부를 검증할 때에는 먼저 앱의 실행 코드를 서명 당시와 동일한 알고리즘으로 해시하여 해시 값을 얻는데 이를 해시 값 2라고 하겠습니다. 또한 서명된 앱에 같이 포함된 암호문을 공개키로 복호화하여 서명 당시에 암호화했던 해시 값 1을 얻고, 해시 값 1과 해시 값 2가 동일한지 비교하여 앱의 위·변조 여부를 확인합니다. 실행 코드가 중간에 위조되었다면 해시 값이 서로 다를 것입니다. 또한 정당하지 않은 제작자는 비밀키를 가지고 있지 않으므로 다른 비밀키로 암호화하더라도 검증에 사용할 공개키로 제대로 복호화할 수 없습니다. 이러한 방식으로 위·변조되지 않은 앱을 설치할 수 있습니다.

2.4.2 Gradle 빌드 설정 파일

빌드를 수행하기 전에 빌드 설정 파일을 수정하면 빌드에 관련된 다양한 옵션을 변경할 수 있습니다. 설정 파일은 DSL Domain Specific Language 이라는 안드로이드 플러그인에 포함된 언어를 이용하여 설정하는데, 설정 파일에 대해 알아봅시다.

gradle 설정 파일인 setting.gradle은 앱 빌드에 포함될 모듈 정보를 가지고 있습니다. 처음에는 app 모듈만 있으므로 [코드 2-5]와 같이 구성되어 있지만, 프로젝트에 모듈을 추가하면 이 파일에 반영됩니다.

코드 2-5 setting.gradle 파일

```
include ':app'
rootProject.name = "DigitClassifier"
```

build.gradle 파일에는 프로젝트용 설정 파일과 모듈용 설정 파일이 각각 존재합니다. 프로젝트의 build.gradle 파일에는 repository 경로, gradle의 버전, clean task 등이 기본으로 설정되어 있는데, 이 책에서는 이러한 값을 수정할 일이 거의 없습니다.

코드 2-6 프로젝트의 build.gradle 파일

```
// Top-level build file where you can add configuration options common to all sub-
projects/modules.
buildscript {
    repositories {
        google()
        jcenter()
    }
    dependencies {
        classpath "com.android.tools.build:gradle:4.0.0"

        // NOTE: Do not place your application dependencies here; they belong
        // in the individual module build.gradle files
    }
}

allprojects {
    repositories {
        google()
        jcenter()
    }
}

task clean(type: Delete) {
    delete rootProject.buildDir
}
```

모듈의 build.gradle 파일은 대부분의 gradle 관련 설정을 가지고 있습니다. 컴파일 관련 버전 설정, 앱 ID와 하위 호환 관련 버전 설정, 앱의 버전 체계 등이 기본으로 설정되어 있고 TestRunner, 빌드 타입, 각종 의존성 관련 설정도 있습니다.

코드 2-7 모듈의 build.gradle 파일

```
apply plugin: 'com.android.application'

android {
    compileSdkVersion 30
    buildToolsVersion "30.0.0"

    defaultConfig {
        applicationId "com.example.digitclassifier"
        minSdkVersion 23
        targetSdkVersion 30
        versionCode 1
        versionName "1.0"

        testInstrumentationRunner "androidx.test.runner.AndroidJUnitRunner"
    }

    buildTypes {
        release {
            minifyEnabled false
            proguardFiles getDefaultProguardFile('proguard-android-optimize.txt'),
                                                 'proguard-rules.pro'
        }
    }
}

dependencies {
    implementation fileTree(dir: "libs", include: ["*.jar"])
    implementation 'androidx.appcompat:appcompat:1.1.0'
    implementation 'androidx.constraintlayout:constraintlayout:1.1.3'
    testImplementation 'junit:junit:4.12'
    androidTestImplementation 'androidx.test.ext:junit:1.1.1'
    androidTestImplementation 'androidx.test.espresso:espresso-core:3.2.0'

}
```

[코드 2-7]의 의미는 다음과 같습니다.

- **apply plugin: 'com.android.application':** 모듈의 gradle 플러그인 속성을 설정합니다. 현재 모듈이 애플리케이션 모듈이기 때문에 'com.android.application'으로 설정되었습니다. 라이브러리 모듈은 'com.android.library'로 설정됩니다.

- **compileSdkVersion:** 컴파일할 안드로이드 SDK 버전을 설정합니다. 여기서 지정한 버전을 사용하여 컴파일을 수행하며, 이보다 높은 버전의 기기에서는 정상적인 동작이 보장되지 않습니다.

- **buildToolsVersion:** 빌드 툴은 안드로이드 프로젝트를 빌드하는 데 필요한 도구로, 'SDK 설치 경로/build-tools' 폴더에 버전별로 설치되어 있습니다. 빌드할 때 여기에 명시된 버전의 빌드 툴을 사용합니다. 특정 버전의 SDK나 빌드 툴이 필요하다면 안드로이드 스튜디오의 SDK Manager를 통해 다운로드할 수 있습니다.

- **applicationId:** 플레이스토어 등 마켓 스토어를 통해 앱을 배포할 때 식별자 역할을 하는 앱의 ID입니다. 앱을 플레이스토어에 등록하기 전까지는 값을 변경할 수 있으나 등록한 후에 변경하면 다른 앱으로 인식됩니다. 기본 값은 AndroidManifest.xml에 설정된 앱의 패키지 이름과 동일한 값으로 설정되어 있습니다. 참고로 패키지 이름은 applicationId와 값만 같을 뿐 서로 다른 용도로 사용되므로 플레이스토어 등록과 관계없이 아무 때나 변경이 가능합니다.

- **minSdkVersion:** 앱에서 지원하는 가장 낮은 SDK 버전입니다. 이보다 낮은 버전의 기기에서는 앱을 사용할 수 없습니다.

- **targetSdkVersion:** 앱의 동작 테스트가 완료된 SDK 버전으로, 앱에서 권장하는 SDK 버전입니다. compileSdkVersion보다 낮거나 같습니다.

- **versionCode:** 앱에서 정의하는 버전 코드로 양의 정숫값입니다. 사용자에게 공개되지 않으며 플레이스토어에서 앱의 업데이트 여부를 판단할 때 사용합니다. 기기에 설치된 앱의 버전 코드가 플레이스토어에 배포된 앱의 버전 코드보다 낮다면 업데이트 대상이 됩니다. 대개는 1로 설정하여 출시하고 출시 후 버전업을 할 때마다 값을 올립니다. 최댓값은 2100000000입니다.

- **versionName:** 앱에서 정의하는 버전의 이름으로 문자열 값이며, 사용자에게 공개되어 버전을 식별할 수 있도록 해줍니다. 일반적으로 "major.minor.point"로 구성하는데 맨 뒤에 빌드 번호를 추가하기도 합니다.
  - **major:** 앱의 콘셉트나 사용성 등 큰 변화를 가져오는 수정 후 버전업
  - **minor:** 신규 기능 추가/삭제 등의 수정 후 버전업
  - **point:** bug fix, 사소한 디자인 수정 후 버전업

- **testInstrumentationRunner:** JUnit4의 테스트 클래스를 사용하기 위해 AndroidJUnit Runner를 기본 테스트 실행기로 지정합니다.

- **buildTypes:** 빌드 타입을 지정하여 빌드 시 세부 사항을 지정할 수 있습니다. 빌드 타입에는 debug와 release가 있습니다. debug 빌드 타입은 다양한 디버깅 툴을 활용할 수 있고 디버그용 키로 서명됩니다. release 빌드 타입은 난독화를 위한 도구인 ProGuard가 적용되고 릴리스용 키로 서명됩니다. 다음의 minifyEnabled, proguardFiles 항목은 release 블록 아래에 정의했기 때문에 빌드 타입을 release로 설정할 때에만 적용됩니다.

- **minifyEnabled:** true로 설정하면 코드 축소, 난독화, 최적화를 적용합니다. 코드 축소는 실행 코드에서 미사용 구성 요소를 찾아 안전하게 삭제하는 기술입니다. 난독화는 실행 코드의 클래스 이름, 변수 이름 등을 줄여서 생성되는 DEX 파일의 크기를 줄이고, Reverse Engineering을 하더라도 식별하기 어렵게 만드는 기술입니다. 최적화는 코드를 검사하여 미사용 분기 등을 식별하고 제거하는 기술입니다.

- **proguardFiles:** ProGuard의 규칙 파일을 지정합니다. 코드 축소, 난독화, 최적화 과정에서 코드를 잘못 삭제하는 경우(예: 특정 코드를 JNI에서 호출하거나 리플렉션을 이용하여 호출하는 데 미사용으로 식별하여 이를 삭제하는 경우) 규칙을 만들어 특정 요소를 예외로 적용할 수 있습니다.

- **dependencies:** 빌드에 필요한 내·외부 바이너리나 라이브러리 의존성을 설정합니다.

- **implementation:** 실행 코드를 컴파일할 때 지정한 바이너리나 라이브러리의 의존성을 설정합니다. 로컬 라이브러리 모듈 의존성, 로컬 바이너리 의존성, 원격 바이너리 의존성을 각각 설정할 수 있으며, 설정 방법은 [표 2-2]와 같습니다.

표 2-2 implementation 의존성 설정 방법

구분	설정 방법
로컬 라이브러리 모듈 의존성	implementation project('모듈명') •예: implementation project(':myLibrary') •myLibrary 라이브러리에 의존성 추가
로컬 바이너리 의존성	implementation fileTree(dir: '폴더명', include: ['*.확장자']) •예: implementation fileTree(dir: 'libs', include: ['*.jar']) •libs 폴더에 들어 있는 모든 jar 파일에 의존성 추가 implementation files('폴더명/파일명', '폴더명/파일명') •예: implementation files('libs/cv.jar', 'libs/tf.jar') •libs/cv.jar 파일과 libs/tf.jar 파일에 의존성 추가
원격 바이너리 의존성	implementation '네임스페이스:라이브러리명:버전' •예: implementation 'org.tensorflow:tensorflow-lite:2.4.0' •org.tensorflow 네임스페이스 안에 있는 tensorflow-lite 라이브러리의 2.4.0 버전에 의존성 추가

- **testImplementation:** Unit Test 수행 시 적용될 의존성을 설정합니다.

- **androidTestImplementation:** Instrumentation Test 수행 시 적용될 의존성을 설정합니다.

2.5 안드로이드 기기 테스트

이제 앱을 빌드하여 생성한 앱을 안드로이드 기기에서 실행합니다. 모든 제조사의 기기를 테스트하기는 어려우니 구글 픽셀3와 삼성 갤럭시S20 기기를 이용하여 앱을 테스트할 것입니다.

테스트 전에 기기의 개발자 모드를 활성화하고, 개발 PC에 기기의 USB 드라이버를 설치해야 합니다. 먼저 기기의 개발자 모드를 활성화하기 위해 [설정]-[휴대전화 정보]를 선택하여 [빌드 번호]를 일곱 번 터치합니다. 제조사별로 진입하는 경로가 조금씩 다르며, 삼성 기기는 패턴을 풀어 잠금을 해제해야 활성화됩니다. 개발자 모드가 활성화되면 개발자 옵션에 진입하여 [USB 디버깅] 항목을 활성화합니다.

■ **구글 픽셀 기기의 USB 디버깅 활성화 방법:** [설정]→[휴대전화 정보]→[빌드 번호] 일곱 번 터치→뒤로 가기→[시스템]→[고급]→[개발자 옵션]→[USB 디버깅] 활성화

■ **삼성 갤럭시 기기의 USB 디버깅 활성화 방법:** [설정]→[휴대전화 정보]→[소프트웨어 정보]
→[빌드번호] 일곱 번 터치→뒤로 가기 두 번→[개발자 옵션]→[USB 디버깅] 활성화

다음으로 개발 PC에 기기의 USB 드라이버를 설치합니다. 구글 픽셀은 안드로이드 스튜디오의 SDK Manager에서 다운로드할 수 있습니다.

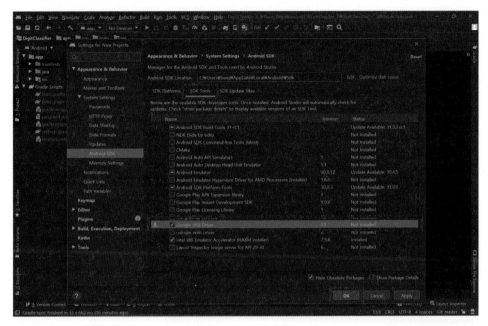

그림 2-16 구글 픽셀을 위한 USB 드라이버 설치

삼성 갤럭시의 경우 다음 주소에서 다운로드할 수 있습니다.

```
http://downloadcenter.samsung.com/content/SW/202007/20200706142518225/SAMSUNG_
USB_Driver_for_Mobile_Phones.exe
```

이제 기기와 개발 PC를 USB로 연결하기 위해 기기에 나타나는 USB 디버깅 허용 팝업에서 '허용'을 선택합니다. 이후 자동으로 USB 디버깅을 허용하려면 '이 컴퓨터에서 항상 허용'에 체크합니다.

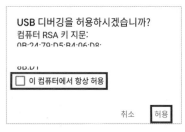

그림 2-17 USB 디버깅 허용

USB 드라이버 설치와 개발자 옵션 활성화가 모두 준비되면 안드로이드 스튜디오 상단 툴바에 기기 정보가 보입니다. [View]–[Appearance]–[Toolbar]를 선택하여 활성화하면 더 편리하게 사용할 수 있습니다.

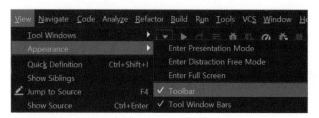

그림 2-18 툴바 활성화

그림 2-19 구글 픽셀3를 연결한 상태

기기에서 앱을 실행하려면 Run/Debug Configuration이 필요합니다. 여기에는 실행할 모듈, 설치할 APK, 처음 실행할 Activity 등 실행에 관련된 여러 가지 옵션을 정의할 수 있습니다. 프로젝트를 생성하면 app이라는 모듈 이름으로 기본 Run/Debug Configuration이 설정되어 있습니다. 'app' 모듈과 'Google Pixel 3' 기기가 선택된 상태에서 ▶을 클릭하면 프로젝트가 빌드되어 APK를 만들고, 대상 기기에 APK를 설치하고 실행합니다. 기기에서 앱이 실행된 모습은 [그림 2–20]과 같습니다.

그림 2-20 안드로이드 기기에서 앱을 실행한 모습

실행된 화면은 MainActivity이며, MainActivity.java의 onCreate( )에서 설정한 대로 activity_main.xml의 모습을 보여줍니다. activity_main.xml에서는 화면 가운데에 'Hello World!'라는 문자열의 TextView를 하나 정의했으며, 실제 기기에서 실행된 앱에 그대로 구현되었습니다.

2.6 마무리

이 장에서는 안드로이드 프로젝트를 새로 만들고 프로젝트가 어떻게 구성되어 있는지 살펴보 았습니다. 기본적으로 생성되는 4개 파일, 즉 AndroidManifest.xml, MainActivity.java, activity_main.xml, build.gradle에 대해 알아보고, 생성된 프로젝트를 실제 안드로이드 기 기에서 실행해보았습니다. 다음 장에서는 프로젝트의 UI를 구성하기 위해 UI 구성 요소 및 이 를 활용하는 방법을 다룰 것입니다.

3장
안드로이드 앱 UI 구성

이 장에서는 사용자와 직접적으로 상호 작용하는 안드로이드 앱의 얼굴인 UI의 구성을 살펴봅니다. 약 6인치 내외 화면에서 터치를 기반으로 사용자가 앱을 편리하게 사용하기 위해서는 사용성에 맞는 최적의 UI를 구성해야 합니다. 먼저 UI를 구성하는 레이아웃^{layout}과 위젯^{widget}에 대해 설명한 다음 액티비티에 대해 알아보겠습니다. 또한 UI와 액티비티를 서로 연결하는 방법, 외부 UI 컴포넌트를 불러오는 방법도 다룰 것입니다. 이 장을 읽고 나면 안드로이드의 UI 구성 요소를 사용하여 적절한 화면을 만들고, 구성 요소를 통해 이벤트를 받아서 처리하는 방법을 이해할 수 있습니다.

3.1 레이아웃

3.1.1 레이아웃의 개요

레이아웃과 위젯을 이해하려면 먼저 View와 ViewGroup을 알아야 합니다. 안드로이드의 UI 구성 요소는 View와 ViewGroup으로 나눌 수 있습니다. View는 대부분의 UI 구성 요소가 상속하는 객체로, 화면에 표현하기 위한 기능을 담고 있는 최상위 클래스입니다. 앞으로 자주 사용하게 될 setOnClickListener(), getWidth(), invalidate(), draw() 등 UI 관련 주요 함수가 대부분 여기에 구현되어 있습니다. ViewGroup은 말 그대로 여러 View를 모아놓은 클래스이며 여러 개의 하위 View를 가질 수 있습니다. ViewGroup도 View를 상속하므로 ViewGroup 자체도 View입니다.

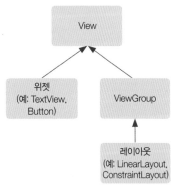

그림 3-1 레이아웃과 위젯의 상속 관계

레이아웃과 위젯은 ViewGroup과 View에 각각 대응됩니다. 레이아웃은 ViewGroup을 상속하는 UI 구성 요소로, UI의 구조를 정의하는 역할을 합니다. 즉 여러 UI 구성 요소를 하위 요소로 관리하고 이를 배치합니다. 뒤에서 자세히 설명하겠지만 위젯은 View를 상속하며 레이아웃의 하위 요소로 배치될 수 있습니다. 위젯과 레이아웃, View와 ViewGroup의 상속 관계는 [그림 3-1]과 같습니다.

앱의 UI를 구성할 때에는 [그림 3-2]와 같이 Root에 ViewGroup을 배치합니다. ViewGroup 아래에 여러 View를 배치하고, 필요에 따라 또 다른 ViewGroup을 배치할 수도 있습니다. 2장에서 보았던 기본 프로젝트의 구조도 이와 같았습니다. 최상단에 ViewGroup인 ConstraintLayout이 있고 그 하위 요소로 View인 TextView가 있었습니다.

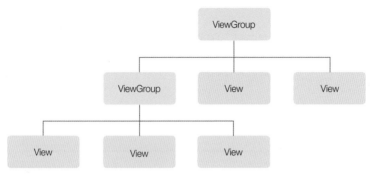

그림 3-2 View와 ViewGroup의 계층 구조

출처: https://developer.android.com/guide/topics/ui/declaring-layout

적절한 레이아웃을 선택하여 원하는 UI를 구성할 수 있도록 레이아웃의 종류를 알아봅시다.

3.1.2 레이아웃의 종류

안드로이드에서 기본으로 제공하는 레이아웃의 종류는 다양합니다. 앱을 개발하면서 주로 사용하게 될 레이아웃은 다음과 같습니다.

(1) LinearLayout

LinearLayout은 하위 View를 가로 또는 세로 방향으로 일렬로 배치하는 레이아웃입니다. android:orientation 속성을 vertical로 지정하면 세로 방향으로, horizontal로 지정하면 가로 방향으로 배치되는데, 이때 View에 추가한 순서대로 배치됩니다. 먼저 추가한 View일수록 상단 또는 왼쪽에 위치합니다. [그림 3-3]은 orientation 속성 값에 따른 하위 View 배치의 예를 보여줍니다.

가로 방향   **세로 방향**

그림 3-3 LinearLayout을 이용한 UI 배치

[코드 3-1]은 xml로 LinearLayout을 만들고 버튼을 3개 추가한 경우입니다. android:
orientation이 vertical로 설정되어 있으므로 [그림 3-3]의 세로 방향처럼 버튼이 나타날
것입니다.

코드 3-1 LinearLayout을 이용한 UI 배치
linear_layout.xml

```xml
<?xml version="1.0" encoding="utf-8"?>
<LinearLayout
    xmlns:android="http://schemas.android.com/apk/res/android"
    android:orientation="vertical"
    android:layout_width="wrap_content"
    android:layout_height="wrap_content">

    <Button
        android:id="@+id/button1"
        android:layout_width="wrap_content"
        android:layout_height="wrap_content"
        android:layout_weight="1"
        android:text="Button1" />

    <Button
        android:id="@+id/button2"
        android:layout_width="wrap_content"
        android:layout_height="wrap_content"
        android:layout_weight="1"
        android:text="Button2" />

    <Button
        android:id="@+id/button3"
        android:layout_width="wrap_content"
        android:layout_height="wrap_content"
        android:layout_weight="1"
```

```
                android:text="Button3" />

    </LinearLayout>
```

레이아웃의 크기는 android:layout_width와 android:layout_height 속성으로 지정하는데, match_parent, wrap_content, 직접 수치 입력 방법이 있습니다. match_parent로 설정하면 상위 레이아웃의 크기만큼 가득 채우고, wrap_content로 설정하면 하위 View나 콘텐트가 차지하는 크기에 맞게 최소화한 크기로 결정됩니다. 그리고 수치를 직접 입력하면 입력한 수치만큼 크기가 지정되는데, 화면 밀도에 적응이 가능하도록 dp 값을 입력합니다. 레이아웃에 속한 하위 View의 크기도 이와 동일하게 세 가지 방법으로 지정할 수 있습니다.

[그림 3-4]는 wrap_content, match_parent, 직접 수치 입력 시 레이아웃이 어떻게 나타나는지를 보여줍니다. 모두 가로와 세로를 동일한 값으로 설정했으며, 직접 수치 입력 시 weight 없이 각각 50dp, 100dp, 200dp 값을 입력했습니다. [코드 3-1]에서는 wrap_content를 사용했기 때문에 [그림 3-4]의 첫 번째 그림처럼 레이아웃이 배치됩니다.

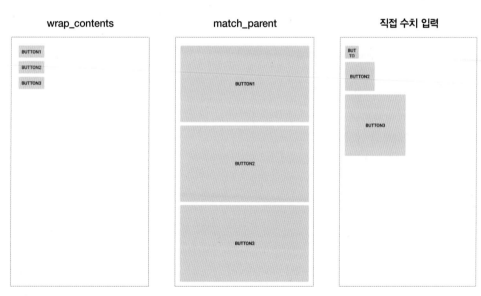

그림 3-4 View의 가로세로 크기 설정

각 하위 View에 android:layout_weight 속성을 지정하여 비율을 설정할 수 있습니다. [그림 3-5]는 weight를 1:1, 3:1로 설정한 경우로, 1:1로 설정하면 두 버튼의 크기가 동일하고 3:1로 설정하면 버튼의 크기도 3:1이 된다는 것을 알 수 있습니다. 참고로 layout_weight를 적용하려는 축의 크기는 0dp로 설정해야 합니다. 예를 들어 가로 방향에 적용하는 경우 android:layout_width 속성의 값을 0dp로 설정하고, 세로 방향에 적용하는 경우 android:layout_height 속성의 값을 0dp로 설정해야 합니다.

weight를 1:1로 설정한 경우	weight를 3:1로 설정한 경우
BUTTON BUTTON	BUTTON BUTTON

그림 3-5 View에 weight 설정

LinearLayout은 설정해야 할 값이 많지 않고 배치가 직관적이므로 단순한 UI를 만들 때 유용합니다. 다만 가로나 세로 한 방향으로 일렬 정렬만 가능하기 때문에 복잡한 UI를 표현하려면 여러 LinearLayout을 중첩하여 View를 배치해야 합니다. [그림 3-6]은 세로 방향의 LinearLayout과 가로 방향의 LinearLayout을 중첩한 경우입니다.

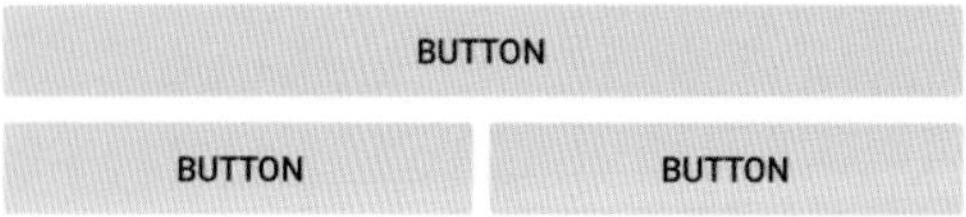

BUTTON

BUTTON   BUTTON

그림 3-6 LinearLayout이 중첩된 구조

이처럼 View의 배치가 조금만 복잡해도 중첩을 여러 번 해야 합니다. 따라서 복잡한 UI를 구성할 때에는 적합하지 않고 테스트 용도 등으로 단시간에 앱을 만들어야 할 때 유용합니다.

(2) RelativeLayout

RelativeLayout은 상위 View 또는 특정 View를 기준으로 상대적인 위치에 대상 View를 배치하는 레이아웃입니다. 기준이 되는 View의 상, 하, 좌, 우에 배치하거나 기준 View와 나란히 UI를 구성할 수 있습니다. [코드 3-2]는 RelativeLayout으로 버튼 3개를 배치한 경우입니다.

코드 3-2 RelativeLayout을 이용한 UI 배치
relative_layout.xml

```
<?xml version="1.0" encoding="utf-8"?>
<RelativeLayout
    xmlns:android="http://schemas.android.com/apk/res/android"
```

```
        android:layout_width="match_parent"
        android:layout_height="match_parent">

    <Button
        android:id="@+id/button1"
        android:layout_width="match_parent"
        android:layout_height="wrap_content"
        android:text="Button1" />

    <Button
        android:id="@+id/button2"
        android:layout_width="200dp"
        android:layout_height="wrap_content"
        android:text="Button2"
        android:layout_below="@id/button1"
        android:layout_alignParentLeft="true" />

    <Button
        android:id="@+id/button3"
        android:layout_width="200dp"
        android:layout_height="wrap_content"
        android:text="Button3"
        android:layout_below="@id/button1"
        android:layout_toRightOf="@id/button2" />

</RelativeLayout>
```

[코드 3-2]의 경우 [그림 3-7]처럼 버튼이 배치되는데, 형태가 [그림 3-6]과 유사해 보이지만 배치 원리는 다릅니다. [그림 3-6]은 세로로 일렬 배치하는 LinearLayout 아래에 가로로 일렬 배치하는 LinearLayout을 단순히 중첩한 것이고, [그림 3-7]은 button2를 button1 아래에 배치하고 button3이 button1 아래이면서 button2의 오른쪽에 놓이도록 설정한 것입니다. 이처럼 RelativeLayout은 기준이 되는 View에 대한 상대적 위치를 설정하는 방식으로 View를 배치합니다.

BUTTON1	
BUTTON2	BUTTON3

그림 3-7 RelativeLayout을 이용한 UI 배치

한편 [그림 3-7]은 [그림 3-6]과 달리 화면의 크기에 따라 두 번째 줄의 버튼이 화면에 가득 차게 배치되지 않을 수도 있습니다. LinearLayout은 weight를 이용하여 비율로 View의 크기를 정하지만, RelativeLayout을 이용한 [코드 3-2]에서는 버튼의 크기가 화면 가로 길이의 절반이 되도록 고정 값으로 설정했기 때문입니다. RelativeLayout을 이용할 때 화면에 딱 맞게 버튼을 배치하려면 LinearLayout의 레이아웃 중첩을 사용할 수 있습니다. 즉 button1 아래에 가로로 배치되는 LinearLayout을 하나 만들고 그 안에 button2와 button3을 넣으면 비율에 따라 button2와 button3이 화면 가득 배치됩니다.

RelativeLayout은 위치를 지정하는 다양한 속성 값을 가지고 있는데, 자주 쓰이는 속성 값을 [표 3-1]에 정리했습니다.

표 **3-1** RelativeLayout의 정렬 기준 속성

속성	값	설명
layout_above layout_below layout_toLeftOf layout_toRightOf	기준 View의 ID	기준 View의 위에 배치 기준 View의 아래에 배치 기준 View의 왼쪽에 배치 기준 View의 오른쪽에 배치
layout_alignTop layout_alignBottom layout_alignLeft layout_alignRight	기준 View의 ID	기준 View와 윗변을 맞추어 배치 기준 View와 아랫변을 맞추어 배치 기준 View와 왼쪽 변을 맞추어 배치 기준 View와 오른쪽 변을 맞추어 배치
layout_alignParentTop layout_alignParentBottom layout_alignParentLeft layout_alignParentRight	True/False	True로 설정하면 부모 View와 윗변을 맞추어 배치 True로 설정하면 부모 View와 아랫변을 맞추어 배치 True로 설정하면 부모 View와 왼쪽 변을 맞추어 배치 True로 설정하면 부모 View와 오른쪽 변을 맞추어 배치
layout_centerVertical layout_centerHorizontal layout_centerInParent	True/False	True로 설정하면 부모 View의 수평 중앙에 배치 True로 설정하면 부모 View의 수직 중앙에 배치 True로 설정하면 부모 View의 수평+수직 중앙에 배치

안드로이드의 RTL 지원

안드로이드 4.2(젤리빈Jelly Bean, API Level 17)부터 RTLRight To Left 언어를 지원하기 위해 Left, Right와 유사한 Start, End가 추가되었습니다. RTL 언어는 아랍어와 히브리어 등 오른쪽에서 왼쪽 방향으로 작성하는 언어를 말합니다. RTL 언어를 지원하려면 layout_alignLeft, layout_alignParentRight 등의 속성에서 Left를 Start로, Right를 End로 바꾸어 layout_alignStart, layout_alignParentEnd 속성을 사용하면 됩

니다. 그러면 LTR^{Left To Right} 언어에서는 Start가 왼쪽, End가 오른쪽에 대응되고, RTL 언어에서는 Start 가 오른쪽, End가 왼쪽에 대응됩니다. [표 3-1]에서는 독자의 이해를 돕기 위해 더 직관적인 Left, Right를 사용했지만 RTL 언어 지원을 위해 Start, End를 사용하는 것이 더 효과적입니다. 이는 다음 절에서 살펴볼 ConstraintLayout에도 동일하게 적용됩니다.

RelativeLayout은 화면에서의 상대적 위치를 설정하기 때문에 중첩 구조를 사용하지 않더라도 복잡한 UI 구조를 표현할 수 있습니다. 물론 여러 View를 묶어서 편리하게 관리할 수 있도록 레이아웃을 중첩해서 사용해도 됩니다.

(3) ConstraintLayout

ConstraintLayout은 하위 View 간에 여러 제약 조건을 설정하고 이를 조합하여 View를 배치하는 레이아웃으로, 가로와 세로에 각각 하나 이상의 제약 조건을 반드시 설정해야 합니다. ConstraintLayout은 RelativeLayout의 방식과 유사해 보이지만 더 유연한 배치가 가능하고, 안드로이드 스튜디오의 Layout Editor에서 XML을 수정하지 않고 간편하게 UI를 구성하기에 유용합니다.

제약조건은 app:layout_constraint(Top/Bottom/Start/End)_to(Top/Bottom/Start/End) Of 속성으로 지정할 수 있습니다. 'constraint(Top/Bottom/Start/End)'는 대상 View의 윗변, 아랫변, 좌변, 우변 중 어디에 속성을 적용할지를 결정합니다. 'to(Top/Bottom/Start/End)Of'는 기준 View의 윗변, 아랫변, 좌변, 우변 중 어디를 기준으로 대상 View를 배치할지 결정합니다. 예를 들어 button2에 app:layout_constraintBottom_toTopOf="@+id/button1"과 같은 속성을 지정했다면, 대상 View인 button2의 아랫변을 기준 View인 button1의 윗변과 맞추도록 배치하라는 의미입니다.

[코드 3-3]에서는 ConstraintLayout의 특징을 이해할 수 있도록 버튼 3개를 만들었습니다. 부모 View의 정중앙에 button1을, 부모 View의 좌측 상단과 button1 사이 정중앙에 button2를, 부모 View의 우측 하단과 button1 사이 정중앙에 button3을 배치했습니다.

코드 3-3 ConstraintLayout을 이용한 UI 배치
constraint_layout.xml

```
<?xml version="1.0" encoding="utf-8"?>
<androidx.constraintlayout.widget.ConstraintLayout
```

```
    xmlns:android="http://schemas.android.com/apk/res/android"
    xmlns:app="http://schemas.android.com/apk/res-auto"
    xmlns:tools="http://schemas.android.com/tools"
    android:layout_width="match_parent"
    android:layout_height="match_parent">

    <Button
        android:id="@+id/button1"
        android:layout_width="wrap_content"
        android:layout_height="wrap_content"
        android:text="Button1"
        app:layout_constraintTop_toTopOf="parent"
        app:layout_constraintBottom_toBottomOf="parent"
        app:layout_constraintStart_toStartOf="parent"
        app:layout_constraintEnd_toEndOf="parent" />

    <Button
        android:id="@+id/button2"
        android:layout_width="wrap_content"
        android:layout_height="wrap_content"
        android:text="Button2"
        app:layout_constraintTop_toTopOf="parent"
        app:layout_constraintBottom_toTopOf="@+id/button1"
        app:layout_constraintStart_toStartOf="parent"
        app:layout_constraintEnd_toStartOf="@+id/button1" />

    <Button
        android:id="@+id/button3"
        android:layout_width="wrap_content"
        android:layout_height="wrap_content"
        android:text="Button3"
        app:layout_constraintTop_toBottomOf="@+id/button1"
        app:layout_constraintBottom_toBottomOf="parent"
        app:layout_constraintStart_toEndOf="@+id/button1"
        app:layout_constraintEnd_toEndOf="parent" />

</androidx.constraintlayout.widget.ConstraintLayout>
```

[그림 3-8]은 세 버튼의 제약 조건을 보여줍니다. button1은 상, 하, 좌, 우 속성을 모두 parent로 설정하여 상위 View의 정중앙에 배치했습니다. button2는 상, 좌 속성을 parent로 설정하고 하, 우 속성을 button1로 설정하여 상위 View의 윗변과 button1의 윗변의 중앙이면서 상위 View의 좌변과 button1의 좌변의 중앙에 놓이도록 배치했습니다. 또한 button3

은 상, 좌 속성을 button1로 설정하고 하, 우 속성을 parent로 설정하여 상위 View의 아랫변과 button1의 아랫변의 중앙이면서 상위 View의 우변과 button1의 우변의 중앙에 놓이도록 배치했습니다.

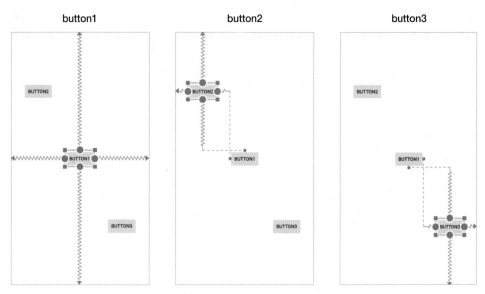

그림 3-8 ConstraintLayout을 이용한 UI 배치

LinearLayout이나 RelativeLayout으로 이와 같이 배치하려면 복잡한 중첩 구조를 만들거나 정확한 margin 값을 측정하여 입력해야 하지만 ConstraintLayout은 몇 번의 마우스 드래그만으로 손쉽게 설정할 수 있습니다. [코드 3-3]은 설정 값이 많아서 복잡해 보이지만 ConstraintLayout은 XML Editor와의 호환성이 좋기 때문에 설정이 더 쉽습니다. [그림 3-9]와 같이 Design 창의 [Attributes] 탭과 마우스 오른쪽 버튼 클릭 시의 메뉴를 이용하면 다양한 설정 값을 쉽게 입력할 수 있습니다. XML Editor를 이용하여 자유롭게 View를 옮기고 상, 하, 좌, 우의 앵커 포인트와 마우스 오른쪽 버튼 클릭 시의 메뉴로 제약 조건을 설정하여 View를 배치해봅시다.

구글이 ConstraintLayout을 이용한 UI 구성을 권장하기 때문에 프로젝트를 만들면 기본 레이아웃이 ConstraintLayout으로 설정되어 있습니다. ConstraintLayout은 안드로이드 2.3(진저브레드^Gingerbread, API Level 9)부터 이용 가능합니다.

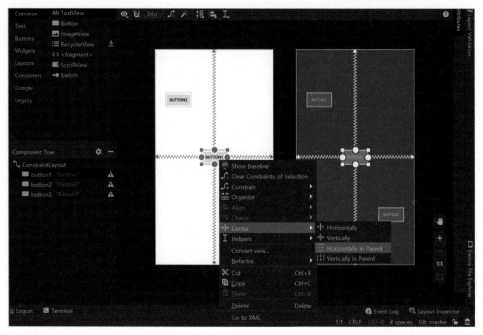

그림 3-9 ConstraintLayout의 XML Editor

(4) FrameLayout

FrameLayout은 하위 View를 중첩해서 배치하는 레이아웃으로, 다른 배치 규칙 없이 화면 좌측 상단을 기준으로 하위 View를 중첩해서 보여주는 가장 단순한 레이아웃입니다. 나중에 추가한 레이아웃이 앞서 만든 레이아웃 위에 중첩하여 배치되므로, 맨 마지막에 추가한 View의 가로세로 크기가 가장 크면 맨 마지막 View만 보이고, 맨 마지막 View의 크기가 작아서 앞서 만든 View를 다 덮지 못하면 이전 View의 일부가 보이게 됩니다.

[코드 3-4]는 FrameLayout에 3개의 버튼을 배치하는 코드입니다. FrameLayout의 특징을 잘 이해할 수 있도록 각 버튼의 크기와 색깔을 다르게 설정했습니다. 배치 순서는 중간 크기의 파란색 버튼, 가장 큰 노란색 버튼, 가장 작은 빨간색 버튼입니다.

코드 3-4 FrameLayout을 이용한 UI 배치

frame_layout.xml

```xml
<?xml version="1.0" encoding="utf-8"?>
<FrameLayout xmlns:android="http://schemas.android.com/apk/res/android"
    android:layout_width="match_parent"
```

```
    android:layout_height="match_parent">

<Button
    android:id="@+id/button1"
    android:layout_width="100dp"
    android:layout_height="100dp"
    android:background="#0000FF"
    android:text="Button1" />

<Button
    android:id="@+id/button2"
    android:layout_width="200dp"
    android:layout_height="200dp"
    android:background="#FFFF00"
    android:text="Button2" />

<Button
    android:id="@+id/button3"
    android:layout_width="50dp"
    android:layout_height="50dp"
    android:background="#FF0000"
    android:text="Button3" />

</FrameLayout>
```

[그림 3-10]은 [코드 3-4]의 결과로, 맨 처음 만든 파란색 버튼은 보이지 않고 두 번째로 만든 노란색 버튼 위로 마지막에 추가한 빨간색 버튼이 보입니다. 파란색 버튼은 그다음에 추가한 노란색 버튼보다 크기가 작기 때문에 완전히 가려서 보이지 않습니다. 노란색 버튼은 빨간색 버튼보다 먼저 추가되었으나 빨간색 버튼의 크기가 더 작기 때문에 가려지지 못한 부분이 드러났습니다. 이처럼 FrameLayout은 단순히 View를 중첩해서 배치하며, 추가한 순서와 크기에 따라 보이는 부분이 결정됩니다.

 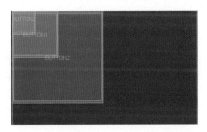

그림 3-10 FrameLayout을 이용한 UI 배치

FrameLayout은 주로 소스코드에서 동적으로 View를 추가할 때 사용됩니다. 이 책의 5장 이후에서 카메라를 사용할 때 카메라 Preview를 추가하기 위해 FrameLayout을 사용할 것입니다.

3.2 위젯

3.2.1 위젯의 개요

위젯은 사용자와 상호 작용하면서 사용자에게 정보를 보여주고 사용자로부터 액션을 받는 구성 요소입니다. View 클래스를 상속하며, 안드로이드 개발자 사이트에서는 입력 컨트롤, UI 컨트롤 등으로 칭하기도 합니다. 안드로이드는 기본 위젯으로 TextView, Button, EditText 등을 지원하는데, 위젯들을 조합하거나 새로운 기능을 덧붙여 커스텀 위젯을 만들 수도 있습니다.

안드로이드에서 기본으로 제공하는 위젯은 매우 다양하지만 처음부터 모든 위젯을 깊이 공부할 필요는 없습니다. 어떤 위젯이 제공되는지 숙지한 상태에서 필요한 위젯을 그때그때 익혀 사용하는 방법이 더 효율적입니다. 원하는 기능을 제공하는 기본 위젯이 없을 때에는 일단 오픈소스로 제공되는 라이브러리를 찾아보고, 오픈소스도 없다면 직접 구현해야 합니다.

3.2.2 위젯의 종류

안드로이드 위젯 중 앱을 개발할 때 가장 빈번히 사용되는 기본 위젯을 살펴봅시다.

그림 3-11 안드로이드 기본 위젯

(1) TextView

TextView는 사용자에게 문자열을 보여주는 위젯으로, 사용자가 직접 문자열을 수정할 수는 없고 볼 수만 있습니다. 2장에서 기본 생성한 앱의 가운데에 'Hello World!'라는 문자열을 보여주었던 위젯이 바로 TextView입니다. TextView는 [코드 3-5]와 같이 XML에 추가할 수 있습니다.

코드 3-5 TextView 추가
widgets.xml

```
<TextView
    android:id="@+id/textView"
    android:layout_width="wrap_content"
    android:layout_height="wrap_content"
    android:text="@string/hello_world"
    android:textSize="30sp"
    android:textColor="#FF0000"
    android:lines="2" />
```

android:id, android:layout_width, android_layout_height는 모든 View가 가지고 있는 속성으로, 각각 View의 식별자, 가로 크기, 세로 크기를 나타냅니다. android:text 속성에는 TextView에 표시할 문자열을 설정합니다. 2장의 기본 프로젝트에서는 'Hello World!'를 직접 입력했으나, 이렇게 문자열을 바로 입력하는 방법 보다는 strings.xml 파일을 통해 미리 정의해서 사용하는 방법을 권장합니다. strings.xml 파일을 통해 문자열을 정의하면 리소스 관리 및 재사용이 용이하고, 다국어 지원을 위한 수정이 최소화된다는 장점이 있습니다. strings 리소스를 사용하려면 먼저 문자열을 res/values/strings.xml 파일에 등록해야 합니다. 처음 파일을 열면 앱 이름만 정의되어 있는데, 여기에 [코드 3-6]과 같이 추가합니다.

코드 3-6 문자열 리소스 추가
strings.xml

```
<resources>
    <string name="app_name">DigitClassifier</string>
    <string name="hello_world">hello world!</string>
</resources>
```

strings.xml에서 정의한 것처럼 이제 화면에 'Hello World!'가 나타날 것입니다.

한편 android:textSize 속성에는 문자열의 크기를, android:textColor 속성에는 문자열의 색상을, android:lines 속성에는 TextView의 라인 수 등을 설정할 수 있습니다. 이러한 속성 값은 XML 파일뿐만 아니라 자바 코드에서도 설정이 가능합니다. setText( ), getText( ) 함수를 이용하면 TextView에 문자열을 설정하거나 얻어올 수 있습니다. 여기서는 위젯의 종류만 살펴보고, 자바 코드에서 제어하는 방법은 다음 절에서 다루겠습니다.

(2) EditText

EditText는 사용자로부터 문자열을 입력받는 위젯으로, [코드 3-7]과 같이 XML에 추가할 수 있습니다.

코드 3-7 EditText 추가
widgets.xml

```
<EditText
    android:id="@+id/editText"
    android:layout_width="wrap_content"
    android:layout_height="wrap_content"
    android:inputType="text"
    android:hint="이름을 입력하세요" />
```

android:inputType 속성에는 입력할 값의 유형을 설정합니다. text로 설정하면 모든 문자열을 입력할 수 있고, number로 설정하면 숫자만 입력할 수 있습니다. android:hint 속성은 EditText에 어떤 값을 입력할지 알려주는 역할을 합니다. EditText에 아무것도 입력되지 않았을 때에는 hint에 설정한 문자열이 EditText에 나타나며, EditText에 문자열을 입력하면 hint가 사라지고 입력한 문자열만 보입니다. EditText 역시 자바 코드에서 getText( ), setText( ) 함수를 통해 문자열을 읽고 쓸 수 있으며, addTextChangedListener( ) 함수를 통해 EditText의 문자열이 변경될 때마다 변경 전후의 문자열 값을 전달받을 수 있습니다.

(3) Button

Button은 사용자의 클릭으로 입력을 받는 위젯으로, 사용자가 클릭할 때 그에 맞는 동작을 수행하도록 구현합니다. Button은 [코드 3-8]과 같이 XML에 추가할 수 있습니다.

코드 3-8 Button 추가

widgets.xml

```
<Button
    android:id="@+id/button"
    android:layout_width="wrap_content"
    android:layout_height="wrap_content"
    android:text="클릭하세요" />
```

android:text 속성에 문자열을 입력하면 그 문자열이 버튼에 출력됩니다. Button은 setOn ClickListener(), setOnLongClickListener() 함수를 통해 각각 클릭 이벤트와 롱클릭 이벤트를 받을 수 있습니다.

(4) ToggleButton

ToggleButton은 사용자에게 on/off 옵션을 제공할 수 있는 위젯입니다. off 상태일 때 ToggleButton을 클릭하면 on 상태가 되고, on 상태일 때 ToggleButton을 클릭하면 off 상태가 됩니다. ToggleButton, Checkbox, Switch는 동일한 기능을 하며 사용자에게 보이는 모양만 다릅니다. 따라서 전체 UI에 맞게 적절한 위젯을 선택하여 사용하면 됩니다. ToggleButton은 [코드 3-9]와 같이 XML에 추가할 수 있습니다.

코드 3-9 ToggleButton 추가

widgets.xml

```
<ToggleButton
    android:id="@+id/toggleButton"
    android:layout_width="wrap_content"
    android:layout_height="wrap_content"
    android:checked="true"
    android:textOff="Off"
    android:textOn="On" />
```

android:checked 속성에는 ToggleButton의 초기 on/off 상태를 설정합니다. true로 설정하면 기본 상태가 on이 되고, false로 설정하면 기본 상태가 off가 됩니다. android:textOff 속성에는 off 상태일 때 버튼에 표시될 문자열을 설정하고, android:textOn 속성에는 on 상태일 때 버튼에 표시될 문자열을 설정합니다. 자바 코드에서는 setOnCheckedChangeListener() 함수를 이용하면 toggle 상태가 바뀔 때마다 변경된 상태와 함께 이벤트를 전달받을 수 있습니다.

(5) RadioButton

RadioButton은 사용자에게 선택 가능한 여러 옵션을 제공하고 그중 하나를 입력받을 수 있는 위젯입니다. 하나의 RadioButton은 하나의 옵션을 나타내고, 여러 개의 RadioButton을 RadioGroup에 배치하여 함께 사용합니다. [코드 3-10]은 RadioGroup에 RadioButton을 배치하는 XML 코드입니다.

코드 3-10 RadioButton 추가
widgets.xml

```xml
<RadioGroup
    android:id="@+id/radioGroup"
    android:layout_width="match_parent"
    android:layout_height="wrap_content"
    android:orientation="horizontal">

    <RadioButton
        android:id="@+id/radioButton"
        android:layout_width="wrap_content"
        android:layout_height="wrap_content"
        android:text="옵션1" />

    <RadioButton
        android:id="@+id/radioButton2"
        android:layout_width="wrap_content"
        android:layout_height="wrap_content"
        android:checked="true"
        android:text="옵션2" />

    <RadioButton
        android:id="@+id/radioButton3"
        android:layout_width="wrap_content"
        android:layout_height="wrap_content"
        android:text="옵션3" />
</RadioGroup>
```

android:orientation 속성을 horizontal로 설정하면 RadioButton이 가로로 배치됩니다. radioButton2의 android:checked 속성을 true로 설정하여 기본값으로 지정했습니다. 같은 RadioGroup으로 묶여 있는 RadioButton은 하나만 선택될 수 있기 때문에 하나의 RadioButton만 android:checked 속성을 true로 설정할 수 있습니다. 여러 RadioButton의 android:checked 속성을 모두 true로 설정하더라도 마지막에 지정한

RadioButton만 선택됩니다. android:text 속성에는 각 RadioButton의 의미를 나타내는 문자열을 설정합니다. ToggleButton과 마찬가지로 RadioButton도 자바 코드에서 setOnCheckedChangeListener( ) 함수를 이용하여 상태가 변경될 때마다 이벤트를 받을 수 있습니다.

(6) Spinner

Spinner는 RadioButton과 유사하게 여러 옵션 중 하나를 입력받는 위젯입니다. 그러나 RadioButton은 모든 옵션이 화면에 표시되는 반면 Spinner는 현재 선택된 옵션만 화면에 표시되고, 선택된 옵션을 클릭하면 다른 옵션을 볼 수 있습니다. Spinner는 [코드 3-11]과 같이 XML에 추가할 수 있습니다.

코드 3-11 Spinner 추가
widgets.xml

```xml
<Spinner
    android:id="@+id/spinner"
    android:layout_width="match_parent"
    android:layout_height="wrap_content"
    android:spinnerMode="dropdown"
    android:entries="@array/options" />
```

android:spinnerMode는 Spinner의 선택 가능한 옵션을 어떻게 보여줄지 결정하는 속성입니다. dropdown과 dialog를 설정할 수 있으며, 각각의 형태는 [그림 3-12]와 같습니다. 즉 dropdown으로 설정하면 일반적인 콤보박스나 드롭다운 리스트처럼 항목 아래에 옵션이 표시되고, dialog로 설정하면 새로운 다이얼로그 형태로 옵션을 보여줍니다.

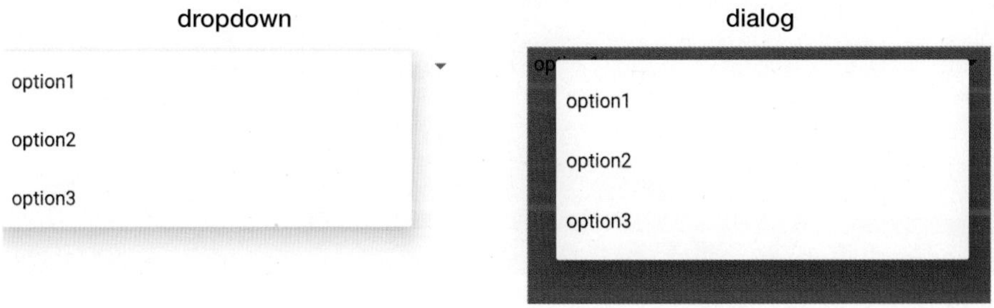

그림 3-12 spinnerMode

android:entries는 Spinner에 들어갈 옵션 값을 설정하는 속성으로, 문자열의 배열을 입력합니다. [그림 3-12]의 option1, option2, option3이 entries 속성에 추가되어 있는 값입니다. [코드 3-11]에서는 android:entries 속성에 '@array/options'라는 값을 설정했는데, 이 값을 선언하는 방법을 알아보겠습니다.

먼저 리소스 파일을 하나 추가합니다. 프로젝트 뷰에서 [values]–[New]–[Values Resource File]을 선택합니다.

그림 3-13 새로운 XML 리소스 파일 추가

Spinner의 entries 속성에는 문자열의 배열을 설정해야 하므로 배열을 정의할 array.xml 파일을 [그림 3-14]와 같이 만듭니다.

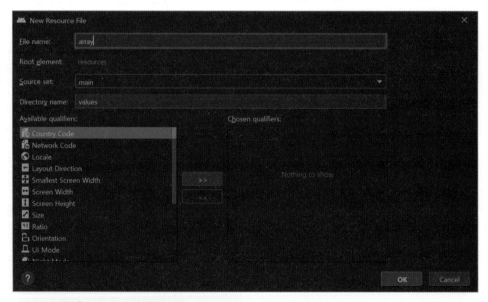

그림 3-14 새로운 XML 리소스 파일명 입력

파일이 생성되면 [코드 3-12]와 같이 string-array를 추가하여 name에 원하는 이름을 설정하고, ⟨item⟩ 태그로 배열의 원소 값을 추가합니다. 이제 여러 XML 파일에서 string-array 리소스를 사용할 수 있습니다.

코드 3-12 string-array 리소스 추가

```xml
<?xml version="1.0" encoding="utf-8"?>
<resources>
    <string-array name="options">
        <item>option1</item>
        <item>option2</item>
        <item>option3</item>
    </string-array>
</resources>
```

Spinner의 선택된 값이 변경되는 경우 자바 코드에서 setOnItemSelectedListener() 함수를 이용하여 이벤트를 받을 수 있습니다. 또한 선택된 항목을 getSelectedItem() 함수로 얻을 수 있고, 선택된 항목의 인덱스 값을 getSelectedItemPosition() 함수로 얻을 수 있습니다.

3.3 액티비티

1장에서 액티비티가 사용자에게 보이는 화면을 구성하는 안드로이드의 주요 구성 요소이며, 생명주기에 따라 호출되는 여섯 가지 콜백 함수가 있다는 것을 배웠습니다. 이제 자바 코드에서 액티비티를 활용하는 방법을 알아봅시다.

3.3.1 액티비티 생성

안드로이드 앱은 하나 이상의 액티비티로 구성되어 있습니다. 프로젝트를 생성하면 자동으로 생성되는 MainActivity.java 외에 다른 액티비티를 추가해보겠습니다. 먼저 [그림 3-15]와 같이 빈 액티비티를 하나 생성합니다.

그림 3-15 액티비티 생성

새로 만들 액티비티의 이름, 레이아웃 파일, 패키지 이름, 사용 언어 등을 설정할 수 있는 창이
나타나면 Activity Name에 'MyActivity'를 입력합니다. Generate a Layout File에 체크하
면 액티비티용 레이아웃 파일이 같이 생성되는데, Layout Name에 입력한 'activity_my'라
는 이름으로 생성될 것입니다. Launcher Activity에 체크하면 이 액티비티가 앱 실행 시 가장
먼저 시작되는 액티비티가 됩니다. Launcher Activity에는 체크하지 않은 채 〈Finish〉를 클
릭하여 액티비티를 생성합니다.

그림 3-16 액티비티 생성 정보 입력

다음과 같이 빈 액티비티와 레이아웃 파일이 생성되었습니다.

코드 3-13 새로 추가된 MyActivity

MyActivity.java

```java
package com.example.digitclassifier;
import androidx.appcompat.app.AppCompatActivity;
import android.os.Bundle;

public class MyActivity extends AppCompatActivity {

    @Override
    protected void onCreate(Bundle savedInstanceState) {
        super.onCreate(savedInstanceState);
        setContentView(R.layout.activity_my);
    }
}
```

코드 3-14 새로 추가된 activity_my.xml

activity_my.xml

```xml
<?xml version="1.0" encoding="utf-8"?>
<androidx.constraintlayout.widget.ConstraintLayout
    xmlns:android="http://schemas.android.com/apk/res/android"
    xmlns:app="http://schemas.android.com/apk/res-auto"
    xmlns:tools="http://schemas.android.com/tools"
    android:layout_width="match_parent"
    android:layout_height="match_parent"
    tools:context=".MyActivity">

</androidx.constraintlayout.widget.ConstraintLayout>
```

[코드 3-15]와 같이 레이아웃에 버튼을 하나 추가합니다. 나중에 액티비티를 명시적으로 종료하는 방법을 배울 때, 이 버튼을 클릭하면 액티비티를 종료하도록 구현할 것입니다.

코드 3-15 activity_my.xml에 Button 추가

activity_my.xml

```xml
<Button
    android:id="@+id/finish_Btn"
    android:layout_width="wrap_content"
    android:layout_height="wrap_content"
    android:text="종료"
```

```
    app:layout_constraintBottom_toBottomOf="parent"
    app:layout_constraintEnd_toEndOf="parent"
    app:layout_constraintStart_toStartOf="parent"
    app:layout_constraintTop_toTopOf="parent" />
```

안드로이드에서 액티비티를 사용하려면 먼저 AndroidManifest.xml에 등록을 해야 합니다. [그림 3-15]와 같이 액티비티를 생성했다면 [코드 3-16]과 같이 자동으로 AndroidManifest. xml에 액티비티가 등록됩니다.

코드 3-16 AndroidManifest.xml
AndroidManifest.xml

```
<application
    android:allowBackup="true"
    android:icon="@mipmap/ic_launcher"
    android:label="@string/app_name"
    android:roundIcon="@mipmap/ic_launcher_round"
    android:supportsRtl="true"
    android:theme="@style/AppTheme">
    <activity android:name=".MyActivity" />
```

3.3.2 액티비티 생명주기 활용

액티비티의 생명주기를 활용하는 방법을 알아보기 전에 액티비티의 생명주기별 콜백 함수를 다시 한번 짚고 넘어가겠습니다.

표 3-2 액티비티 생명주기별 콜백 함수

Lifetime	함수명	설명
Entire Lifetime	onCreate()	액티비티가 처음 실행될 때 호출
	onDestroy()	액티비티가 소멸될 때 호출
Visible Lifetime	onStart()	액티비티가 사용자에게 보이기 직전에 호출
	onStop()	액티비티가 사용자에게 보이지 않게 되었을 때 호출
Foreground Lifetime	onResume()	액티비티가 활성화되어 사용자와 상호 작용하기 시작할 때 호출
	onPause()	액티비티가 비활성화되어 포커스를 잃었을 때 호출

이 밖에도 onPostCreate( ), onRestart( ) 등 생명주기와 관련된 콜백 함수가 많은데, [표 3-2]에서 언급한 여섯 가지 외의 콜백 함수는 필요할 때 따로 공부하기 바랍니다. 안드로이드 개발자 사이트에서 다양한 콜백 함수에 대한 상세한 설명을 찾아볼 수 있습니다.

이제 6개 콜백 함수를 각각 오버라이딩하여 로그를 출력하는 로직을 구현하겠습니다. 액티비 티 코드에서 마우스 오른쪽 버튼을 클릭하여 [Generate]-[Override Methods]를 선택하면 오버라이드가 가능한 함수 목록을 볼 수 있습니다.

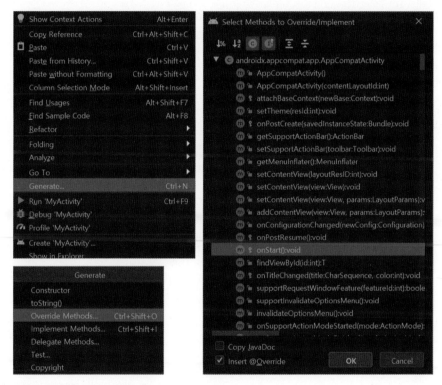

그림 3-17 안드로이드 스튜디오 Code Generate

onCreate( ) 함수는 이미 오버라이딩했으니 이를 제외하고 나머지 5개 함수를 선택한 후 〈OK〉를 클릭하면 [코드 3-17]과 같이 각 함수를 오버라이딩하면서 상위 클래스의 동일 함수 를 호출하는 코드가 생성됩니다.

코드 3-17 액티비티 생명주기 콜백 함수 오버라이딩

MyActivity.java

```java
@Override
protected void onCreate(Bundle savedInstanceState) {
    super.onCreate(savedInstanceState);
    setContentView(R.layout.activity_my);
}

@Override
protected void onDestroy() {
    super.onDestroy();
}

@Override
protected void onStart() {
    super.onStart();
}

@Override
protected void onStop() {
    super.onStop();
}

@Override
protected void onResume() {
    super.onResume();
}

@Override
protected void onPause() {
    super.onPause();
}
```

액티비티가 실행되었을 때 각 콜백 함수가 어떻게 호출되는지 확인하기 위해 로그를 추가합니다. [코드 3-18]과 같이 각 함수에 로그를 추가하는 코드를 작성합니다.

코드 3-18 액티비티 생명주기 콜백 함수에 로그 추가

MyActivity.java

```java
@Override
protected void onCreate(Bundle savedInstanceState) {
    super.onCreate(savedInstanceState);
    setContentView(R.layout.activity_my);

    Log.d("MyActivity", "onCreate");
}

@Override
protected void onDestroy() {
    super.onDestroy();
    Log.d("MyActivity", "onDestroy");
}

@Override
protected void onStart() {
    super.onStart();
    Log.d("MyActivity", "onStart");
}

@Override
protected void onStop() {
    super.onStop();
    Log.d("MyActivity", "onStop");
}

@Override
protected void onResume() {
    super.onResume();
    Log.d("MyActivity", "onResume");
}

@Override
protected void onPause() {
    super.onPause();
    Log.d("MyActivity", "onPause");
}
```

이제 각 생명주기에 해당하는 함수가 호출되면 로그에 기록될 것입니다.

안드로이드 로그 출력 방법

안드로이드는 디버깅의 편의를 위해 로그를 쉽게 출력하고 확인할 수 있도록 Log 클래스를 제공합니다. Log 클래스는 verbose, debug, info, warn, error의 5단계로 로그 레벨을 정의합니다. 각 로그 레벨의 로깅 방법은 [표 3-3]과 같습니다.

표 3-3 안드로이드 로그 레벨

로그 레벨	설명	로깅 방법
verbose	시스템의 동작을 자세히 살펴보기 위한 목적으로 동작 세부 정보를 로깅	Log.v("tag", "message");
debug	시스템을 디버깅하기 위한 정보를 로깅	Log.d("tag", "message");
info	시스템의 동작을 모니터링하기 위한 정보를 로깅	Log.i("tag", "message");
warn	당장 시스템에 문제를 일으키지는 않지만 잠재적으로 오류를 발생시킬 수 있는 정보를 로깅	Log.w("tag", "message");
error	심각한 오류에 관한 정보를 로깅	Log.e("tag", "message");

onCreate( )에 [코드 3-19]와 같이 5개의 로그를 출력하는 코드를 작성하고 이 앱을 안드로이드 기기에서 실행하면 [그림 3-18]과 같은 로그가 출력됩니다.

코드 3-19 로그 레벨별 로그 출력 코드

```
Log.v("tag", "v message");
Log.d("tag", "d message");
Log.i("tag", "i message");
Log.w("tag", "w message");
Log.e("tag", "e message");
```

```
20:40:57.339 10393-10393/com.example.digitclassifier V/tag: v message
20:40:57.339 10393-10393/com.example.digitclassifier D/tag: d message
20:40:57.339 10393-10393/com.example.digitclassifier I/tag: i message
20:40:57.339 10393-10393/com.example.digitclassifier W/tag: w message
20:40:57.339 10393-10393/com.example.digitclassifier E/tag: e message
```

그림 3-18 로그 레벨별 로그 출력

로그는 안드로이드 스튜디오 하단의 로그캣 뷰에서 볼 수 있습니다. 만약 로그캣 뷰가 보이지 않는다면 [View]-[Tool Windows]-[Logcat]을 선택하여 활성화합니다. 로그캣 뷰 상단에는 연결된 기기, 실행 중인 앱의 ID, 로그 레벨이 표시됩니다. [그림 3-19]에서는 로그 레벨이 verbose이므로 V, D, I, W, E 로그가 모두 출력되었지만, 로그 레벨을 상향 조정하면 하위 레벨의 로그가 보이지 않습니다. 예를 들어 로그 레벨을

info로 설정하면 그보다 레벨이 낮은 verbose, debug 로그는 출력되지 않습니다. 실제로 앱을 개발할 때 로그캣은 소스코드만큼이나 자주 보는 화면입니다.

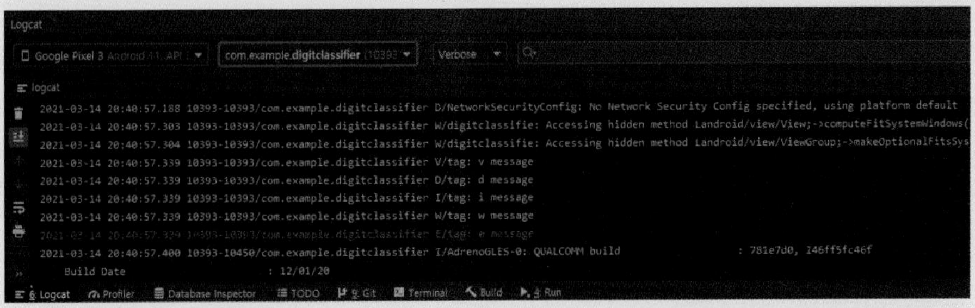

그림 3-19 안드로이드 로그캣

3.3.3 액티비티 실행과 종료

이제 앞에서 생성한 MyActivity를 화면에 띄우는 방법을 알아봅시다. 자바에서 객체를 생성할 때에는 new 키워드를 사용합니다. 일반적으로 안드로이드도 new 키워드를 사용하여 객체를 생성하지만, 액티비티의 경우 보통의 자바 객체처럼 new 키워드로 직접 생성하는 대신 인텐트를 사용하여 액티비티를 실행하도록 안드로이드 시스템에 요청합니다. [코드 3-20]은 액티비티 실행을 요청하는 인텐트를 만들고 시스템에 이를 전달하는 코드입니다.

코드 3-20 액티비티 실행 코드
MainActivity.java

```java
Intent i = new Intent(MainActivity.this, MyActivity.class);
startActivity(i);
```

위와 같이 startActivity( ) 함수에 인텐트를 전달하면 인텐트에 지정된 대로 현재 액티비티인 MainActivity.this 위에 MyActivity 액티비티를 실행합니다. 새로 실행한 액티비티는 기존 액티비티 위에 스택처럼 계속 쌓입니다.

액티비티를 종료하려면 액티비티에 정의된 finish( ) 함수를 호출합니다. finish( ) 함수는 액티비티 클래스에 정의되어 있으며, 호출 시 액티비티 자신이 종료됩니다.

```
finish();
```

다음 절에서는 액티비티와 UI를 연결하는 방법을 살펴보면서 액티비티의 실행과 종료를 안드로이드 기기에서 직접 실습해보겠습니다.

3.4 액티비티와 UI 연결

XML에 배치한 UI 구성 요소를 액티비티에서 활용하려면 액티비티와 UI를 연결해야 합니다. UI 구성 요소를 액티비티에 연결하는 방법, 코드에서 UI에 값을 전달하는 방법, UI에서 발생한 이벤트를 코드에서 처리하는 방법을 알아봅시다. 먼저 [코드 3-22]와 같이 간단한 UI 구성 요소를 만듭니다.

코드 3-22 자바 코드와 연결할 XML 코드
activity_main.xml

```xml
<?xml version="1.0" encoding="utf-8"?>
<LinearLayout
    xmlns:android="http://schemas.android.com/apk/res/android"
    xmlns:tools="http://schemas.android.com/tools"
    android:orientation="vertical"
    android:layout_width="match_parent"
    android:layout_height="match_parent"
    tools:context=".MainActivity">

    <LinearLayout
        android:layout_width="match_parent"
        android:layout_height="wrap_content"
        android:orientation="horizontal">
        <TextView
            android:layout_width="wrap_content"
            android:layout_height="wrap_content"
            android:text="입력 :"
            android:layout_gravity="center_vertical" />
```

```xml
        <EditText
            android:id="@+id/input_Et"
            android:layout_width="0dp"
            android:layout_height="wrap_content"
            android:layout_weight="1"
            android:hint="입력하세요" />

        <Button
            android:id="@+id/input_Btn"
            android:layout_width="wrap_content"
            android:layout_height="wrap_content"
            android:text="입력"
            android:layout_gravity="center_vertical" />

    </LinearLayout>

    <LinearLayout
        android:layout_width="match_parent"
        android:layout_height="wrap_content"
        android:orientation="horizontal">

        <TextView
            android:layout_width="wrap_content"
            android:layout_height="wrap_content"
            android:text="출력 :" />

        <TextView
            android:id="@+id/output_Tv"
            android:layout_width="match_parent"
            android:layout_height="wrap_content"
            android:text="값"
            android:textAlignment="center" />

    </LinearLayout>

    <Button
        android:id="@+id/activity_launch_Btn"
        android:layout_width="match_parent"
        android:layout_height="wrap_content"
        android:text="액티비티 실행" />


</LinearLayout>
```

이렇게 activity_main.xml 파일을 작성하면 [그림 3-20]과 같이 배치됩니다. 여기에 액티비티에서 자바 코드를 이용하여 두 가지 기능을 구현할 것입니다. 첫 번째는 공백인 EditText에 문자열을 입력하고 〈입력〉을 클릭하면 EditText 아래의 '값'이라는 TextView에 문자열이 출력되는 기능입니다. 이를 구현함으로써 자바 코드에서의 UI 구성 요소 연결, 입력한 값 수신, 클릭 이벤트 처리, UI에 정보 전달을 모두 알 수 있습니다. 두 번째는 〈액티비티 실행〉을 클릭하면 앞서 구현한 MyActivity 액티비티가 실행되고, MyActivity에서 〈종료〉를 클릭하면 MyActivity 액티비티가 종료되는 기능입니다. 이 실습을 통해 액티비티의 실행과 종료 과정을 이해할 수 있습니다.

그림 3-20 자바 코드와 연결할 XML 배치

[코드 3-23]과 같이 액티비티의 onCreate( ) 함수에서 setContentView( ) 함수에 R.layout.activity_main을 전달하여 ContentView로 설정하면, 액티비티가 실행되었을 때 activity_main.xml에 정의된 대로 화면에 UI 구성 요소를 보여줍니다.

코드 3-23 XML 파일 setContentView

MainActivity.java

```java
@Override
protected void onCreate(Bundle savedInstanceState) {
    super.onCreate(savedInstanceState);
    setContentView(R.layout.activity_main);
```

자바 코드에서 UI 구성 요소를 연결할 때에는 구성 요소의 ID를 기반으로 합니다. findViewById( ) 함수를 호출하면 입력된 ID에 해당하는 UI 구성 요소의 인스턴스를 반환합니다.

[코드 3-24]의 첫 번째 줄에서는 findViewById( ) 함수에 R.id.input_Et를 전달했습니다. R.id.input_Et는 [코드 3-22]에서 정의한 EditText로, id가 input_Et입니다. findViewById( ) 함수를 호출하면 이 위젯의 인스턴스를 가져와 editText 변수에 저장하며, 그러면 editText 변수를 통해 input_Et에 접근할 수 있습니다. 마찬가지로 input_Btn과 output_Tv도 각각 로컬 변수에 저장했습니다. findViewById( ) 함수는 View와 그 하위 클래스의 인스

턴스를 반환하므로, View를 상속받은 모든 UI 구성 요소를 위와 같은 방식으로 가져올 수 있습니다.

코드 3-24 자바 코드에서의 UI 컴포넌트 연결
MainActivity.java

```
EditText editText = (EditText)findViewById(R.id.input_Et);
Button button = (Button)findViewById(R.id.input_Btn);
TextView textView = (TextView)findViewById(R.id.output_Tv);
```

다음으로 위젯에서 이벤트를 받아 처리하는 부분을 구현합니다. [코드 3-25]는 input_Btn을 클릭하면 발생하는 이벤트를 처리하는 코드입니다.

코드 3-25 setOnClickListener 설정
MainActivity.java

```
button.setOnClickListener(new View.OnClickListener() {
    @Override
    public void onClick(View view) {

    }
});
```

버튼에 클릭 이벤트가 발생하면 View.OnClickListener 인터페이스에 정의된 onClick( ) 함수가 호출됩니다. 따라서 버튼에 발생한 클릭 이벤트를 처리하려면 View.OnClickListener 인터페이스를 구현하고 setOnClickListener( ) 함수를 통해 구현한 인터페이스를 등록해야 합니다. 이제 버튼을 클릭하면 onClick( ) 함수에 정의한 로직이 처리될 것입니다.

자바 8과 람다

자바 8부터는 람다Lambda 함수를 사용하여 익명 함수를 대체할 수 있습니다. 프로젝트가 생성되면 기본 값으로 자바 7을 사용하도록 설정되어 있는데, [그림 3-22]와 같이 Project Structure의 Source Compatibility와 Target Compatibility를 수정하여 자바 8을 사용할 수 있습니다.

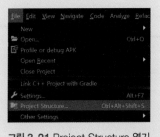

그림 3-21 Project Structure 열기

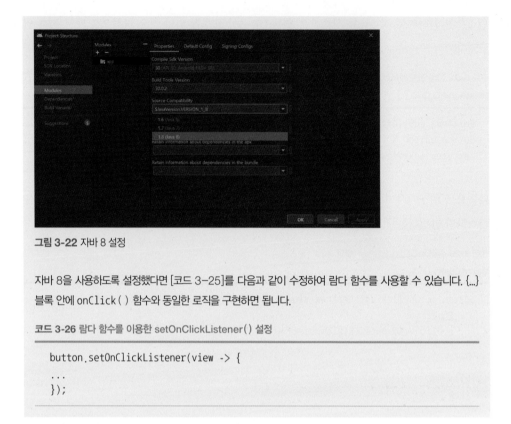

그림 3-22 자바 8 설정

자바 8을 사용하도록 설정했다면 [코드 3-25]를 다음과 같이 수정하여 람다 함수를 사용할 수 있습니다. {...} 블록 안에 onClick( ) 함수와 동일한 로직을 구현하면 됩니다.

코드 3-26 람다 함수를 이용한 setOnClickListener( ) 설정

```
button.setOnClickListener(view -> {
...
});
```

다음으로 editText의 문자열을 읽어와 textView에 쓰는 로직을 구현합니다. 이는 버튼이 클릭되었을 때 동작해야 하므로 onClick( ) 함수에 작성합니다.

코드 3-27 위젯에서 문자열 읽기 및 쓰기
MainActivity.java

```
button.setOnClickListener(new View.OnClickListener() {
    @Override
    public void onClick(View view) {
        String text = editText.getText().toString();
        textView.setText(text);
    }
});
```

editText의 getText( ) 함수를 호출하여 editText의 문자열을 Editable 자료형으로 가져오고, toString( ) 함수를 통해 이를 String 자료형으로 변환하여 text에 담았습니다. 그리고

이를 textView의 setText( ) 함수에 전달하여 textView에 문자열을 출력했습니다.

이제 두 번째 기능인 액티비티 실행 코드를 작성하겠습니다. 〈액티비티 실행〉을 클릭했을 때 MyActivity가 실행되어야 하므로 [코드 3-28]과 같이 〈액티비티 실행〉 버튼의 id인 activity_launch_Btn을 actBtn 변수에 연결하고, View.OnClickListener의 onClick( ) 함수에 액티비티 실행 코드를 작성합니다. 버튼을 클릭하면 MainActivity 위에 MyActivity 액티비티가 실행될 것입니다.

코드 3-28 버튼 클릭 시 액티비티를 실행하는 코드
MainActivity.java

```
Button actBtn = findViewById(R.id.activity_launch_Btn);
actBtn.setOnClickListener(new View.OnClickListener() {
    @Override
    public void onClick(View v) {
        Intent i = new Intent(MainActivity.this, MyActivity.class);
        startActivity(i);
    }
});
```

다음으로 MyActivity 액티비티에서 〈종료〉를 클릭하면 MyActivity를 종료하는 로직을 구현합니다. 앞에서와 마찬가지로 〈종료〉 버튼의 id인 finish_Btn을 finishBtn에 연결하고, View.OnClickListener의 onClick( ) 함수에 액티비티 종료 코드를 추가합니다.

코드 3-29 액티비티 종료 코드
MainActivity.java

```
Button finishBtn = findViewById(R.id.finish_Btn);
finishBtn.setOnClickListener(new View.OnClickListener() {
    @Override
    public void onClick(View view) {
        finish();
    }
});
```

기능이 모두 구현되었으니 안드로이드 기기에서 코드를 실행해봅시다. '입력하세요'라는 EditText에 문자열을 입력하고 〈입력〉을 클릭하면 '값'이라는 TextView에 값이 출력됩니다. 또한 〈액티비티 실행〉을 클릭하면 MyActivity 액티비티가 실행되며, MyActivity 중간의 〈종료〉를 클릭하면 MyActivity가 종료되고 MainActivity로 되돌아갑니다.

MyActivity를 실행했을 때 로그캣을 확인하면 [그림 3-23]과 같이 onCreate, onStart, onResume 로그가 차례로 보일 것입니다.

```
2021-03-14 20:45:58.216 10393-10393/com.example.digitclassifier D/MyActivity: onCreate
2021-03-14 20:45:58.219 10393-10393/com.example.digitclassifier D/MyActivity: onStart
2021-03-14 20:45:58.220 10393-10393/com.example.digitclassifier D/MyActivity: onResume
```

그림 3-23 MyActivity 실행 시 로그

또한 MyActivity가 종료될 때는 [그림 3-24]와 같이 onPause, onStop, onDestroy 로그가 차례로 보입니다.

```
2021-03-14 20:47:14.229 10761-10761/com.example.digitclassifier D/MyActivity: onPause
2021-03-14 20:47:14.744 10761-10761/com.example.digitclassifier D/MyActivity: onStop
2021-03-14 20:47:14.746 10761-10761/com.example.digitclassifier D/MyActivity: onDestroy
```

그림 3-24 MyActivity 종료 시 로그

수행 시간이 오래 걸리는 작업의 이벤트 처리

[코드 3-27]~[코드 3-29]의 경우 위젯에서 문자열을 읽고 쓰거나 액티비티를 실행하고 종료하는 등 간단한 동작을 수행했기 때문에 onClick( ) 함수에서 이벤트를 처리할 때 문제가 없었습니다. 그러나 수행 시간이 오래 걸리는 작업을 이벤트 리스너에서 처리한다면 어떻게 될까요?

[코드 3-30]은 10초 동안 기다리다가 'complete'라는 토스트 메시지를 띄우는 코드입니다. 10초의 대기 코드가 있으므로 이를 처리하는 데 적어도 10초 이상이 걸립니다.

코드 3-30 10초의 대기 코드

```
try {
    Thread.sleep(10 * 1000);
    Toast.makeText(MainActivity.this, "complete", Toast.LENGTH_SHORT).show();
} catch (Exception e) {
    e.printStackTrace();
}
```

이 코드를 onClick( ) 함수에 구현하고 이를 호출하도록 버튼을 클릭하면 10초 동안 화면이 멈추는 현상이 나타납니다. 심지어 클릭된 버튼이 원래대로 돌아가지도 않고 다른 모든 UI 컨트롤도 제어할 수 없는 상태가 됩니다. onClick( ) 함수 안에서 10초를 기다리는 동안 앱 전체가 아무런 동작을 하지 않고 멈추어 있기 때문입니다. 10초가 지나야 비로소 토스트 메시지와 함께 다른 UI가 정상적으로 나타납니다.

이러한 문제를 방지하기 위해 수행 시간이 오래 걸리는 동작을 구현할 때에는 별도의 스레드^{thread}를 사용해야
합니다. 스레드는 프로세스보다 더 작은 프로그램 흐름의 단위이며, 하나의 프로세스 안에서 여러 스레드가 동
작할 수 있습니다. 안드로이드는 메인 스레드 또는 UI 스레드라고 불리는 스레드가 하나 있고, 일반적으로 이
스레드 위에서 모든 동작이 수행됩니다. 그러나 UI 스레드에서 오랜 처리 시간이 필요한 작업을 하는 경우 모
든 UI가 작업이 끝나기를 기다리게 되므로, 메인 스레드와 다른 별도의 스레드를 생성하고 거기서 작업을 수행
하도록 해야 합니다. [코드 3-31]은 onClick( ) 함수에서 별도의 스레드를 만들어 동작시키는 코드입니다.

코드 3-31 스레드를 통한 10초 대기 코드 처리

```
new Thread(new Runnable() {
    @Override
    public void run() {
        try {
            Thread.sleep(10 * 1000);
            runOnUiThread(new Runnable() {
                @Override
                public void run() {
                    Toast.makeText(MainActivity.this, "complete",
                                    Toast.LENGTH_SHORT).show();
                }
            });
        } catch (Exception e) {
            e.printStackTrace();
        }
    }
}).start();
```

new Thread를 통해 Thread 객체를 하나 생성했으며, 맨 마지막 줄에서 start( ) 함수를 호출하면
Thread 객체에 정의된 run( ) 함수가 시작됩니다. Thread 객체를 생성하면서 인자로 새로운 Runnable
객체를 생성하여 전달했습니다. Runnable 객체는 run( ) 함수를 구현하고, 그 안에 수행 시간이 오래 걸리
는 코드가 작성되어 있습니다.

Thread.sleep( ) 함수는 [코드 3-30]과 동일하게 구현되어 있지만, 토스트 메시지를 띄우는 코드는 이와
달리 또다시 새로운 Runnable 객체의 run( ) 함수에 작성되어 있습니다. 이는 UI 스레드가 아닌 다른 스레
드에서 UI 컨트롤을 제어할 수 없기 때문입니다. 토스트 메시지를 띄우는 것은 UI 작업이므로 UI 스레드에 구
현되어야 합니다. 따라서 runOnUiThread( ) 함수를 통해 이 Runnable이 UI 스레드에서 수행될 수 있도록
구현합니다.

[코드 3-31]을 실행하면 버튼을 클릭해도 다른 UI 컨트롤에 영향을 미치지 않습니다. 또한 의도한 대로 10초
뒤에 'complete'라는 토스트 메시지가 나타납니다.

3.5 외부 컴포넌트 불러오기

최근에는 깃허브에 다양한 오픈소스 라이브러리가 등록되고 있으며, 안드로이드에도 활용 가능한 오픈소스 라이브러리가 매우 많습니다. 이 절에서는 이처럼 오픈소스로 공개된 외부 컴포넌트를 사용하는 방법을 알아봅시다. 외부 컴포넌트를 사용하면 세부 기능을 직접 개발할 필요가 없기 때문에 개발 생산성을 크게 향상할 수 있습니다. 하지만 라이선스에 따라 오픈소스를 사용한 프로젝트의 전체 코드를 공개해야 될 수도 있으므로 오픈소스를 사용하기 전에 항상 라이선스를 확인해야 합니다.

안드로이드는 maven, jcenter 등의 레포지터리^{repository}에 등록된 외부 컴포넌트에 대한 의존성을 gradle 파일에 간단히 추가하여 사용할 수 있습니다. 이번 실습에서는 깃허브 사이트에 공개된 Android Draw 라이브러리를 이용하여 그림판 기능을 제공하는 UI 컴포넌트를 구현할 것입니다. Android Draw는 다음 주소에서 다운로드할 수 있습니다.

```
https://github.com/divyanshub024/AndroidDraw
```

그림 3-25 Android Draw

build.gradle (Project: 프로젝트명) 파일을 열고 allprojects 블록의 repositories 블록 안

에 maven url을 추가합니다.

코드 3-32 jetpack 레포지터리 추가
build.gradle (Project: DigitClassifier)

```
allprojects {
    repositories {
        google()
        jcenter()
        maven { url 'https://jitpack.io' }
    }
}
```

build.gradle (Module: app) 파일을 열고 dependencies 블록 안에 implementation을
추가합니다.

코드 3-33 AndroidDraw 의존성 추가
build.gradle (Module: DigitClassifier.app)

```
dependencies {
    implementation fileTree(dir: "libs", include: ["*.jar"])
    implementation 'androidx.appcompat:appcompat:1.1.0'
    implementation 'androidx.constraintlayout:constraintlayout:1.1.3'

    implementation 'com.github.divyanshub024:AndroidDraw:v0.1'
}
```

gradle 파일이 변경되었으니 〈Sync Project with Gradle Files〉를 클릭하여 Gradle 설정을
동기화합니다.

그림 3-26 Gradle 설정 동기화

이제 프로젝트에서 AndroidDraw 컴포넌트를 사용할 수 있습니다. AndroidDraw 라이
브러리는 몇 가지 그림판 관련 기능을 갖춘 액티비티를 제공하고, 이를 직접 구현할 수 있는
DrawView, Line 등 자체 위젯도 제공합니다. 먼저 [코드 3-34]와 같이 버튼을 만들고 이를
클릭하면 기본으로 제공하는 액티비티를 호출하는 코드를 작성해봅시다.

MainActivity.java

```java
Button drawSampleBtn = findViewById(R.id.draw_sample_Btn);
drawSampleBtn.setOnClickListener(new View.OnClickListener() {
    @Override
    public void onClick(View v) {
        Intent i = new Intent(MainActivity.this, DrawingActivity.class);
        startActivity(i);
    }
});
```

drawSampleBtn을 클릭하면 AndroidDraw가 제공하는 기본 DrawingActivity가 실행됩니다. 이 액티비티는 그리기, 지우개, 굵기, 색상, 투명도, Undo, Redo 기능을 제공합니다.

그림 3-27 Androiddraw가 제공하는 DrawingActivity

한편 위젯만 따로 사용하려면 [코드 3-35]와 같이 XML 파일을 만들고, [코드 3-36]과 같이 액티비티에서 위젯을 가져옵니다.

activity_draw.xml

```xml
<?xml version="1.0" encoding="utf-8"?>
<androidx.constraintlayout.widget.ConstraintLayout
    xmlns:android="http://schemas.android.com/apk/res/android"
    android:layout_width="match_parent"
    android:layout_height="match_parent">

    <com.divyanshu.draw.widget.DrawView
        android:id="@+id/drawView"
        android:layout_height="match_parent"
        android:layout_width="match_parent">
    </com.divyanshu.draw.widget.DrawView>

</androidx.constraintlayout.widget.ConstraintLayout>
```

코드 3-36 AndroidDraw 제공 위젯 연결
DrawActivity.java

```java
DrawView drawView = findViewById(R.id.drawView);
```

AndroidDraw 사용법은 5장에서 손글씨 분류 모델을 이용한 앱을 구현할 때 더 자세히 설명하겠습니다.

3.6 마무리

이 장에서는 안드로이드 앱의 UI를 구성하는 방법을 살펴보았습니다. 안드로이드의 레이아웃, 위젯, 액티비티에 대해 알아보고, 액티비티에서 UI 컨트롤을 연결하고 이벤트를 받는 방법을 설명했습니다. 또한 외부 컴포넌트를 프로젝트에서 불러오는 방법도 다루었습니다. 제시된 코드를 작성한 후 제대로 동작하는지 확인해보기 바랍니다. 다음 장에서는 딥러닝 모델을 텐서플로 라이트 모델로 변환하는 방법을 다룰 것입니다.

4장
텐서플로 라이트 모델 개발

이 장에서는 딥러닝 모델을 개발하고 이를 텐서플로 라이트 모델로 변환하는 방법을 알아봅니다. 주어진 데이터에 대한 예측 성능은 모델에 의해 결정되기 때문에 모델 개발은 전체 워크플로에서 가장 중요한 과정입니다.

텐서플로를 이용하여 개발한 모델을 안드로이드에서 활용하려면 텐서플로 라이트 모델로 변환하여 배포해야 합니다. 모델 전체를 직접 개발할 필요는 없으며, 사전 학습된 다양한 모델을 이용하면 생산성을 높일 수 있습니다. 먼저 텐서플로 라이트 모델 개발 워크플로를 훑어보고, 어떤 모델을 사용할지 다양한 모델 선택 방법을 살펴보겠습니다. 그리고 모델 선택 방법별로 직접 간단한 모델을 개발하여 이를 텐서플로 라이트 모델로 변환하는 방법도 설명할 것입니다. 이 장을 읽고 나면 안드로이드에서 활용할 모델을 개발하는 다양한 방법을 이해하고 모델을 텐서플로 라이트 파일로 변환할 수 있습니다.

4.1 텐서플로 라이트 모델 개발 워크플로

텐서플로 라이트 모델 개발은 [그림 4-1]과 같이 모델 선택→모델 변환→기기 배포→모델 최적화 순으로 진행됩니다. 각 프로세스를 간단히 살펴봅시다.

그림 4-1 텐서플로 라이트 모델 개발 워크플로

4.1.1 모델 선택

모델 선택은 안드로이드 앱에서 이용할 딥러닝 모델을 선택하는 프로세스입니다. 주어진 문제를 해결하는 데 적합한 모델을 선택해야 하는데, 여기서 문제는 개발하고자 하는 솔루션이나 서비스에 의해 결정됩니다. 손글씨 분류 앱을 만들기 위해서는 이미지 분류image classification 문제를 해결해야 하고, 영화 리뷰를 분석하기 위해서는 감성 분석sentiment analysis이 필요합니다.

모델은 텐서플로를 이용하여 직접 개발할 수도 있고 이미 개발된 모델을 사용할 수도 있습니다. 모델 개발에는 텐서플로를 이용하고 모델 변환 및 최적화에는 텐서플로 라이트를 이용합니다. 또한 이미 개발된 모델은 텐서플로나 텐서플로 허브^{TensorFlow Hub}에서 찾아볼 수 있습니다.

4.1.2 모델 변환

모델 변환은 개발한 모델을 텐서플로 라이트 모델로 변환하는 프로세스입니다. 텐서플로 라이트는 스마트폰, IoT 기기 등 컴퓨팅 자원이 충분치 못한 환경에서 사용하기 위해 설계되었습니다. 이러한 환경은 많은 컴퓨팅 자원을 필요로 하는 딥러닝 모델의 수행에 적합하지 않기 때문에 이를 극복하기 위해 특히 효율성을 높이는 데 중점을 두고 있습니다.

텐서플로 라이트는 모델을 저장할 때 '.tflite'라는 별도의 포맷을 사용합니다. 텐서플로 모델을 tflite로 변환하는 과정에서 자동으로 최적화를 하는데, 이때 정확도 손실을 최소한으로 하면서 모델의 크기를 줄입니다. TensorFlow Lite Converter에 의해 변환이 완료되면 tflite 파일이 생성되고, 이를 안드로이드 프로젝트에 배포하여 사용합니다.

그림 4-2 모델 변환

4.1.3 기기 배포

기기 배포는 tflite 파일을 안드로이드 스튜디오의 프로젝트에 배포하고, 이를 이용하여 안드로이드 앱을 만들어 기기에 배포하는 프로세스입니다. 앱에서 모델을 활용하기 위한 배포 방법은 간단합니다. 앱 개발 단계에서 안드로이드 스튜디오에 모델을 포함하기만 하면 됩니다. 그런 다음 이 모델을 활용하는 앱을 만들어 기기에 설치하면 모델도 앱에 포함되어 기기에서 이용할 수 있습니다. 네트워킹 기능을 이용해 실행시간에 기기에 모델을 배포할 수도 있지만, 백엔드 구현이 필요하므로 이 책에서 다루지 않을 것입니다. 딥러닝 모델을 이용한 앱 개발 방법은 5장부터 자세히 살펴볼 것입니다.

4.1.4 모델 최적화

모델 최적화^{optimization}는 모델이 안드로이드 기기에서 최적의 성능을 발휘하도록 튜닝하는 프로세스입니다. 최적화를 거치면 모델의 정확도 손실을 최소화하면서 모델의 크기가 줄어듭니다. 모델 변환 단계에서 텐서플로 라이트가 자동으로 최적화를 수행하지만, 실행 속도나 정확도를 더욱 개선하기 위해 직접 최적화를 할 수 있습니다. 모델의 정확도와 크기는 서로 트레이드오프 관계이므로 최적화의 목표는 정확도와 크기 사이에서 이상적으로 균형을 맞추는 것입니다. 모델을 기기에 배포한 뒤 모델의 성능을 측정하고, 이를 바탕으로 모델을 다시 최적화하고 변환하여 기기에 배포하는 과정을 반복하면서 점진적으로 최적의 모델로 발전시킬 수 있습니다. 구체적인 최적화 방법은 9장에서 자세히 설명하겠습니다.

4.2 모델 선택

모델 선택 프로세스에서는 주어진 문제를 해결할 수 있는 딥러닝 모델을 선택합니다. 모델을 선택하는 방법은 [표 4-1]에서 보듯이 크게 모델 직접 개발, 사전 학습 모델 이용, 전이 학습으로 구분됩니다.

표 4-1 모델 선택 방법

모델 선택 방법		설계	학습	변환
모델 직접 개발	모델 전체 직접 개발	필요	필요	필요
사전 학습 모델 이용	텐서플로 모델	불필요	필요	필요
		불필요	불필요	필요
	TFLite 모델	불필요	불필요	불필요
전이 학습		불필요	일부 필요	필요

각각의 모델 선택 방법을 자세히 알아봅시다.

4.2.1 모델 직접 개발

모델 직접 개발 방법의 경우 텐서플로를 이용하여 딥러닝 모델을 직접 개발하고 이를 변환하여 안드로이드 앱에 배포합니다. 모델 설계, 모델 훈련, 모델 변환까지 모든 과정을 직접 할 수도 있고, 모델 설계만 텐서플로에서 제공하는 모델 아키텍처를 이용하는 방법으로 대체할 수도 있습니다. 모델 개발 방법 중 가장 많은 시간과 노력이 필요하지만 자유도가 가장 높기 때문에 문제에 최적화된 모델을 만들 수 있습니다.

그림 4-3 직접 개발한 모델을 이용한 안드로이드 앱 개발

4.2.2 사전 학습 모델 이용

사전 학습 모델은 이미 훈련이 완료된 모델로, 복잡하고 오래 걸리는 학습 절차 없이 바로 이 모델을 이용하여 추론할 수 있습니다. 텐서플로는 이미 학습이 완료된 몇 가지 모델을 제공하므로 학습 데이터가 필요 없고, 많은 컴퓨팅 자원을 이용하여 오랜 시간 모델을 학습시킬 필요도 없습니다. 그러나 아직은 널리 사용되는 몇 가지 모델만 사전 학습 모델로 제공되기 때문에 해결해야 할 문제에 딱 맞는 모델을 찾기 어려울 수도 있습니다.

사전 학습 모델은 텐서플로 라이트 모델로 제공되기도 하고 텐서플로 모델로 제공되기도 합니다. 텐서플로 라이트 모델은 설계, 학습, 변환, 최적화가 모두 완료되어 tflite 파일로 제공됩니다. 따라서 필요한 모델이 tflite 파일로 제공된다면 복잡한 모델 개발 과정을 모두 건너뛰고 바로 안드로이드 앱 개발 단계로 넘어갈 수 있습니다. 반면에 텐서플로 모델은 TFLite 모델로 변환해야 안드로이드에서 사용할 수 있습니다. 텐서플로 모델은 케라스^{Keras} 애플리케이션 모듈에서 제공하는 모델을 이용하거나 텐서플로 허브에서 제공하는 모델을 이용할 수 있습니다.

그림 4-4 사전 학습된 TFLite 모델을 이용한 안드로이드 앱 개발

그림 4-5 사전 학습된 텐서플로 모델을 이용한 안드로이드 앱 개발

텐서플로 라이트는 다음과 같은 문제를 해결할 수 있는 모델을 tflite 파일로 제공합니다.

표 4-2 텐서플로 라이트가 tflite 파일로 제공하는 모델

문제	설명	모델
이미지 분류 (image classification)	이미지가 사람, 동물, 사물, 활동, 장소 등 어떤 이미지에 속하는지 예측	Inception ResNet DenseNet SqueezeNet MobileNet NasNet Mobile MnasNet
객체 탐지(object detection)	이미지 안에서 객체의 영역 예측	COCO SSD MobileNet V1
이미지 분할 (image segmentation)	이미지의 각 픽셀이 어떤 클래스에 속하는지 예측	Deeplab v3
자세 추정(pose estimation)	신체의 주요 관절 위치를 추정하여 사람의 포즈 예측	posenet
스타일 변환(style transfer)	입력 이미지에 스타일 이미지를 합성하여 입력 이미지의 스타일 변환	MobileNet(예측) Style Transform Model(변환)
텍스트 분류 (text classification)	텍스트가 어떤 클래스에 속하는지 예측	Mobile BERT
질문과 답변 (question and answer)	질문의 의도를 파악하여 주어진 자료에서 답변을 찾아 제공	Mobile BERT
스마트 답장(smart reply)	사용자와 대화를 하는 챗봇	Smart Reply Model

4.2.3 전이 학습

전이 학습^{transfer learning}은 직접 모델을 개발하는 방법과 사전 학습 모델을 이용하는 방법의 장점을 결합한 방법입니다. 학습이 완료된 모델을 다른 문제에 다시 학습시키는 방식으로 모델을

개발합니다. 예를 들어 [그림 4-6]과 같이 개와 고양이를 분류하는 모델을 사자와 호랑이 데이터로 다시 학습시켜 사자와 호랑이를 분류하는 모델을 만드는 것입니다. 전이 학습은 학습에 소요되는 시간을 줄일 수 있고, 훈련 데이터가 부족한 상황에서도 비교적 정확도가 높은 모델을 얻을 수 있습니다.

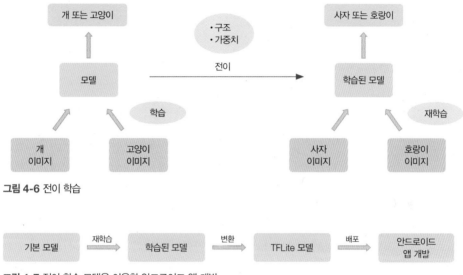

그림 4-6 전이 학습

그림 4-7 전이 학습 모델을 이용한 안드로이드 앱 개발

4.2.4 텐서플로 허브

텐서플로 허브는 머신러닝 모델을 업로드하고 공유하는 저장소입니다. 딥러닝은 가장 활발하게 연구되는 분야 중 하나이므로 계속해서 새롭게 등장하는 SOTA[State-Of-The-Art] 모델을 적시에 프레임워크에서 제공하는 데 한계가 있습니다. 따라서 텐서플로 허브를 이용하면 더욱 다양한 최신 사전 학습 모델을 이용할 수 있습니다. 텐서플로 허브의 주소는 다음과 같습니다.

```
https://tfhub.dev
```

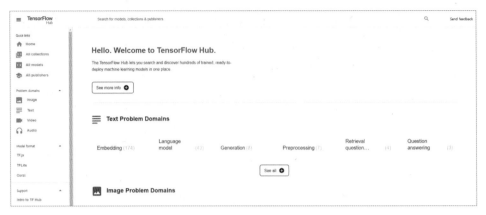

그림 4-8 텐서플로 허브

텐서플로 허브 메인 페이지의 중앙 상단에서 원하는 모델을 검색할 수 있습니다. 해결하고
자 하는 문제의 도메인을 바탕으로 모델을 찾으려면 왼쪽 메뉴의 Problem domains에서
Image, Text, Video, Audio 중 하나를 선택하면 됩니다.

텐서플로 허브는 텐서플로 v1, v2로 구현된 모델을 제공하며, 자바스크립트용 텐서플로 및 텐
서플로 라이트 모델도 제공하고 있습니다. 텐서플로 라이트 모델의 목록을 보고 싶다면 왼쪽
메뉴의 Model format에서 TFLite를 선택하면 되는데, 현재 약 100개의 TFLite 모델이 업로
드되어 있습니다. 한편 텐서플로 허브 외에도 [표 4-3]과 같은 사이트에서 모델과 데이터를 찾
을 수 있습니다.

표 4-3 모델 및 데이터셋 저장소

구분	사이트와 주소
모델	텐서플로 허브(https://tfhub.dev)
	깃허브 텐서플로 모델가든(https://github.com/tensorflow/models/tree/master/official)
	Papers With Code(https://paperswithcode.com/sota)
데이터	텐서플로 데이터셋(https://www.tensorflow.org/datasets/catalog/overview)
	구글 리서치 데이터셋(https://research.google/tools/datasets/)
	구글 클라우드 데이터셋(https://console.cloud.google.com/marketplace/browse?filter=solution-type:dataset&pli=1)
	캐글 데이터셋(https://www.kaggle.com/datasets)

4.3 모델 개발

텐서플로 라이트 모델 개발 워크플로에서는 모델 개발을 모델 선택 프로세스에 포함된 것으로 보고 별도의 프로세스로 구분하지 않았습니다. 모델 선택 프로세스에서 이미 만들어진 모델을 사용하기로 했다면 모델을 직접 개발할 필요가 없기 때문입니다. 하지만 모델을 직접 개발하기로 결정했다면 선택한 모델을 먼저 개발해야 합니다. 딥러닝 모델 개발에 대해 설명하려면 책한 권으로도 부족하기 때문에 여기서는 모델 선택 방법별로 모델 개발을 이해할 수 있도록 간단한 모델을 만들어보겠습니다. 이해를 돕고 모델의 훈련 시간을 단축하기 위해 가급적 손으로 쓴 숫자 이미지의 모음인 MNIST^{Modified National Institute of Standards and Technology database} 데이터를 활용할 것이지만, 전이 학습과 사전 학습 모델 이용 방법은 MNIST 데이터를 활용하기 어렵기 때문에 Imagenet 데이터로 훈련시킨 모델을 활용할 것입니다.

4.3.1 모델 직접 개발

먼저 MNIST 데이터셋을 이용하여 손글씨 분류 모델을 만들어봅시다. 직접 설계한 간단한 다층 퍼셉트론^{Multi-Layer Perceptron, MLP}과 합성곱 신경망^{Convolutional Neural Network, CNN}을 구현하고, 텐서플로에서 제공하는 ResNet 아키텍처를 이용한 모델을 구현하겠습니다.

텐서플로 2.0부터는 공식 문서와 튜토리얼에서 케라스를 사용합니다. 케라스는 파이썬으로 구현된 고수준^{high level} 딥러닝 API입니다. 저수준^{Low level} API로 텐서플로, 테아노^{Theano}, CNTK 중 하나를 선택할 수 있지만, 여기서는 텐서플로에 포함된 케라스를 이용하기 때문에 저수준 API로 텐서플로를 사용하겠습니다.

케라스는 인터페이스가 직관적이고 모듈화가 잘되어 있어 여러 모듈을 조합하여 모델을 쉽게 만들 수 있습니다. 또한 즉시 실행^{eager execution} 모드를 지원하므로 기존 텐서플로 1.x의 그래프 모드보다 훨씬 간편하고 직관적으로 모델을 만들 수 있습니다.

(1) 데이터셋 준비

손글씨 분류 모델을 학습시키기 위해 MNIST 데이터가 필요하며, 이는 텐서플로 프레임워크에서 다운로드할 수 있습니다. 총 7만 개의 28×28 손글씨 이미지와 레이블이 제공되는데 6만 개는 학습 데이터로, 1만 개는 검증 데이터로 사용합니다. 다음 코드를 실행하여 데이터셋을 불러옵니다.

코드 4-1 MNIST 데이터셋 불러오기

dev_custom.ipynb

```
import tensorflow as tf

mnist = tf.keras.datasets.mnist
(x_train, y_train), (x_test, y_test) = mnist.load_data()
```

코드를 실행하면 [그림 4-9]와 같은 로그가 출력되고 데이터셋이 다운로드됩니다.

```
Downloading data from https://storage.googleapis.com/tensorflow/tf-keras-datasets/mnist.npz
11493376/11490434 [==============================] - 1s 0us/step
```

그림 4-9 MNIST 데이터셋 다운로드 로그

다운로드가 완료되면 사용자 폴더의 keras 폴더 아래에 datasets 폴더가 생기고 그 아래에 mnist.npz 데이터가 생성됩니다. 전체 경로는 다음과 같습니다.

```
C:\Users\사용자명\.keras\datasets\mnist.npz
```

만약 네트워크 연결이 어려운 환경에서 실습 중이라면 직접 데이터셋을 다운로드하고 위 경로에 복사해서 사용해도 됩니다. 다음 주소에서 mnist.npz 파일을 직접 다운로드할 수 있습니다.

```
https://storage.googleapis.com/tensorflow/tf-keras-datasets/mnist.npz
```

[코드 4-1]을 실행하면 손글씨 데이터셋을 다운로드한 후 x_train, y_train, x_test, y_test 변수에 다음 데이터가 할당됩니다.

- **x_train**: 28×28 크기의 이미지 6만 개로 구성된 학습 데이터
- **y_train**: 값이 0~9인 레이블 6만 개로 구성된 학습 데이터
- **x_test**: 28×28 크기의 이미지 1만 개로 구성된 검증 데이터
- **y_test**: 값이 0~9인 레이블 1만 개로 구성된 검증 데이터

VS Code에서 [그림 4-10]에 빨간 상자로 표시한 아이콘을 클릭하면 변수의 값을 볼 수 있습니다.

그림 4-10 VS Code에서 파이썬 변수 확인

이어지는 [코드 4-2]는 입력 데이터를 정규화^{normalization}합니다.

코드 4-2 입력 데이터 정규화
dev_custom.ipynb

```
x_train, x_test = x_train / 255.0, x_test / 255.0
```

여기서 만들 모델의 입력 데이터는 28×28 이미지이고, 각 픽셀 값의 범위는 0~255입니다. 정규화는 이 입력 데이터를 0~1 범위로 변환합니다. 다음 식으로 입력 데이터를 정규화할 수 있습니다.

```
(대상 값 - 입력 값의 최솟값) / (입력 값의 최댓값 - 입력 값의 최솟값)
```

입력 값의 범위가 0~255이므로 입력 값의 최솟값은 0, 최댓값은 255입니다. 따라서 위의 식에 대입하면 [코드 4-2]에서 보듯이 정규화 공식이 다음과 같이 도출됩니다.

```
대상 값 / 255
```

입력 데이터의 정규화는 실제 모델의 성능에 영향을 미칩니다. [표 4-4]는 동일한 다층 퍼셉트론 모델에 정규화를 하여 입력했을 때와 정규화 없이 입력했을 때의 성능 차이를 보여줍니다. 정규화 여부만 다를 뿐인데 정확도에 약 5%의 차이가 발생합니다. 이처럼 입력 데이터의 정규화는 실질적으로 모델의 정확도를 향상하는 데 도움이 됩니다.

표 4-4 정규화 여부에 따른 손글씨 분류의 정확도

정규화 여부	예측 정확도
정규화를 한 경우	97.68%
정규화를 하지 않은 경우	92.99%

(2) 모델 설계 및 학습

데이터셋을 준비했으면 딥러닝 모델을 설계합니다. 가장 단순한 인공 신경망인 다층 퍼셉트론 모델을 구현할 것입니다. 다층 퍼셉트론은 입력층$^{input\ layer}$, 은닉층$^{hidden\ layer}$, 출력층$^{output\ layer}$ 으로 구성되어 있습니다. 각 층 간에 모든 노드가 서로 연결되어 있기 때문에 다층 퍼셉트론을 완전 연결 신경망$^{Fully\ Connected\ Neural\ Network,\ FCNN}$이라고도 부릅니다.

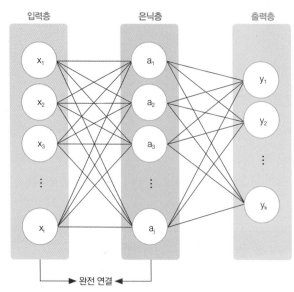

그림 4-11 다층 퍼셉트론의 구조

모델에서 사용하는 입력 데이터는 28×28 크기의 이미지이고 레이블은 숫자 0~9입니다. 따라 서 모델의 출력은 크기가 10인 리스트 형태인데, 첫 번째 값은 입력 데이터가 0일 확률, 두 번 째 값은 입력 데이터가 1일 확률, 열 번째 값은 입력 데이터가 9일 확률을 나타냅니다. 손글씨 분류는 다중 클래스 분류 문제이므로 출력층의 활성화 함수로 softmax를 사용합니다. 은닉층 의 개수는 임의로 128개로 설정했으며, 입력층의 활성화 함수$^{activation\ function}$로 Relu를 사용합 니다. 이 모델을 [그림 4-11]처럼 표현한다면, 입력층은 $28 \times 28 = 784$이고 각 픽셀 값이 입력 값이 되므로 $x_1 \sim x_{784}$의 총 784개 노드로 나타낼 수 있습니다. 또한 은닉층은 $a_1 \sim a_{128}$의 128개 노드로 구성되고 출력층은 $y_1 \sim y_9$의 9개 노드로 구성됩니다. 이를 바탕으로 [코드 4-3]과 같이 다층 퍼셉트론 모델을 만들었습니다.

코드 4-3 다층 퍼셉트론 모델 생성

dev_custom.ipynb

```python
mlp_model = tf.keras.models.Sequential([
    tf.keras.layers.Flatten(input_shape=(28, 28)),
    tf.keras.layers.Dense(128, activation='relu'),
    tf.keras.layers.Dense(10, activation='softmax')
])
```

tf.keras.models.Sequential 클래스를 이용했는데, Sequential 클래스는 모델 및 모델 내 모든 레이어에 입력 텐서와 출력 텐서가 하나씩만 있을 때 사용하며, 각 레이어를 순차적으로 쌓아서 모델을 만듭니다.

[코드 4-3]의 모델은 Flatten 레이어 1개와 Dense 레이어 2개로 구성되어 있습니다. Flatten 레이어는 28×28 크기의 2차원 입력을 784개의 1차원 배열로 바꿔줍니다. 다음 Dense 레이어는 128개의 뉴런으로 이루어진 은닉층이고, 마지막 Dense 레이어는 10개의 클래스에 대응되도록 10개의 뉴런으로 이루어진 출력층입니다.

모델 생성이 완료되면 모델을 컴파일하기 위해 [코드 4-4]와 같이 옵티마이저^{optimizer}, 손실 함수$^{loss\ function}$, 평가 지표^{metric}를 인자로 전달하고 compile() 함수를 호출합니다. 옵티마이저는 adam, 손실 함수는 sparse_categorical_crossentropy, 평가 지표는 accuracy를 사용했습니다.

코드 4-4 다층 퍼셉트론 모델 컴파일

dev_custom.ipynb

```python
mlp_model.compile(optimizer='adam',
                  loss='sparse_categorical_crossentropy',
                  metrics=['accuracy'])
```

손실 함수 선택

자주 사용되는 손실 함수로 평균 제곱 오차$^{Mean\ Square\ Error,\ MSE}$와 교차 엔트로피 오차$^{Cross\ Entropy\ Error,\ CEE}$가 있습니다. 평균 제곱 오차는 예측 값과 실제 값의 오차를 제곱한 값의 평균입니다. 따라서 평균 제곱 오차가 작을수록 예측 값과 실제 값의 차이가 작습니다. 오차의 제곱 대신 오차의 절댓값을 사용하는 평균 절대 오차$^{Mean\ Absolute\ Error,\ MAE}$나 오차의 제곱에 루트를 적용하는 루트 평균 제곱 오차$^{Root\ Mean\ Square\ Error,\ RMSE}$ 등의 함수도 많이 사용됩니다. 교차 엔트로피 오차는 예측 값과 실제 값의 확률 분포 차이를 계산할 때 사용합니다. 교차 엔트로피 오차가 작을수록 예측 값과 실제 값의 확률 분포가 유사합니다. 일반적으로 회귀 문제에는 평균 제곱 오차를 사용하고 분류 문제에는 교차 엔트로피 오차를 사용합니다.

교차 엔트로피 오차는 문제 유형 및 데이터에 따라 세 가지 유형이 있는데 이진 분류binary classification 문제에는 binary_crossentropy를, 다중 클래스 분류multi-class classification 문제에는 categorical_crossentropy 또는 sparse_categorical_crossentropy를 사용합니다. 다중 클래스 분류 문제에는 원 핫 인코딩one-hot encoding 기법을 적용할 수 있으며, 이를 적용한 경우 categorical_crossentropy를 사용하고 적용하지 않은 경우 sparse_categorical_crossentropy를 사용합니다.

표 4-5 문제 및 데이터 구조에 따른 교차 엔트로피 오차 적용

문제	데이터	손실 함수
이진 분류		binary_crossentropy
다중 클래스 분류	원 핫 인코딩을 적용한 경우	categorical_crossentropy
	원 핫 인코딩은 적용하지 않은 경우	sparse_categorical_crossentropy

원 핫 인코딩은 범주형 데이터를 실수로 표현하지 않고 행렬로 표현하는 기법입니다. 예를 들어 손글씨 분류에서 원 핫 인코딩을 적용하지 않으면 0~9 숫자 클래스를 그대로 0~9로 표현하지만, 원 핫 인코딩을 적용하면 0~9 숫자 클래스를 각각 10개의 값을 가진 리스트로 표현합니다. 즉 0은 [1, 0, …, 0], 1은 [0, 1, 0, …, 0], …, 9는 [0, 0, …, 0, 1]로 표현됩니다.

[코드 4-4]에서는 원 핫 인코딩을 적용하지 않았기 때문에 sparse_categorical_crossentropy 값을 사용했습니다. 만약 원 핫 인코딩을 적용하고 싶다면 [코드 4-5]와 같이 tf.keras.utils.to_categorical() 함수로 레이블에 원 핫 인코딩을 적용하고, 오차 함수로 categorical_crossentropy를 사용하면 됩니다.

코드 4-5 원 핫 인코딩 적용
dev_custom.ipynb

```
# One-hot Encoding
y_train = tf.keras.utils.to_categorical(y_train)
y_test = tf.keras.utils.to_categorical(y_test)

mlp_model.compile(optimizer='adam',
                  loss='categorical_crossentropy',
                  metrics=['accuracy'])
```

모델의 구조는 summary() 함수로 확인할 수 있습니다.

dev_custom.ipynb

```
mlp_model.summary()
```

summary( ) 함수를 호출하면 [그림 4-12]와 같이 레이어의 구성과 레이어별 출력 형태, 파라미터 수를 보여줍니다. 다층 퍼셉트론 모델은 Dense 레이어를 사용하기 때문에 파라미터가 많습니다. 첫 번째 Dense 레이어는 입력 784개, 편향 1개가 128개의 출력과 완전 연결되어 있으므로 파라미터가 $785 \times 128 = 100,480$개이고, 두 번째 Dense 레이어는 입력 128개, 편향 1개, 출력 10개이므로 파라미터가 1,290개입니다. 그러므로 총파라미터는 $100,480 + 1,290 = 101,770$개입니다.

```
Model: "sequential"

Layer (type)              Output Shape              Param #
=================================================================
flatten (Flatten)         (None, 784)               0

dense (Dense)             (None, 128)               100480

dense_1 (Dense)           (None, 10)                1290
=================================================================
Total params: 101,770
Trainable params: 101,770
Non-trainable params: 0
```

그림 4-12 mlp_model의 구조

모델 설계가 끝났으면 [코드 4-7]과 같이 fit( ) 함수를 호출하여 학습을 시작합니다. 학습 데이터와 레이블을 각각 전달하고 epochs를 5로 설정했습니다.

코드 4-7 mlp_model 학습

dev_custom.ipynb

```
mlp_model.fit(x_train, y_train, epochs=5)
```

[그림 4-13]과 같이 콜백 로그를 남기며 학습이 진행됩니다. epochs를 5로 설정했으므로 다섯 번 반복해 학습하면서 점점 loss가 줄어들고 accuracy가 증가하는 것을 볼 수 있습니다.

```
Epoch 1/5
1875/1875 [==============================] - 5s 2ms/step - loss: 0.4424 - accuracy: 0.8744
Epoch 2/5
1875/1875 [==============================] - 4s 2ms/step - loss: 0.1227 - accuracy: 0.9634
Epoch 3/5
1875/1875 [==============================] - 4s 2ms/step - loss: 0.0808 - accuracy: 0.9753
Epoch 4/5
1875/1875 [==============================] - 4s 2ms/step - loss: 0.0589 - accuracy: 0.9818
Epoch 5/5
 316/1875 [===>..........................] - ETA: 3s - loss: 0.0371 - accuracy: 0.9872
```

그림 4-13 학습 콜백 로그

(3) 모델 정확도 평가

학습이 완료되면 evaluate( ) 함수를 호출하여 테스트 데이터를 가지고 모델의 정확도를 확인합니다. verbose는 2로 설정했습니다.

코드 4-8 mlp_model 학습 결과 평가
dev_custom.ipynb

```
mlp_model.evaluate(x_test,  y_test, verbose=2)
```

[그림 4-14]에서 보듯이 학습 결과 정확도는 97.7%, loss 값은 0.074입니다. 손글씨 분류는 비교적 쉬운 문제이므로 간단한 다층 퍼셉트론 함수로도 높은 정확도를 얻을 수 있습니다.

```
313/313 - 1s - loss: 0.0739 - accuracy: 0.9773
[0.07385130226612091, 0.9772999882698059]
```

그림 4-14 다층 퍼셉트론 모델의 평가 결과

(4) Functional API와 Model 클래스 상속을 통한 모델 개발

케라스는 [코드 4-3]과 같이 tf.keras.models.Sequential 클래스를 이용하는 방법 말고도 Functional API를 이용하거나 tf.keras.Model 클래스를 상속하여 모델을 개발할 수 있습니다. Functional API의 경우 Sequential 클래스보다 더 자유롭게 모델을 만들 수 있습니다. 모델이나 레이어의 다중 입력 또는 다중 출력을 구현할 수 있고 잔차 연결residual connection, 다중 분기multi-branch 등 비선형 토폴로지non-linear topology 모델을 구현할 수도 있습니다. Functional API를 이용하면 [코드 4-3]과 동일한 모델이 [코드 4-9]와 같이 구현됩니다.

코드 4-9 Functional API를 이용한 케라스 모델 생성

dev_custom.ipynb

```
inputs = tf.keras.Input(shape=(28, 28))

x = tf.keras.layers.Flatten()(inputs)
x = tf.keras.layers.Dense(128, activation='relu')(x)
outputs = tf.keras.layers.Dense(10, activation='softmax')(x)

mlp_model = tf.keras.Model(inputs=inputs, outputs=outputs)
```

또는 객체지향 프로그래밍을 지원하는 파이썬의 특성을 이용하여 [코드 4-10]과 같이 Model 클래스를 상속하여 모델을 만들 수 있습니다.

코드 4-10 Model 클래스 상속을 통한 케라스 모델 생성

dev_custom.ipynb

```
class MLP_Model(tf.keras.Model):
    def __init__(self):
        super(MLP_Model, self).__init__()
        self.flatten = tf.keras.layers.Flatten()
        self.dense = tf.keras.layers.Dense(128, activation='relu')
        self.softmax = tf.keras.layers.Dense(10, activation='softmax')

    def call(self, inputs):
        x = self.flatten(inputs)
        x = self.dense(x)
        return self.softmax(x)

mlp_model = MLP_Model()
```

Functional API를 이용하거나 Model 클래스를 상속하여 만든 모델은 동일하므로 성능에 차이가 없습니다.

(5) 합성곱 신경망

다층 퍼셉트론 모델의 평가 결과는 97.7%로 매우 높은 수준이지만, 합성곱 신경망을 이용하면 이미지 분류 모델의 정확도를 더욱 향상할 수 있습니다. 합성곱 신경망은 합성곱 연산을 적용하여 지역성^{locality}에 기반한 특징^{feature}을 학습합니다. 또한 필터 반복 적용으로 가중치가 공유

되어 완전 연결 네트워크에 비해 파라미터가 훨씬 적습니다. 이러한 특징 때문에 합성곱 신경망은 이미지 데이터에 매우 적합한 모델입니다.

합성곱 신경망은 [그림 4-15]와 같이 계층 간에 완전 연결되지 않습니다. 또한 같은 색으로 연결된 선은 동일한 가중치를 나타냅니다. 즉 인접 노드 간에 가중치를 공유합니다.

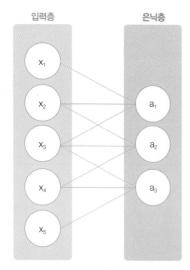

그림 4-15 합성곱 신경망의 레이어 간 연결

합성곱 신경망을 사용하기 위해 입력 데이터의 형태를 조금 바꿀 것입니다. 다층 퍼셉트론의 입력 데이터는 '높이, 너비'의 2차원 텐서로 28×28 형태이지만, 합성곱 신경망은 입력 이미지로 '높이, 너비, 채널'의 3차원 텐서를 사용하기 때문입니다. MNIST 데이터는 1채널 이미지이므로 (28, 28) 형태의 데이터를 (28, 28, 1) 형태로 변환해야 합니다. [코드 4-11]은 합성곱 신경망 모델을 생성하고 MNIST 데이터로 훈련시켜 정확도를 평가하는 코드입니다.

코드 4-11 합성곱 신경망을 이용한 손글씨 분류 모델 구현
dev_custom.ipynb

```
x_train_4d = x_train.reshape(-1, 28, 28, 1)
x_test_4d = x_test.reshape(-1, 28, 28, 1)

cnn_model = tf.keras.models.Sequential([
    tf.keras.layers.Conv2D(32, (3, 3), activation='relu', input_shape=(28, 28, 1)),
    tf.keras.layers.MaxPooling2D((2, 2)),
    tf.keras.layers.Conv2D(64, (3, 3), activation='relu'),
```

```
    tf.keras.layers.MaxPooling2D((2, 2)),
    tf.keras.layers.Conv2D(64, (3, 3), activation='relu'),
    tf.keras.layers.Flatten(),
    tf.keras.layers.Dense(64, activation='relu'),
    tf.keras.layers.Dense(10, activation='softmax')])

cnn_model.compile(optimizer='adam',
                  loss='sparse_categorical_crossentropy',
                  metrics=['accuracy'])
cnn_model.summary()
cnn_model.fit(x_train_4d, y_train, epochs=5)
cnn_model.evaluate(x_test_4d,  y_test, verbose=2)
```

먼저 입력 이미지의 가로세로 크기와 채널을 포함하도록 reshape( ) 함수를 이용하여 입력 값을 4차원 형태로 변환했습니다. (60000, 28, 28) 형태의 훈련 데이터가 (60000, 28, 28, 1)로 변환됩니다.

코드 4-12 입력 값의 형태를 4차원으로 변경
dev_custom.ipynb

```
x_train_4d = x_train.reshape(-1, 28, 28, 1)
x_test_4d = x_test.reshape(-1, 28, 28, 1)
```

나머지 훈련 및 평가 코드는 다층 퍼셉트론과 동일합니다. 훈련된 모델의 성능은 [그림 4-16]과 같이 98.9%의 높은 정확도를 보입니다.

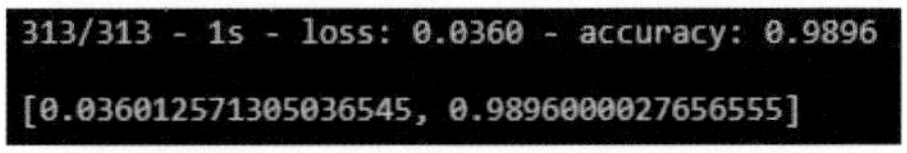

```
313/313 - 1s - loss: 0.0360 - accuracy: 0.9896
[0.036012571305036545, 0.9896000027656555]
```

그림 4-16 합성곱 신경망 모델의 평가 결과

(6) 케라스 애플리케이션 모델

지금까지 다층 퍼셉트론과 합성곱 신경망을 구현해보았습니다. 다층 퍼셉트론과 합성곱 신경망은 비교적 간단한 모델이므로 구현이 어렵지 않았지만 ResNet, MobileNet, EfficientNet 등 최근 많이 사용되고 있는 모델은 훨씬 깊고 복잡한 구조를 가지고 있습니다. 텐서플로는 이러한 모델을 직접 구현하지 않아도 편리하게 이용할 수 있도록 케라스 애플리케이션 모듈에서 몇 가지 모델을 제공하는데, 그중에서 ResNet 모델을 이용하여 MNIST 데이터로 훈련시킨 손

글씨 분류를 구현하는 방법을 알아보겠습니다.

인공 신경망은 네트워크의 깊이가 깊어질수록 더 복잡한 문제를 해결할 수 있지만 깊이가 지나치게 깊으면 기울기 소실$^{vanishing\ gradient}$ 문제가 발생하고 성능이 급격히 떨어집니다. ResNet은 잔차 학습$^{residual\ learning}$을 이용하여 이를 개선한 모델로, [그림 4-17]과 같은 잔차 블록^{residual} ^{block}을 여러 층 쌓은 구조입니다. 잔차 블록은 입력을 그대로 출력으로 연결하는 숏컷 연결$^{shortcut\ connection}$을 가지고 있습니다. 빨간색 동그라미의 x가 전달되는 화살표가 숏컷 연결입니다. 이 숏컷 연결 덕분에 네트워크가 깊어도 신호가 소실되지 않고 네트워크 전체에 영향을 줄 수 있습니다.

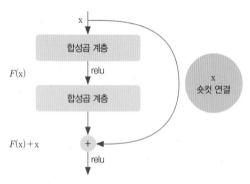

그림 4-17 ResNet의 잔차 블록

[코드 4-13]은 케라스 애플리케이션의 ResNet 모델을 이용한 손글씨 분류 모델을 구현하는 코드입니다.

코드 4-13 ResNet을 이용한 손글씨 분류 모델 구현
dev_custom.ipynb

```
x_train_4d = x_train.reshape(-1, 28, 28, 1)
x_test_4d = x_test.reshape(-1, 28, 28, 1)

resized_x_train = tf.image.resize(x_train_4d, [32, 32])
resized_x_test = tf.image.resize(x_test_4d, [32, 32])

resnet_model = tf.keras.applications.ResNet50V2(
    input_shape=(32, 32, 1),
    classes=10,
    weights=None)
# resnet_model.summary()
```

```
resnet_model.compile(optimizer='adam',
    loss='sparse_categorical_crossentropy',
    metrics=['accuracy'])
resnet_model.fit(resized_x_train, y_train, epochs=5)
resnet_model.evaluate(resized_x_test,  y_test, verbose=2)
```

먼저 합성곱 신경망과 마찬가지로 입력 데이터에 채널을 포함하여 4차원 형태로 변환했습니다. ResNet이 지원하는 최소 이미지 크기가 32×32이므로 tf.image.resize() 함수를 이용하여 이미지 크기를 28×28에서 32×32로 확대했습니다. 그런 다음 모델을 생성하기 위해 tf.keras.applications.ResNet50V2 클래스에 입력 데이터의 형태(input_shape), 분류할 클래스 수(classes), 초기 가중치(weights)를 파라미터로 전달합니다. 나머지 컴파일, 학습, 평가 코드는 앞의 모델과 동일합니다.

[그림 4-18]은 ResNet으로 구현한 손글씨 분류 모델의 평가 결과로 98.0%의 높은 정확도를 보여줍니다.

```
313/313 - 4s - loss: 0.0642 - accuracy: 0.9809
[0.0641985684633255, 0.98089998960495]
```

그림 4-18 ResNet 모델의 평가 결과

4.3.2 사전 학습 모델 이용

사전 학습 모델은 이미 학습이 완료된 모델로 tflite 파일 또는 텐서플로 모델로 제공됩니다. tflite 파일은 모델 개발의 최종 산출물이므로 바로 안드로이드 스튜디오에 배포하여 앱을 개발하면 됩니다. 그러나 텐서플로 모델은 tflite 파일로 변환하는 과정을 거쳐야 합니다. 여기서는 텐서플로 모델을 이용하는 방법만 다루겠습니다.

사전 학습 모델도 케라스 애플리케이션 모델을 사용합니다. 모델을 직접 개발할 때에는 케라스 애플리케이션에서 초기 가중치 없는 모델을 얻어 직접 학습시켰지만, 사전 학습 모델은 특정 데이터로 이미 훈련된 가중치를 가진 모델을 사용합니다. 여기서는 ImageNet 데이터로 학습된 MobileNet V2를 사용할 것입니다. MobileNet은 기존 합성곱 신경망의 합성곱 연산을 깊이 분할 합성곱$^{depthwise\ separable\ convolution}$ 연산으로 변경하여 기존 합성곱 신경망 모델 대비 계산량을 낮춘 모델로 약 8~9배의 높은 효율을 보입니다. tf.keras.applications.

MobileNetV2 클래스를 호출하여 MobileNet V2 모델을 생성할 수 있습니다.

이번에는 직접 학습하지 않기 때문에 학습 데이터가 필요 없지만 테스트 데이터가 있어야 모델이 잘 동작하는지 확인할 수 있습니다. 그러나 ImageNet 데이터는 용량이 매우 커서 독자가 테스트하기에 적합하지 않으므로 ImageNet 데이터 대신 임의의 이미지 5개를 사용하여 모델이 이 이미지를 잘 분류하는지 테스트하겠습니다.

(1) 테스트 데이터 준비

먼저 pixabay.com에서 테스트에 사용할 무료 이미지 5장을 구하여 images 폴더 아래에 저장했습니다. 그리고 [코드 4-14]와 같이 images 폴더 아래에 있는 이미지 파일을 images 목록에 추가합니다.

코드 4-14 테스트 데이터 로드
dev_pretrained.ipynb

```python
from PIL import Image
import os
import numpy as np

data_dir = "./images/"
files = os.listdir(data_dir)

images = []
for file in files:
    path = os.path.join(data_dir, file)
    images.append(np.array(Image.open(path)))
```

PIL^{Python Imaging Library}의 Image.open( ) 함수와 numpy의 np.array( ) 함수를 이용하여 이미지를 array 형태로 불러왔습니다. 만약 PIL 모듈을 불러올 수 없다면 파이썬 커맨드 창에서 가상 환경을 활성화한 뒤 다음 명령어로 image 라이브러리를 설치합니다.

```
pip install image
```

사용할 이미지는 [그림 4-19]와 같습니다.

그림 4-19 테스트 이미지

(2) 데이터 전처리

다음으로 테스트 데이터를 모델에 입력하기 전에 전처리를 합니다. [코드 4-15]는 5개의 이미지를 전처리하는 코드입니다.

코드 4-15 테스트 데이터 전처리
dev_pretrained.ipynb

```
import tensorflow as tf

resized_images = np.array(np.zeros((len(images), 224, 224, 3)))
for i in range(len(images)):
    resized_images[i] = tf.image.resize(images[i], [224, 224])

preprocessed_images = tf.keras.applications.mobilenet_v2.preprocess_input(resized_
                      images)
```

MobileNet V2의 기본 입력 텐서 형태는 (224, 224, 3)이므로 이미지 형태를 (224, 224, 3)으로 변환합니다. np.array( ) 함수와 np.zeros( ) 함수를 이용하여 0으로 초기화된 array를 만들고 tf.image.resize( ) 함수로 이미지 크기를 변환하여 array에 담습니다. 다음으로 mobilenet_v2 모듈에 포함된 preprocess_input( ) 함수를 적용하여 입력 값을 전처리합니다.

[3] 모델 생성 및 추론

[코드 4-16]은 모델을 생성하고 이를 이용하여 모델의 분류 결과를 확인하는 코드입니다.

코드 4-16 모델 생성 및 추론
dev_pretrained.ipynb

```
mobilenet_imagenet_model = tf.keras.applications.MobileNetV2(weights="imagenet")

y_pred = mobilenet_imagenet_model.predict(preprocessed_images)
topK = 1
y_pred_top = tf.keras.applications.mobilenet_v2.decode_predictions(y_pred, top=topK)
```

tf.keras.applications.MobileNetV2 클래스를 통해 모델을 불러올 수 있습니다. 파라미터로 weights를 "imagenet"으로 지정하면 ImageNet 데이터로 학습된 모델을 얻을 수 있습니다. "imagenet"이 아니더라도 weights가 저장된 path를 지정하면 해당 weights 값이 적용된 모델을 얻을 수 있습니다. 그런 다음 predict( ) 함수로 테스트 데이터를 모델에 입력하고 예측 결과를 y_pred에 담았습니다. y_pred는 5개의 이미지가 1,000개의 클래스에 각각 속할 확률이 얼마인지를 담고 있으므로 형태가 (5, 1000)입니다.

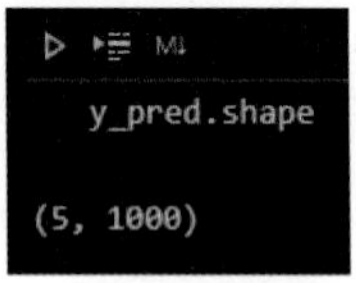

그림 4-20 모델 추론 결과 값의 형태

결과 값 해석을 위해 mobilenet_v2 모듈에 포함된 decode_predictions( ) 함수를 적용합니다. top 인자로 topK인 1을 주었기 때문에 확률이 가장 높은 클래스 1개만 반환합니다. topK가 3이면 상위 3개의 클래스를, 5이면 상위 5개의 클래스를 뽑습니다.

마지막으로 테스트에 사용한 이미지와 모델의 추론 결과를 비교하여 살펴보겠습니다. [코드 4-17]은 입력 이미지 및 모델이 분류한 가장 가능성 높은 클래스와 그 확률을 보여주는 코드입니다.

코드 4-17 추론 결과 확인

dev_pretrained.ipynb

```python
from matplotlib import pyplot as plt
import numpy as np

for i in range(len(images)):
    plt.imshow(images[i])
    plt.show()

    for k in range(topK):
        print(f'{y_pred_top[i][k][1]} ({round(y_pred_top[i][k][2] * 100, 1)}%)')
```

plt.imshow(), plt.show() 함수를 이용하여 이미지를 출력하고, y_pred_top 변수에 담긴 추론한 클래스와 확률을 출력했습니다. matplotlib 라이브러리가 설치되지 않은 경우에는 다음 명령어로 설치할 수 있습니다.

```
pip install matplotlib
```

확률은 round() 함수로 소수점 첫째 자리까지 표시합니다. [그림 4-21]은 [코드 4-17]로 확인한 추론 결과입니다.

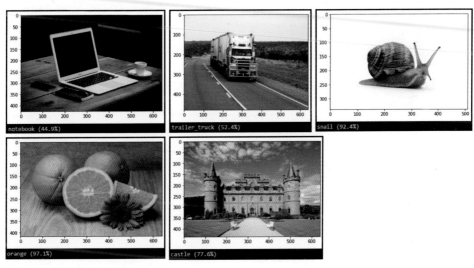

그림 4-21 각 이미지의 추론 결과

5개의 이미지를 모두 성공적으로 분류했습니다. 특히 달팽이와 오렌지 이미지는 각각 92.4%, 97.1%의 높은 확률로 분류되었습니다. ImageNet 데이터로 학습한 모델을 일반적인 이미지의 분류에 사용해도 높은 정확도로 분류해낼 수 있다는 것을 알 수 있습니다.

4.3.3 전이 학습

전이 학습은 학습된 모델을 원하는 데이터로 다시 학습시키는 방법입니다. 사전 학습 모델 이용과 마찬가지로 이미 학습이 완료된 모델을 활용하지만 그대로 활용하지 않고 원하는 데이터로 다시 학습시킵니다. 여기서는 기반 모델로 ImageNet 데이터를 학습한 MobileNet V2를 사용하겠습니다. 이 모델을 개와 고양이 이미지로 학습시켜 개와 고양이 이미지를 구분하는 모델을 얻을 것입니다.

코드를 작성하기에 앞서 개와 고양이 이미지 데이터를 받기 위해 텐서플로의 데이터셋 프로젝트인 TFDS 라이브러리를 설치해야 합니다. Conda 가상환경을 활성화하고 다음 명령어로 라이브러리를 설치합니다.

```
pip install tensorflow-datasets
```

설치가 완료되면 tensorflow-datasets 라이브러리를 사용할 수 있습니다. [코드 4-18]은 tensorflow-datasets 라이브러리를 통해 개와 고양이 이미지 데이터를 다운로드하여 불러오는 코드입니다.

코드 4-18 개와 고양이 이미지 데이터 불러오기
dev_transfer.ipynb

```
import tensorflow_datasets as tfds
tfds.disable_progress_bar()

raw_train, raw_test = tfds.load(
    'cats_vs_dogs',
    split=['train[:80%]', 'train[20%:]'],
    as_supervised=True
)
```

데이터를 다운로드하는 과정에서 많은 로그가 출력되므로 tfds.disable_progress_bar() 함수를 호출하여 로그를 출력하지 않도록 설정합니다. 그리고 tfds.load() 함수를 이용하여 데이터를 받아 raw_train, raw_test 변수에 데이터를 저장했습니다. load() 함수의 첫 번째 인자로 데이터명을 전달하고, 두 번째 인자로 split 속성을 이용하여 데이터의 80%를 raw_train에, 20%를 raw_test에 할당했습니다. 마지막 as_supervised 값은 데이터의 형태를 결정합니다. True로 설정하면 (input, label) 형태의 튜플 자료형을 반환하고, False로 설정하면 데이터별 고유한 dictionary 형태로 반환합니다. cats_vs_dogs 데이터는 다음과 같은 dictionary 구조로 되어 있습니다.

```
FeaturesDict({
    'image': Image(shape=(None, None, 3), dtype=tf.uint8),
    'image/filename': Text(shape=(), dtype=tf.string),
    'label': ClassLabel(shape=(), dtype=tf.int64, num_classes=2),
})
```

[코드 4-19]는 입력 이미지를 전처리하는 코드입니다.

코드 4-19 개와 고양이 이미지 데이터 전처리
dev_transfer.ipynb

```
import numpy as np
import tensorflow as tf
from tensorflow.image import ResizeMethod

def preprocess(image, label):
    out_image = tf.image.resize(image, [96, 96], method=ResizeMethod.BICUBIC)
    out_image = tf.keras.applications.mobilenet_v2.preprocess_input(out_image)
    return out_image, label

batch_size = 32
train_batch = raw_train.map(preprocess).batch(batch_size)
test_batch = raw_test.map(preprocess).batch(batch_size)
```

실질적인 전처리가 이루어지는 preprocess() 함수를 작성하고, raw_train과 raw_test 데이터에 각각 preprocess() 함수를 적용하여 결과 값으로 배치를 만들었습니다. 케라스 애플리케이션은 입력 이미지의 크기가 96, 128, 160, 192, 224인 MobileNet 모델만 지원하기 때문에 preprocess() 함수 안에서 바이큐빅 보간법을 이용하여 입력 이미지의 크기를 224×

224로 변환했습니다. 또한 mobilenet_v2 모듈에서 제공하는 `preprocess_input()` 함수를 이용하여 크기가 변환된 이미지 데이터를 한 번 더 전처리합니다. 데이터가 준비되면 학습된 MobileNet 모델을 로드합니다.

코드 4-20 사전 학습된 MobileNet 모델 로드
dev_transfer.ipynb

```
mobilenet_base = tf.keras.applications.MobileNetV2(
    input_shape=(224, 224, 3),
    weights="imagenet",
    include_top=False)
```

tf.keras.applications.MobileNetV2 클래스를 통해 모델을 생성하고 파라미터로 입력 데이터의 크기와 weights, include_top을 지정했습니다. weights는 "imagenet"으로 설정하여 ImageNet 데이터로 학습된 모델을 얻었습니다. include_top을 False로 설정하면 모델의 마지막 풀링 레이어와 Dense 레이어를 제외한 모델을 얻을 수 있습니다.

마지막 레이어를 제외하는 이유는 모델의 출력 결과가 문제에 의존적이기 때문입니다. [그림 4-22]와 [그림 4-23]은 include_top 인자를 True로 설정했을 때와 False로 설정했을 때 모델의 마지막 레이어 구조를 비교한 것입니다.

```
Conv_1 (Conv2D)                      (None, 7, 7, 1280)    409600     block_16_project_BN[0][0]
Conv_1_bn (BatchNormalization)       (None, 7, 7, 1280)    5120       Conv_1[0][0]
out_relu (ReLU)                      (None, 7, 7, 1280)    0          Conv_1_bn[0][0]
global_average_pooling2d (Globa      (None, 1280)          0          out_relu[0][0]
predictions (Dense)                  (None, 1000)          1281000    global_average_pooling2d[0][0]
Total params: 3,538,984
Trainable params: 3,504,872
Non-trainable params: 34,112
```

그림 4-22 include_top을 True로 설정한 모델

```
Conv_1 (Conv2D)                      (None, 7, 7, 1280)    409600     block_16_project_BN[0][0]
Conv_1_bn (BatchNormalization)       (None, 7, 7, 1280)    5120       Conv_1[0][0]
out_relu (ReLU)                      (None, 7, 7, 1280)    0          Conv_1_bn[0][0]
Total params: 2,257,984
Trainable params: 2,223,872
Non-trainable params: 34,112
```

그림 4-23 include_top을 False로 설정한 모델

기준이 될 out_relu 레이어부터 마지막 레이어를 빨간색 상자로 표시했습니다. include_top 이 True이면 out_relu 아래에 풀링 레이어와 Dense 레이어가 있고, Dense 레이어의 결과로 1,000개의 클래스로 분류합니다. 하지만 여기서는 이 모델을 개와 고양이 이미지 분류에 사용할 것입니다. 개와 고양이 이미지를 구분하는 것은 이진 분류이므로 1,000개의 클래스로 분류하는 마지막 레이어가 필요하지 않습니다. 따라서 [그림 4-23]과 같이 out_relu 이후 레이어를 제거하고, 여기에 이진 분류 문제에 맞는 출력을 내도록 풀링 레이어와 Dense 레이어를 추가하여 모델을 생성할 것입니다.

[코드 4-21]은 사전 학습된 MobileNet 모델을 훈련하고 평가하는 코드입니다.

코드 4-21 사전 학습된 MobileNet 모델 훈련 및 평가
dev_transfer.ipynb

```
mobilenet_base.trainable=False

mobilenet_model = tf.keras.Sequential([
    mobilenet_base,
    tf.keras.layers.GlobalAveragePooling2D(),
    tf.keras.layers.Dense(1)
])

mobilenet_model.compile(optimizer='adam',
            loss='binary_crossentropy',
            metrics=['accuracy'])

mobilenet_model.fit(train_batch, epochs=5)
mobilenet_model.evaluate(test_batch, verbose=2)
```

먼저 tf.keras.Sequential() 함수를 이용하여 모델을 생성하는 코드를 살펴보겠습니다. 마지막 레이어를 제거한 MobileNet 모델인 mobilenet_base를 모델에 추가한 후, 제거된 레이어와 같은 역할을 해줄 풀링 레이어와 Dense 레이어를 추가했습니다. 모델의 목적은 개와 고양이 이미지를 구분하는 것이므로 Dense 레이어는 노드가 1개면 충분합니다.

또한 이미 학습이 완료된 mobilenet_base의 가중치가 더 이상 학습되지 않도록 막기 위해 mobilenet_base.trainable 값을 False로 설정했습니다. 일반적으로 전이 학습은 이미 학습된 가중치가 더 이상 학습되지 않도록 동결시키고 훈련을 진행합니다. 나중에 성능 향상을 위해 모델을 다시 학습 가능하도록 되돌리고 학습률^{learning rate}를 낮추어 전체를 다시 한번 학습하

며 미세 튜닝을 할 수 있습니다.

개와 고양이 이미지를 분류하는 문제는 이진 분류이므로 손글씨 분류와 달리 손실 함수도 binary_crossentropy로 바꿔야 합니다. 나머지 컴파일, 학습, 훈련 코드는 기존 모델과 동일합니다. 모델을 평가한 결과, 정확도 96.2%로 상당히 정확하게 분류할 수 있는 모델을 얻었습니다.

```
582/582 - 35s - loss: 0.4680 - accuracy: 0.9623
[0.4680388569831848, 0.9623320698738098]
```

그림 4-24 MobileNet 전이 학습 모델의 평가 결과

4.3.4 텐서플로 허브

텐서플로 허브도 케라스 애플리케이션 모듈처럼 학습된 모델을 제공하는데 이를 활용하는 방법을 알아봅시다. 앞 절에서 전이 학습에 사용했던 것과 동일한 모델을 케라스 애플리케이션이 아닌 텐서플로 허브에서 가져와 개와 고양이 이미지를 분류할 것입니다.

(1) 텐서플로 허브에서 모델 선택

먼저 텐서플로 허브에 접속하여 모델을 검색합니다. 전이 학습과 동일하게 MobileNet V2를 사용하겠습니다. 메인 페이지 왼쪽 메뉴의 Problem domains에서 Image를 선택합니다.

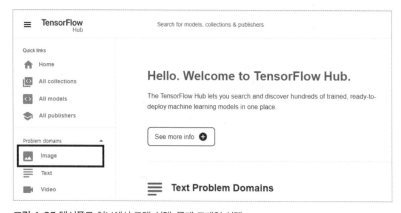

그림 4-25 텐서플로 허브에서 모델 선택: 문제 도메인 선택

이미지와 관련된 문제를 다루는 모델이 검색됩니다. Architecture에서 MobileNet V2를 선택합니다.

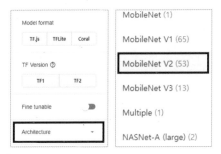

그림 4-26 텐서플로 허브에서 모델 선택: 모델 아키텍처 선택

[그림 4-27]과 같이 다양한 MobileNet V2 모델을 확인할 수 있습니다.

그림 4-27 텐서플로 허브에서 모델 선택: 검색된 모델 목록

MobileNet은 깊이 분할 합성곱 연산에 사용하는 depth multiplier 값을 지정할 수 있으며, 이 값을 통해 각 레이어의 채널 수를 변경할 수 있습니다. depth multiplier 값이 작을수록 모델의 속도가 빠르지만 정확도는 떨어집니다. 여기서는 depth multiplier가 1.00이고 입력 이미지의 크기가 224×224인 모델을 선택합니다. 원하는 모델에 맞는 스펙을 찾기 위해 상단 검

색창에 'mobilenet_v2_100_224'를 입력합니다. [그림 4-28]과 같이 2개의 모델이 검색되었습니다.

그림 4-28 텐서플로 허브에서 모델 선택: 최종 모델 선택

첫 번째 모델은 모델명의 끝부분이 feature_vector이고 두 번째 모델은 classification입니다. feature_vector는 전이 학습이 가능하도록 마지막 레이어를 제거한 모델이고 classification 은 바로 분류가 가능한 전체 모델인데, 둘 중 feature_vector 모델을 선택합니다. 만약 추후에 모델 전체를 사용할 것이라면 classification 모델을 선택합니다.

모델 설명 페이지에서 Usage 항목 아래에 다음과 같이 입력 데이터에 대한 내용이 있습니다. 입력 값이 [0, 1] 범위이고 입력 이미지의 크기가 224×224임을 알려주는데 여기에 맞게 구현해야 합니다.

> "The input images are expected to have color values in the range [0,1], following the common image input conventions. For this model, the size of the input images is fixed to height x width = 224 x 224 pixels."

모델을 사용하기 위해 URL을 이용하여 코드에서 불러오거나 직접 다운로드할 수 있습니다. URL에서 모델을 가져오기 위해 〈Copy URL〉을 클릭하여 URL을 복사합니다.

그림 4-29 텐서플로 허브에서 모델 선택: 모델 다운로드 URL 복사

(2) 데이터셋 준비

모델 URL을 확보했으니 이제 재학습에 사용할 개와 고양이 이미지 데이터를 불러오겠습니다. 이는 [코드 4-18]과 동일합니다.

코드 4-22 개와 고양이 이미지 데이터 불러오기

dev_tfhub.ipynb

```python
import tensorflow_datasets as tfds
tfds.disable_progress_bar()

raw_train, raw_test = tfds.load(
    'cats_vs_dogs',
    split=['train[:80%]', 'train[20%:]'],
    as_supervised=True
)
```

개와 고양이 이미지 데이터를 불러온 뒤 학습할 이미지를 전처리합니다.

코드 4-23 개와 고양이 이미지 데이터 전처리

dev_tfhub.ipynb

```python
import numpy as np
import tensorflow as tf

def preprocess(image, label):
    out_image = tf.image.resize(image/255, [224, 224])
    return out_image, label

batch_size = 32
train_batch = raw_train.map(preprocess).batch(batch_size)
test_batch = raw_test.map(preprocess).batch(batch_size)
```

텐서플로 허브는 케라스 애플리케이션처럼 전처리 함수를 제공하지 않습니다. 따라서 모델에서 요구하는 스펙에 맞게 직접 데이터를 전처리해야 합니다. 모델 설명 페이지를 보면 데이터의 범위가 [0, 1]인데, 우리가 사용할 이미지의 각 픽셀 값 범위는 [0, 255]입니다. 따라서 입력 이미지를 255로 나누어 [0, 1] 범위로 맞추고, tf.image.resize() 함수를 이용하여 이미지 크기를 224×224로 변환합니다. 학습 데이터와 테스트 데이터에 모두 전처리 및 배치 처리를 적용했습니다.

(3) 모델 생성 및 평가

이제 tensorflow-hub 모듈을 이용하여 모델을 생성합니다. tensorflow-hub 라이브러리가 설치되어 있지 않다면 콘솔 창에서 가상환경을 활성화한 뒤 다음 명령어로 설치합니다.

```
pip install tensorflow-hub
```

또는 주피터 노트북에 [코드 4-24]를 작성하고 실행해도 됩니다.

코드 4-24 주피터 노트북에서의 텐서플로 허브 설치
dev_tfhub.ipynb

```
!pip install tensorflow-hub
```

설치가 완료되면 [코드 4-25]와 같이 URL을 통해 모델을 생성합니다.

코드 4-25 텐서플로 허브 모델 생성
dev_tfhub.ipynb

```python
import tensorflow_hub as hub

url = "https://tfhub.dev/google/imagenet/mobilenet_v2_100_224/feature_vector/4"

hub_model_transfer = tf.keras.Sequential([
    hub.KerasLayer(url, input_shape=(224, 224, 3), trainable=False),
    tf.keras.layers.Dense(1)
])
```

URL은 텐서플로 허브에서 복사했던 URL입니다. tf.keras.Sequential 클래스를 이용하여 모델을 만들고, hub.KerasLayer 클래스에 URL과 입력 값의 형태를 전달합니다. 텐서플로 허브에서 제공한 레이어는 추가로 학습하지 않을 것이므로 trainable 값을 False로 설정합니다. 모델의 끝에 개와 고양이 이미지를 구분하는 이진 분류에 맞게 노드가 하나인 Dense 레이어를 추가합니다. 코드를 처음 실행하면 텐서플로 허브 서버에서 MobileNet 모델이 다운로드됩니다.

모델이 생성되면 [코드 4-26]과 같이 모델을 컴파일하고 학습을 시작합니다. 학습에 필요한 인자는 모두 전이 학습의 코드와 동일하게 지정했습니다.

코드 4-26 텐서플로 허브 모델 컴파일 및 학습

dev_tfhub.ipynb

```
hub_model_transfer.compile(optimizer='adam',
            loss='binary_crossentropy',
            metrics=['accuracy'])

hub_model_transfer.fit(train_batch, epochs=5)
```

학습이 완료되면 테스트 데이터를 이용하여 모델의 추론 결과를 평가합니다.

코드 4-27 텐서플로 허브 모델 평가

dev_tfhub.ipynb

```
hub_model_transfer.evaluate(test_batch, verbose=2)
```

이번에도 정확도가 98.1%로 매우 높은 모델을 얻었습니다.

```
582/582 - 33s - loss: 0.2113 - accuracy: 0.9818
[0.21129263937473297, 0.9817839860916138]
```

그림 4-30 텐서플로 허브 모델의 평가 결과

4.4 모델 변환

사전 학습 모델, 전이 학습 모델, 직접 개발한 모델 등 텐서플로에서 개발한 모델을 안드로이드에서 사용하려면 텐서플로 라이트 모델로 변환해야 합니다. 텐서플로 라이트는 케라스 모델, SavedModel, Concrete 함수를 각각 TFLite 모델로 변환할 수 있고, 각 포맷의 변환 함수가 tf.lite.TFLiteConverter에 작성되어 있습니다. [그림 4-31]은 모델이 변환되는 전체 구조를 보여줍니다.

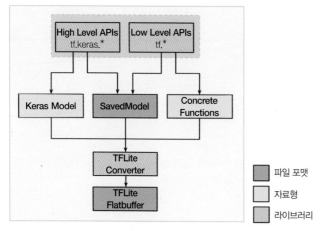

그림 4-31 텐서플로 라이트 모델 변환

출처: https://www.tensorflow.org/lite/convert

이제 각 포맷의 변환 방법을 자세히 알아봅시다.

4.4.1 케라스 모델 변환

케라스 모델은 딥러닝 모델을 개발하기 위한 고수준 라이브러리인 케라스를 이용하여 만든 모델입니다. 텐서플로의 tf.keras 모듈을 통해 케라스 모델을 바로 만들거나 SavedModel, HDF5 포맷으로 저장된 모델을 케라스 모델로 불러와서 텐서플로 라이트 모델로 변환할 수 있습니다. 여기서는 4.3.1절에서 개발한 다층 퍼셉트론 모델을 이용하여 변환하는 방법을 알아보겠습니다.

코드 4-28 다층 퍼셉트론 모델 생성 및 학습

convert.ipynb

```python
import tensorflow as tf

mnist = tf.keras.datasets.mnist
(x_train, y_train), (x_test, y_test) = mnist.load_data()

x_train, x_test = x_train / 255.0, x_test / 255.0

mlp_model = tf.keras.models.Sequential([
    tf.keras.layers.Flatten(input_shape=(28, 28)),
```

```
    tf.keras.layers.Dense(128, activation='relu'),
    tf.keras.layers.Dense(10, activation='softmax')
])

mlp_model.compile(optimizer='adam', loss='sparse_categorical_crossentropy',
metrics=['accuracy'])
mlp_model.fit(x_train, y_train, epochs=5)
```

앞에서 개발했던 다층 퍼셉트론 모델을 동일하게 생성하여 학습까지 완료했습니다. [코드 4-29]는 mlp_model을 텐서플로 라이트 모델로 변환하는 코드입니다.

코드 4-29 케라스 모델 변환

convert.ipynb

```
converter = tf.lite.TFLiteConverter.from_keras_model(mlp_model)
tflite_model = converter.convert()
```

tf.lite.TFLiteConverter.from_keras_model() 함수로 변환기[converter]를 만들고 변환기의 convert() 함수로 모델을 변환했습니다. 변환한 모델을 파일로 저장하려면 [코드 4-30]과 같이 파일 출력 함수인 write() 함수를 이용합니다.

코드 4-30 케라스 모델 저장

convert.ipynb

```
with open('./keras_model.tflite', 'wb') as f:
    f.write(tflite_model)
```

open() 함수에 지정한 대로 현재 경로에 keras_model.tflite 파일이 생성됩니다.

4.4.2 SavedModel 변환

(1) 텐서플로 모델 저장 및 불러오기

텐서플로 모델을 저장하는 방법으로는 학습된 파라미터만 저장하는 방법과 모델 전체를 저장하는 방법이 있습니다. 파라미터만 저장하려면 체크포인트[Checkpoint]를 사용하는데, 모델이 사용한 모든 파라미터 값을 저장하고 모델의 아키텍처는 저장하지 않습니다. 모델 전체를 저장하려면 모델 아키텍처, 가중치, 컴파일 관련 설정 값, 옵티마이저를 모두 저장해야 하므로

SavedModel이나 HDF5 포맷을 사용합니다. HDF5는 텐서플로 v1에서 주로 사용되던 방식이고 텐서플로 v2는 SavedModel 방식을 권장합니다. [코드 4-31], [코드 4-32]와 같이 모델을 저장할 수 있습니다.

코드 4-31 케라스 모델을 SavedModel로 저장
convert.ipynb

```
tf.saved_model.save(mlp_model, "./mlp_model/")
# 또는
mlp_model.save("./mlp_model/")
```

코드 4-32 케라스 모델을 HDF5 포맷으로 저장
convert.ipynb

```
mlp_model.save("./mlp_model.h5")
```

이미 저장된 모델이 있다면 [코드 4-33], [코드 4-34]와 같이 케라스 모델로 불러올 수 있습니다. 호출하는 함수는 동일하지만 SavedModel은 저장된 폴더 경로를 파라미터로 전달하고 HDF5 파일은 확장자를 포함한 파일명을 파라미터로 전달합니다.

코드 4-33 SavedModel을 케라스 모델로 불러오기
convert.ipynb

```
saved_model = tf.keras.models.load_model("./mlp_model/")
```

코드 4-34 HDF5로 저장된 모델을 케라스 모델로 불러오기
convert.ipynb

```
h5_model = tf.keras.models.load_model("./mlp_model.h5")
```

이렇게 불러온 모델을 [코드 4-29]처럼 변환하면 바로 tflite 파일로 변환됩니다. 하지만 SavedModel은 케라스 모델로 불러오지 않고도 바로 tflite 파일로 변환이 가능합니다. 텐서플로 라이트는 모델 변환에 이 방식을 가장 추천하고 있습니다.

(2) SavedModel 바로 변환

[코드 4-35]는 ./mlp_model/에 저장된 SavedModel을 텐서플로 라이트 모델로 변환하는 코드입니다. tf.lite.TFLiteConverter.from_saved_model() 함수로 변환기를 만들고

convert() 함수로 모델을 변환했습니다. 모델을 tflite 파일로 저장하는 코드는 [코드 4-30]과 동일합니다.

코드 4-35 SavedModel 변환
convert.ipynb

```
converter = tf.lite.TFLiteConverter.from_saved_model("./mlp_model/")
tflite_model = converter.convert()
```

코드 4-36 SavedModel 저장
convert.ipynb

```
with open('./saved_model.tflite', 'wb') as f:
    f.write(tflite_model)
```

open() 함수에 지정한 대로 현재 경로에 saved_model.tflite 파일이 생성됩니다.

4.4.3 Concrete 함수 변환

(1) Concrete 함수

텐서플로 v2에는 즉시 실행 모드가 추가되었으며 기본으로 활성화되어 있습니다. 한편 모델을 고도화하기 위해 즉시 실행 모드보다 성능과 이식성이 뛰어난 그래프 모드를 사용하기도 합니다. 즉시 실행 모드로 동작하는 파이썬 함수에 @tf.function 데코레이터를 붙이거나 모델과 함수를 tf.function() 함수에 인자로 전달하면 자동으로 그래프 모드로 변환됩니다. 이해를 돕기 위해 [코드 4-37]과 같이 입력받은 데이터에 1을 더하는 간단한 케라스 레이어를 작성했습니다.

코드 4-37 Inc 레이어 구현
convert.ipynb

```
class Inc(tf.keras.layers.Layer):
    def call(self, inputs):
        return inputs + 1
inc = Inc()
```

이 Inc 레이어의 call() 함수에 @tf.function 데코레이터를 추가하여 [코드 4-38]과 같이 그래프 모드로 바꿀 수 있습니다.

코드 4-38 그래프 모드로 동작하는 Inc_Graph 레이어 구현

convert.ipynb

```
class Inc_Graph(tf.keras.layers.Layer):
    @tf.function
    def call(self, inputs):
        return inputs + 1
inc_g = Inc_Graph()
```

또는 [코드 4-39]와 같이 클래스의 인스턴스를 tf.function( ) 함수에 전달하여 그래프 모드로 바꿀 수도 있습니다.

코드 4-39 Inc 클래스의 인스턴스를 그래프 모드로 변환

convert.ipynb

```
inc_g2 = tf.function(inc)
```

파이썬은 기본적으로 다형성^{polymorph}을 가지고 있어 함수를 만들면 다양한 자료형의 파라미터에 맞추어 동작합니다. 앞의 Inc 클래스나 Inc_Graph 클래스의 call( ) 함수도 다형성을 가지고 있습니다. 따라서 [코드 4-40]과 같이 어떤 데이터 타입이나 형태^{shape}가 전달되어도 [그림 4-32]처럼 모두 처리가 가능합니다.

코드 4-40 여러 자료형 처리

convert.ipynb

```
print(inc_g(tf.constant(3)))
print(inc_g(tf.constant([3, 2])))
print(inc_g(tf.constant([[3, 2], [1.0, 5.0]])))

print(inc_g2(tf.constant(3)))
print(inc_g2(tf.constant([3, 2])))
print(inc_g2(tf.constant([[3, 2], [1.0, 5.0]])))
```

```
tf.Tensor(4, shape=(), dtype=int32)
tf.Tensor([4 3], shape=(2,), dtype=int32)
tf.Tensor(
[[4. 3.]
 [2. 6.]], shape=(2, 2), dtype=float32)
tf.Tensor(4, shape=(), dtype=int32)
tf.Tensor([4 3], shape=(2,), dtype=int32)
tf.Tensor(
[[4. 3.]
 [2. 6.]], shape=(2, 2), dtype=float32)
```

그림 4-32 여러 자료형 데이터 처리 결과

텐서플로 그래프는 일반적인 파이썬 함수와 달리 정적인 데이터 타입과 형태가 필요하기 때문에 호출 시 전달받은 파라미터의 타입과 형태에 맞는 Concrete 함수를 만듭니다. 타입과 형태를 묶어서 시그니처^{signature}라고 합니다. [코드 4-40]과 같이 int32 스칼라 텐서, 형태가 [2]인 int32 텐서, 형태가 [2, 2]인 float32 텐서가 입력되면 각 입력 시그니처에 맞는 Concrete 함수를 만듭니다. 이 경우 총 3개의 Concrete 함수가 생성될 것입니다. Concrete 함수는 시그니처별로 하나만 생성되어 재사용됩니다. [코드 4-40]을 호출한 뒤 [코드 4-41]처럼 이미 호출했던 시그니처와 동일한 시그니처의 파라미터를 호출하면 기존에 만들어진 Concrete 함수가 재사용됩니다. tf.constant(4)는 int32 스칼라 텐서이므로 앞서 호출되었던 tf.constant(3)과 시그니처가 동일합니다.

코드 4-41 이미 호출된 시그니처와 동일한 시그니처를 가진 파라미터 호출
convert.ipynb

```
print(inc_g(tf.constant(4)))
print(inc_g2(tf.constant(4)))
```

시그니처별 Concrete 함수는 [코드 4-42]와 같이 get_concrete_function() 함수에 시그니처를 입력하여 얻을 수 있습니다.

코드 4-42 데코레이터를 이용하여 그래프 모드로 변환한 함수의 Concrete 함수 획득
convert.ipynb

```
concrete_fun = inc_g.call.get_concrete_function(tf.TensorSpec(shape=(1, 3),
                dtype=tf.float32))
print(concrete_fun(tf.constant([[1.0, 2.0, 3.0]])))
```

코드 4-43 그래프 모드로 변환한 클래스의 concrete 함수 획득
convert.ipynb

```
concrete_fun = inc_g2.get_concrete_function(tf.TensorSpec(shape=(1, 3), dtype=tf.
                float32))
print(concrete_fun(tf.constant([[1.0, 2.0, 3.0]])))
```

[코드 4-42]에서 사용한 inc_g 레이어는 call() 함수에만 데코레이터를 적용했기 때문에 모델의 call() 함수에서 get_concrete_function() 함수를 호출하여 Concrete 함수를 얻었습니다. 한편 [코드 4-43]에서 사용한 inc_g2 레이어는 클래스 전체를 그래프 모드로 변환했기 때문에 클래스에서 바로 get_concrete_function() 함수를 호출하여 Concrete 함

수를 얻었습니다. get_concrete_function( ) 함수의 인자로 shape와 dtype을 지정하여 tf.TensorSpec을 생성해서 넘겨주면 그 시그니처에 맞는 Concrete 함수를 반환합니다.

4.3.1절에서 만든 케라스 모델에서도 Concrete 함수를 얻을 수 있습니다. [코드 4-44]와 [코드 4-45]는 각각 [코드 4-3]과 [코드 4-10]의 모델을 그래프 모드로 바꾸고 Concrete 함수를 얻는 방법을 구현한 코드입니다.

코드 4-44 tf.function( ) 함수를 이용한 그래프 모드 적용
convert.ipynb

```
mlp_model = tf.keras.models.Sequential([
    tf.keras.layers.Flatten(input_shape=(28, 28)),
    tf.keras.layers.Dense(128, activation='relu'),
    tf.keras.layers.Dense(10, activation='softmax')
])

graph_model = tf.function(mlp_model)
concrete_func = graph_model.get_concrete_function(
    tf.TensorSpec(shape=mlp_model.inputs[0].shape, dtype=mlp_model.inputs[0].dtype))
```

코드 4-45 @tf.function 데코레이터를 이용한 그래프 모드 적용
convert.ipynb

```
class MLP_Model(tf.keras.Model):
    def __init__(self):
        super(MLP_Model, self).__init__()
        self.flatten = tf.keras.layers.Flatten()
        self.dense = tf.keras.layers.Dense(128, activation='relu')
        self.softmax = tf.keras.layers.Dense(10, activation='softmax')

    @tf.function
    def call(self, inputs):
        x = self.flatten(inputs)
        x = self.dense(x)
        return self.softmax(x)

mlp_model = MLP_Model()
concrete_func = mlp_model.call.get_concrete_function(
    tf.TensorSpec(shape=mlp_model.inputs[0].shape, dtype=mlp_model.inputs[0].dtype))
```

(2) Concrete 함수 변환

Concrete 함수를 얻었다면 [코드 4-46]과 같이 tf.lite.TFLiteConverter.from_concrete_functions() 함수를 이용해 이를 TFLite 모델로 변환하고 저장할 수 있습니다.

코드 4-46 Concrete 함수 변환
convert.ipynb

```
converter = tf.lite.TFLiteConverter.from_concrete_functions([concrete_func])
tflite_model = converter.convert()

with open('./concrete_func_model.tflite', 'wb') as f:
    f.write(tflite_model)
```

open() 함수에 지정한 대로 현재 경로에 concrete_func_model.tflite 파일이 생성됩니다.

4.4.4 CLI 환경에서의 모델 변환

SavedModel이나 HDF5처럼 파일로 저장된 모델을 파이썬 코드를 사용하지 않고 CLI^{Command Line Interface} 환경에서 명령어를 이용하여 바로 TFLite 모델로 변환할 수 있습니다.

(1) SavedModel

SavedModel은 다음과 같이 tflite_convert 명령어를 통해 tflite 파일로 변환할 수 있습니다.

```
tflite_convert --saved_model_dir=SavedModel 폴더 경로 --output_file=생성할 tflite
파일 경로
```

예를 들어 mlp_model 폴더가 있는 경로에서 커맨드 창을 열고 다음과 같이 입력하면 같은 경로에 tflite 파일이 생성됩니다.

```
tflite_convert --saved_model_dir=./mlp_model --output_file=./mlp_model_SM_cmd.tflite
```

아나콘다를 이용하여 텐서플로를 설치했다면 'conda activate 가상환경명' 명령어를 입력하거나 Anaconda Prompt를 통해 가상환경을 활성화한 상태로 명령어를 입력해야 합니다.

(2) HDF5

HDF5 포맷으로 저장된 모델도 동일한 명령어를 사용하여 TFLite 모델로 변환할 수 있습니다. 다만 전달하는 파라미터로 saved_model_dir 대신 Keras_model_file을 사용해야 합니다.

```
tflite_convert --Keras_model_file=h5 파일 경로 --output_file=생성할 tflite 파일 경로
```

예를 들어 mlp_model.h5 파일이 있는 위치에서 커맨드 창을 열고 다음과 같이 입력하면 같은 경로에 tflite 파일이 생성됩니다. 그러나 텐서플로 사이트에서는 커맨드 창을 이용한 변환보다는 파이썬 코드에서의 변환을 권장합니다.

```
tflite_convert --keras_model_file=./mlp_model.h5 --output_file=./mlp_model_h5_cmd.tflite
```

4.4.5 텐서플로 허브의 TFLite 모델

텐서플로 허브는 tflite 형태로 변환이 완료된 모델도 제공합니다. 텐서플로 허브 메인 페이지에서 왼쪽 메뉴 중 Model format의 TFLite를 선택합니다.

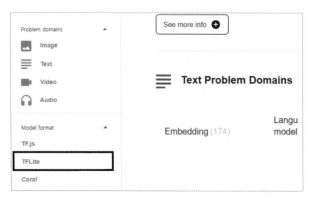

그림 4-33 텐서플로 허브에서 TFLite 모델 포맷 선택

tflite 형태로 제공되는 모델이 나타나면 최근 경량 모델 중 이미지 분류에서 가장 성능이 좋다고 알려진 EfficientNet을 선택합니다.

그림 4-34 텐서플로 허브에서 제공하는 EfficientNet 모델

EfficientNet을 선택하면 [그림 4-35]와 같이 모델 포맷별로 탭이 나뉘어 있습니다.

Model formats		
TF	TFLite (efficientnet/lite0/fp32)	TFLite (efficientnet/lite0/int8)

그림 4-35 EfficientNet이 제공하는 다양한 모델 포맷

TF 탭은 텐서플로 모델이고 TFLite 탭은 텐서플로 라이트 모델입니다. fp32와 int8은 양자화 부분을 읽고 나면 이해할 수 있을 것입니다. 일단 fp32 모델을 선택합니다. [그림 4-36]과 같이 모델을 다운로드할 수 있으며, 활용 가이드 페이지로 연결되는 링크도 있습니다. 텐서플로 허브에서는 이와 같이 필요한 모델을 tflite 포맷으로 바로 다운로드하여 활용할 수 있습니다.

그림 4-36 텐서플로 허브에서 TFLite 모델 다운로드

4.5 기기 배포

모델을 개발하고 tflite 파일로 변환했다면 앱에서 활용할 수 있도록 안드로이드 스튜디오에 배포해야 합니다. 안드로이드 스튜디오에서 프로젝트에 assets 폴더를 생성하고 그 안에 tflite 파일을 복사하면 배포가 완료됩니다. 먼저 모듈 이름을 마우스 오른쪽 버튼으로 클릭하여 [New]-[Folder]-[Assets Folder]를 선택합니다.

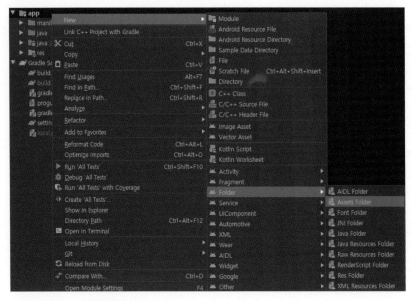

그림 4-37 assets 폴더 생성 메뉴

[그림 4-38]과 같이 assets 폴더를 생성할 수 있는 창이 나타나면 〈Finish〉를 클릭합니다.

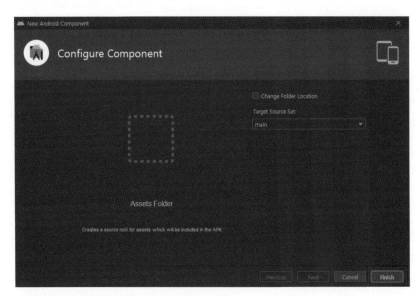

그림 4-38 assets 폴더 생성

[그림 4-39]와 같이 assets 폴더가 생성될 것입니다.

그림 4-39 assets 폴더 생성 확인

assets 폴더가 생성된 경로는 다음과 같습니다.

```
Project root/모듈명/src/main/assets
```

이 위치에 tflite 파일을 복사하거나 안드로이드 스튜디오에서 assets 폴더에 바로 드래그앤드롭을 합니다. [그림 4-40]과 같이 assets 폴더 아래에 tflite 파일이 보이면 제대로 배포된 것입니다.

그림 4-40 TFLite 모델 배포 확인

이제 안드로이드 스튜디오에서 딥러닝 모델을 활용할 수 있습니다.

4.6 마무리

이 장에서는 딥러닝 모델을 개발하고 이를 텐서플로 라이트 모델로 변환하는 방법을 살펴보았습니다. 모델을 선택하여 이를 텐서플로 라이트로 변환하는 방법을 설명하고 텐서플로 허브를 이용하여 이미 훈련된 모델을 활용하는 방법도 다루었습니다. 모델을 구현하는 방법은 이 책에 소개된 것보다 훨씬 더 많은 지식이 필요하기 때문에 깊이 공부하고 싶다면《핸즈온 머신러닝》 등 모델 개발을 전문적으로 다루는 책을 참고하기 바랍니다. 다음 장에서는 본격적으로 딥러닝 모델을 이용하여 안드로이드 앱을 개발하는 방법을 알아볼 것입니다.

5장
텐서플로 라이트 모델을 이용한
안드로이드 앱 개발

이 장에서는 텐서플로 라이트 모델을 이용하여 안드로이드 앱을 개발하는 방법을 알아봅시다. 딥러닝 모델을 활용하여 주어진 문제를 해결할 수 있는 적절한 애플리케이션이 필요합니다. 4 장에서 개발한 손글씨 분류 모델을 활용하여 입력된 이미지가 어떤 숫자를 나타내는지 분류하는 앱을 개발할 것입니다. 먼저 딥러닝 모델의 추론 프로세스에 따라 앱에 어떤 기능이 필요한지 살펴본 뒤 단계별 구현 방법을 자세히 설명하겠습니다. 이 장을 읽고 나면 딥러닝 모델을 활용하여 간단한 안드로이드 앱을 개발할 수 있습니다.

5.1 텐서플로 라이트 모델을 이용한 앱 개발 프로세스

딥러닝 모델의 추론 프로세스는 추론할 데이터를 확보하고 이를 모델에 입력하여 추론 결과를 얻은 뒤 결과를 해석하는 과정으로 이루어집니다. [그림 5-1]은 이러한 프로세스와 함께 각 단계에서 앱이 어떤 기능을 필요로 하는지를 보여줍니다.

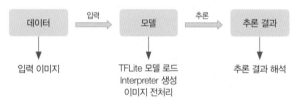

그림 5-1 앱 개발 프로세스의 모델 추론 단계

먼저 추론에 사용할 데이터를 확보해야 합니다. 여기서는 손글씨 분류 앱을 개발하므로 손글씨 이미지가 필요한데, 3장에서 이용했던 터치 기반의 그림판 기능을 가진 AndroidDraw 라이브러리를 통해 만든 손글씨 이미지를 입력 데이터로 사용하겠습니다. 데이터를 구했으면 이를 입력받고 추론 결과를 알려줄 모델을 생성합니다. 4장에서 개발한 TFLite 모델을 사용하여 텐서플로 라이트의 Interpreter를 생성할 것입니다. 이후 준비된 손글씨 이미지를 Interpreter에 입력할 수 있도록 적절한 전처리를 해야 합니다. 전처리가 끝난 이미지는 Interpreter에 입력하여 추론 결과를 얻을 수 있습니다. 우리가 사용할 모델은 다중 분류 모델이므로 클래스 개수만큼의 결과 값이 반환되는데, 이를 해석하여 확률이 가장 높은 클래스를 판별하고 사용자에게 알려주는 기능을 구현할 것입니다.

5.2 입력 데이터 생성 앱 개발

AndroidDraw 라이브러리를 이용해 손글씨 이미지를 생성하는 앱을 개발합니다. Android Draw에서 제공하는 DrawView 위젯을 사용하면 안드로이드의 터치스크린에서 손글씨를 작성하고 이를 이미지 형태로 얻을 수 있으며, 이 이미지를 입력 데이터로 사용하면 됩니다.

5.2.1 프로젝트 생성

2장에서 배운 대로 새로운 프로젝트를 Empty Activity로 생성하고 프로젝트의 이름을 DigitClassifier로 합니다. 언어와 최소 SDK 버전은 2장과 동일하게 자바, Android 6.0으로 설정합니다.

5.2.2 레포지터리와 의존성 추가

라이브러리를 사용하기 위해 maven에 jitpack 경로를 지정합니다. 프로젝트의 build.gradle 파일을 열고 [코드 5-1]과 같이 allprojects의 repositories 아래에 maven의 URL을 추가하면 jitpack에서 AndroidDraw 라이브러리를 이용할 수 있습니다.

코드 5-1 jitpack 레포지터리 추가
build.gradle (Project: DigitClassifier)

```
allprojects {
    repositories {
        google()
        jcenter()
        maven { url 'https://jitpack.io' }
    }
}
```

그런 다음 모듈의 build.gradle 파일에서 [코드 5-2]와 같이 dependencies에 의존성을 추가합니다.

코드 5-2 AndroidView 의존성 추가

build.gradle (Module: DigitClassifier.app)

```
dependencies {
    ...
    implementation 'com.github.divyanshub024:AndroidDraw:v0.1'
}
```

의존성을 추가하고 툴바의 〈Sync Project with Gradle Files〉를 클릭하여 변경된 Gradle 설정을 동기화합니다. 이제 프로젝트에서 AndroidView 라이브러리를 이용할 수 있습니다.

그림 5-2 Gradle 설정 동기화

5.2.3 레이아웃 개발

다음으로 입력 이미지를 얻기 위한 레이아웃을 개발합니다. 터치를 통해 직접 숫자를 그려넣는 기능을 가진 액티비티를 생성하고, MainActivity에서 버튼을 클릭하면 이 액티비티에 진입할 수 있게 합니다.

[File]-[New]-[Activity]-[Empty Activity]를 선택하여 빈 액티비티를 생성합니다. [그림 5-3]과 같은 창이 나타나면 액티비티명은 DrawActivity로, 레이아웃 파일은 activity_draw 로 생성합니다.

그림 5-3 액티비티 추가

프로젝트 관리가 편리하도록 draw 관련 코드를 하나의 패키지로 묶기 위해 com.example. digitclassifier 아래에 draw라는 패키지를 만들고 그 아래에 DrawActivity를 추가했습니다. [그림 5-3]처럼 Package name에서 맨 뒤에 '.draw'를 붙이면 자동으로 draw 패키지가 만들어지고 그 아래에 DrawActivity가 추가됩니다.

이제 레이아웃을 만드는데, 필요한 위젯은 터치 입력을 받아 숫자를 그리는 DrawView, 추론을 시작하거나 초기화하기 위한 Button, 추론 결과를 보여주는 TextView입니다. 프로젝트 뷰에서 [app]-[res]-[layout]-[activity_draw.xml]을 선택하여 파일을 열고 [코드 5-3]과 같이 DrawView 위젯을 추가하는 코드를 작성합니다.

코드 5-3 activity_draw.xml 파일에 DrawView 추가
activity_draw.xml

```xml
<?xml version="1.0" encoding="utf-8"?>
<androidx.constraintlayout.widget.ConstraintLayout
    xmlns:android="http://schemas.android.com/apk/res/android"
    xmlns:app="http://schemas.android.com/apk/res-auto"
    xmlns:tools="http://schemas.android.com/tools"
    android:layout_width="match_parent"
    android:layout_height="match_parent"
    tools:context=".draw.DrawActivity">

    <com.divyanshu.draw.widget.DrawView
        android:id="@+id/drawView"
        android:layout_width="match_parent"
        android:layout_height="0dp"
        app:layout_constraintDimensionRatio="1:1"
        app:layout_constraintTop_toTopOf="parent">
    </com.divyanshu.draw.widget.DrawView>

    <LinearLayout
        android:id="@+id/buttonLayout"
        android:layout_width="wrap_content"
        android:layout_height="wrap_content"
        android:orientation="horizontal"
        app:layout_constraintTop_toBottomOf="@id/drawView"
        app:layout_constraintBottom_toTopOf="@id/resultView"
        app:layout_constraintStart_toStartOf="parent"
        app:layout_constraintEnd_toEndOf="parent">
```

```xml
    <Button
        android:id="@+id/classifyBtn"
        android:layout_width="wrap_content"
        android:layout_height="wrap_content"
        android:text="Classify" />

    <Button
        android:id="@+id/clearBtn"
        android:layout_width="wrap_content"
        android:layout_height="wrap_content"
        android:text="Clear"
        android:layout_marginStart="10dp" />

</LinearLayout>

<TextView
    android:id="@+id/resultView"
    android:layout_width="wrap_content"
    android:layout_height="wrap_content"
    android:text="Result"
    app:layout_constraintTop_toBottomOf="@id/buttonLayout"
    app:layout_constraintBottom_toBottomOf="parent"
    app:layout_constraintStart_toStartOf="parent"
    app:layout_constraintEnd_toEndOf="parent" />

</androidx.constraintlayout.widget.ConstraintLayout>
```

액티비티의 최상위 컴포넌트인 ConstraintLayout에는 DrawView, LinearLayout, TextView 가 있습니다. DrawView의 android:layout_width는 match_parent로 설정하고 세로를 0dp, 가로와 세로의 비율을 1:1로 설정하여 가로와 세로의 크기를 동일하게 맞춥니다. 그리고 DrawView 아래에 LinearLayout을 하나 만든 다음 그 안에 추론을 위한 버튼과 초기화를 위 한 버튼을 추가합니다. 또한 LinearLayout 아래에 결과 값을 보여주기 위한 TextView를 배 치합니다.

MainActivity에서 DrawActivity에 진입할 수 있는 버튼을 만들기 위해 activity_main.xml 파일을 열고 [코드 5-4]와 같이 작성합니다. 버튼의 이름을 'DRAWVIEW'로 하고, 편의상 최 상위 레이아웃도 LinearLayout으로 변경했습니다.

코드 5-4 activity_main.xml 파일에 버튼 추가

activity_main.xml

```xml
<?xml version="1.0" encoding="utf-8"?>
<LinearLayout
    xmlns:android="http://schemas.android.com/apk/res/android"
    xmlns:app="http://schemas.android.com/apk/res-auto"
    xmlns:tools="http://schemas.android.com/tools"
    android:layout_width="match_parent"
    android:layout_height="match_parent"
    tools:context=".MainActivity">

    <Button
        android:id="@+id/drawBtn"
        android:layout_width="wrap_content"
        android:layout_height="wrap_content"
        android:layout_weight="1"
        android:text="DrawView" />

</LinearLayout>
```

간단히 LinearLayout에 버튼 하나만 추가했습니다. 버튼을 클릭하면 DrawActivity가 나타나는 동작은 자바 코드에서 구현할 것입니다.

현재 상태로 〈Run app〉을 클릭하여 기기에서 앱을 실행하면 [그림 5-4]와 같이 버튼 하나가 추가된 화면이 나타납니다. 화면만 구성했기 때문에 〈DRAWVIEW〉를 클릭해도 아무런 변화가 없을 것입니다.

그림 5-4 레이아웃 구성이 완료된 MainActivity 화면

5.2.4 UI 로직 구현

자바에서 UI를 제어하는 로직을 구현해봅시다. 먼저 MainActivity에서 〈DRAWVIEW〉를 클릭하면 MainActivity 위에 DrawActivity를 띄우는 로직을 추가합니다. MainActivity 파일을 열고 onCreate() 함수 안에 [코드 5-5]를 작성합니다.

코드 5-5 MainActivity에서 DrawActivity 띄우기
MainActivity.java

```java
@Override
protected void onCreate(Bundle savedInstanceState) {
    super.onCreate(savedInstanceState);
    setContentView(R.layout.activity_main);

    Button drawBtn = findViewById(R.id.drawBtn);
    drawBtn.setOnClickListener(view -> {
        Intent i = new Intent(MainActivity.this, DrawActivity.class);
        startActivity(i);
    });
}
```

findViewById() 함수를 이용하여 XML 파일에서 버튼을 찾아 drawBtn에 연결하고, DrawActivity를 실행하는 인텐트를 생성하여 startActivity() 함수에 인자로 전달했습니다. 이처럼 위젯을 변수에 할당하거나 동작에 관한 리스너를 추가하는 등 기능을 정의하는 코드는 액티비티가 생성된 이후 한 번만 수행하면 되기 때문에 일반적으로 onCreate() 함수 안에 구현합니다.

액티비티를 전환하기 위해 생성한 인텐트는 생성자에 인자 2개를 전달했습니다. 첫 번째 인자로는 현재 액티비티의 인스턴스를 전달하고, 두 번째 인자로는 전환하고자 하는 액티비티의 클래스를 전달합니다. 이렇게 생성한 인텐트를 startActivity() 함수에 인자로 넘겨주면 인텐트 생성 시 두 번째 인자로 전달한 액티비티가 실행됩니다.

OnClickListener를 추가했으니 이제 버튼을 클릭하면 DrawActivity가 실행됩니다. 기기에 앱을 배포하여 DrawActivity가 실행되는 것을 확인합니다. 〈DRAWVIEW〉를 클릭하면 [그림 5-5]와 같이 DrawActivity가 실행되고 화면을 터치하여 숫자를 그릴 수 있습니다.

그림 5-5 DrawActivity 실행

아직 〈CLASSIFY〉나 〈CLEAR〉에 동작을 구현하지 않았기 때문에 터치해도 동작이 일어나지 않습니다. [코드 5-6]은 View를 초기화하면서 필요한 속성을 부여하고, 클릭했을 때의 동작을 추가하는 코드입니다.

코드 5-6 DrawActivity 초기화
DrawActivity.java

```java
@Override
protected void onCreate(Bundle savedInstanceState) {
    super.onCreate(savedInstanceState);
    setContentView(R.layout.activity_draw);

    DrawView drawView = findViewById(R.id.drawView);
    drawView.setStrokeWidth(100.0f);
    drawView.setBackgroundColor(Color.BLACK);
    drawView.setColor(Color.WHITE);

    Button classifyBtn = findViewById(R.id.classifyBtn);
    classifyBtn.setOnClickListener(v -> {
        Bitmap image = drawView.getBitmap();
    });
```

```
        Button clearBtn = findViewById(R.id.clearBtn);
        clearBtn.setOnClickListener(v -> {
            drawView.clearCanvas();
        });
    }
```

먼저 DrawView에 선의 두께, 배경색, 선의 색상을 설정합니다. 선이 너무 가늘면 나중에 이미지 크기를 줄였을 때 픽셀 값이 유실될 가능성이 높기 때문에 drawView의 setStrokeWidth() 함수를 이용하여 두께를 100으로 변경했습니다. 또한 모델이 학습한 손글씨 이미지는 검은색 배경에 흰색 글씨로 구성되었으므로 이와 동일한 이미지를 생성하기 위해 setBackgroundColor() 함수로 배경을 검은색으로, setColor() 함수로 글씨를 흰색으로 설정합니다.

다음으로 〈CLASSIFY〉를 클릭하면 drawView에서 이미지를 가져오도록 구현합니다. classifyBtn의 setOnClickListener() 함수에 람다 함수를 전달하여 클릭했을 때의 동작을 구현했습니다. setOnClickListener()는 View 하나를 인자로 받는 onClick() 함수를 필요로 하기 때문에 매개변수가 1개인 람다 함수를 작성했습니다. 람다 함수 안에는 drawView의 getBitmap() 함수를 호출하여 이미지를 받아오는 로직을 구현했습니다. getBitmap() 함

수는 Bitmap 포맷으로 이미지를 받아옵니다. 이후 딥러닝 모델에 넘겨 추론 결과를 받는 동작까지 구현해야 하지만 아직 추론 로직이 없기 때문에 일단 이미지를 가지고만 있습니다. 마지막으로 〈CLEAR〉를 클릭하면 drawView를 초기화하는 코드를 구현하는데, drawView의 clearCanvas() 함수를 호출하여 초기화할 수 있습니다.

현재 상태로 기기에 배포하여 실행하면 [그림 5-6]과 같이 DrawView의 속성이 변경된 것을 확인할 수 있습니다. 〈CLASSIFY〉를 클릭하면 화면에 변화가 없지만 〈CLEAR〉를 클릭하면 DrawView가 초기화됩니다.

그림 5-6 DrawView의 속성 변경 확인

5.3 TFLite 모델 로드

추론에 사용할 이미지를 준비했으니 이제 tflite 파일을 로드하는 방법을 설명하겠습니다. 코드를 작성하기 전에 먼저 텐서플로 라이트 라이브러리 의존성을 추가하고, tflite 파일을 프로젝트에 추가해야 합니다. 모델을 불러올 때는 두 가지 자료형, ByteBuffer와 Interpreter를 사용합니다. [그림 5-7]과 같이 TFLite 모델을 ByteBuffer 클래스로 불러오고 여기에 옵션을 추가하여 Interpreter 객체를 생성합니다. 최종적으로 우리가 모델을 사용할 수 있는 형태는 바로 Interpreter 객체입니다.

그림 5-7 모델 로드 과정

5.3.1 텐서플로 라이트 라이브러리 의존성 추가

먼저 텐서플로 라이트 라이브러리를 사용할 수 있도록 의존성을 추가하기 위해 모듈의 build.gradle 파일을 열고 [코드 5-7]과 같이 작성합니다.

코드 5-7 텐서플로 라이트 라이브러리 의존성 추가
build.gradle (Module: DigitClassifier.app)

```
dependencies {
    ...
    implementation 'org.tensorflow:tensorflow-lite:2.4.0'
}
```

의존성을 추가한 후 gradle 파일을 동기화하면 Interpreter, Tensor, DataType 등의 텐서플로 라이트 클래스를 사용할 수 있습니다.

5.3.2 tflite 파일 추가

다음으로 tflite 파일을 가져옵니다. 4장에서 배웠듯이 프로젝트에 assets 폴더를 만들고 그 안에 tflite 파일을 복사합니다. 4장에서 만든 tflite 파일 중 어떤 것을 불러와도 되는데, 여기서

그림 5-8 tflite 파일 추가

는 다층 퍼셉트론 모델을 변환한 keras_model.tflite 파일을 사용할 것입니다. [그림 5-8]과 같이 tflite 파일이 프로젝트에 추가되었는지 확인합니다.

5.3.3 Classifier 생성

이제 모델과 관련된 작업을 담당할 클래스를 생성합니다. 우리가 사용할 모델은 분류 모델이므로 'Classifier'라는 이름으로 클래스를 만듭니다. Classifier는 모델 파일을 로드하고 이미지를 입력하면 추론하여 결과 값을 해석하는 일련의 동작을 모두 수행할 클래스입니다. 모델을 불러올 때 assets 폴더를 참조하는데, 이때 앱 컨텍스트가 필요합니다. 따라서 Classifier의 생성자에서 컨텍스트를 입력받아 멤버 변수로 가지고 있게 합니다. 먼저 [코드 5-8]과 같이 멤버 변수로 context를 선언합니다.

코드 5-8 Classifier에 멤버 변수로 context 추가
Classifier.java

```java
public class Classifier {
    Context context;
}
```

선언한 context를 Classifier 클래스가 생성되는 시점에 받아올 수 있도록 context를 매개변수로 받는 생성자를 추가합니다. [그림 5-9]와 같이 소스코드 창에서 마우스 오른쪽 버튼을 클릭하여 [Generate]-[Constructor]-[context:Context]를 선택하고 생성자를 추가합니다.

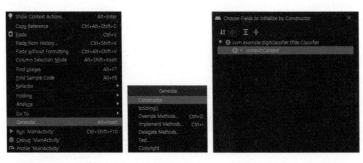

그림 5-9 생성자 추가

[코드 5-9]와 같이 context를 매개변수로 받는 생성자가 추가됩니다.

코드 5-9 Classifier 클래스 생성 및 생성자 구현
Classifier.java

```java
package com.example.digitclassifier.tflite;

import android.content.Context;

public class Classifier {

    Context context;

    public Classifier(Context context) {
        this.context = context;
    }
}
```

5.3.4 tflite 파일 로드

다음으로 assets 폴더에서 tflite 파일을 읽어오는 함수를 구현합니다. 이 함수는 tflite 파일명을 입력받아 ByteBuffer 클래스로 모델을 반환합니다.

코드 5-10 tflite 파일 로드 함수
Classifier.java

```java
private ByteBuffer loadModelFile(String modelName) throws IOException {
    AssetManager am = context.getAssets();
    AssetFileDescriptor afd = am.openFd(modelName);
    FileInputStream fis = new FileInputStream(afd.getFileDescriptor());
    FileChannel fc = fis.getChannel();
    long startOffset = afd.getStartOffset();
    long declaredLength = afd.getDeclaredLength();

    return fc.map(FileChannel.MapMode.READ_ONLY, startOffset, declaredLength);
}
```

먼저 context.getAssets() 함수를 이용하여 AssetManager를 얻습니다. AssetManager는 assets 폴더에 저장된 리소스에 접근하기 위한 기능을 제공합니다. AssetManager의 openFd() 함수에 tflite 파일명을 전달하면 AssetFileDescriptor를 얻을 수 있습니다.

AssetFileDescriptor 클래스의 `getFileDescriptor()` 함수를 호출하면 읽은 파일의 FileDescriptor를 얻을 수 있는데, 이를 이용하면 해당 파일의 읽기/쓰기가 가능합니다. FileInputStream의 생성자에 FileDescriptor를 매개변수로 전달하면 FileInputStream을 얻습니다. `read()` 함수를 이용하여 바로 파일을 읽을 수도 있지만 성능을 위해 `getChannel()` 함수로 반환받은 FileChannel을 이용합니다. FileChannel의 `map()` 함수에 길이와 오프셋을 전달하면 ByteBuffer 클래스를 상속한 MappedByteBuffer 객체를 반환합니다. 마침내 tflite 파일을 ByteBuffer 형으로 읽어오는 데 성공했습니다.

만약 assets 폴더에서 `modelName`에 해당하는 파일을 찾지 못했다면 AssetManager의 `openFD()` 함수에서 IOException이 발생합니다. 이 경우 모델을 이용할 수 없기 때문에 에러 처리가 필요하고, 함수를 호출하는 쪽에서 적절히 에러 처리를 하도록 IOException을 던집니다. `loadModelFile()` 함수를 호출하는 주체는 IOException이 발생하는 상황에 대한 에러 처리를 고려해야 합니다.

이제 Classifier에서 적절한 시점에 `loadModelFile()` 함수를 호출하여 모델을 불러옵니다. Classifier의 생성자에서 `loadModelFile()` 함수를 호출하여 생성되는 시점에 모델을 불러오도록 해도 좋겠지만, `loadModelFile()` 함수는 IOException을 발생시키므로 생성자에서 호출하는 것은 바람직하지 않습니다. 따라서 Classifier를 생성한 후에 초기화 동작을 수행하는 `init()` 함수를 선언하고 이 함수 안에서 초기화를 수행하게 합니다. `loadModelFile()` 함수는 tflite 파일명을 String 형으로 전달받습니다. tflite 파일명은 변하지 않는 값이므로 [코드 5-11]과 같이 'MODEL_NAME'이라는 final 변수를 선언하여 사용합니다.

코드 5-11 tflite 파일명을 final 변수로 선언

Classifier.java

```java
private static final String MODEL_NAME = "keras_model.tflite";
```

코드 5-12 init 함수 정의

Classifier.java

```java
public void init() throws IOException {
    ByteBuffer model = loadModelFile(MODEL_NAME);
    model.order(ByteOrder.nativeOrder());
}
```

init( ) 함수에는 모델 초기화 관련 동작을 구현합니다. loadModelFile( ) 함수를 호출하여 모델을 읽고 이를 담은 ByteBuffer 객체를 얻습니다. ByteBuffer는 CPU의 처리 방식에 따라 Big Endian 또는 Little Endian으로 구성될 수 있습니다. 여기서는 ByteOrder.nativeOrder( ) 함수를 호출하여 시스템의 byteOrder 값과 동일하게 설정합니다. loadModelFile( ) 함수가 IOException을 발생시키기 때문에 init( ) 함수는 이 에러를 처리해야 합니다. 그러나 init( ) 함수에서 직접 에러를 처리하는 것은 적절하지 않기 때문에 호출하는 주체가 직접 처리하도록 IOException을 던집니다. init( ) 함수는 나중에 DrawActivity가 Classifier 객체를 생성한 후 호출할 것이고, 호출하면서 IOException을 적절히 처리할 것입니다.

5.3.5 Interpreter 생성

ByteBuffer로 읽어온 모델을 이용하여 Interpreter를 생성합니다.

코드 5-13 Interpreter 생성
Classifier.java

```java
Interpreter interpreter = null;

public void init() throws IOException {
    ByteBuffer model = loadModelFile(MODEL_NAME);
    model.order(ByteOrder.nativeOrder());
    interpreter = new Interpreter(model);
}
```

Interpreter는 모델에 데이터를 입력하고 추론 결과를 전달받을 수 있는 클래스입니다. init( ) 함수 안에서 ByteBuffer 포맷으로 얻은 model을 Interpreter 클래스의 생성자에 전달하여 interpreter 인스턴스를 만들었습니다. Interpreter의 생성자에 Interpreter.Option을 전달하면 스레드의 개수, Delegate 등을 지정할 수 있지만 이는 차차 살펴보기로 하고, 일단 가장 기본적인 형태로 Interpreter를 생성합니다.

지금까지 만든 Classifier 클래스를 액티비티에서 생성하는 로직을 구현합니다. [코드 5-14] 는 DrawActivity의 onCreate( ) 함수에서 Classifier를 생성하고 init( ) 함수를 호출하며, init( ) 함수에서 발생한 오류를 처리하는 코드입니다.

```java
Classifier cls;

@Override
protected void onCreate(Bundle savedInstanceState) {
    super.onCreate(savedInstanceState);
    setContentView(R.layout.activity_draw);

    DrawView drawView = findViewById(R.id.drawView);
    drawView.setStrokeWidth(100.0f);
    drawView.setBackgroundColor(Color.BLACK);
    drawView.setColor(Color.WHITE);

    Button classifyBtn = findViewById(R.id.classifyBtn);
    classifyBtn.setOnClickListener(v -> {
        Bitmap image = drawView.getBitmap();
    });

    Button clearBtn = findViewById(R.id.clearBtn);
    clearBtn.setOnClickListener(v -> {
        drawView.clearCanvas();
    });

    cls = new Classifier(this);
    try {
        cls.init();
    } catch(IOException ioe) {
        Log.d("DigitClassifier", "failed to init Classifier", ioe);
    }
}
```

Classifier 클래스를 생성하고 this 키워드를 통해 DrawActivity의 컨텍스트를 전달했으며, 생성된 Classifier를 초기화하는 init( ) 함수를 호출했습니다. init( ) 함수는 IOException을 발생시킬 수 있으므로 try~catch 문을 이용하여 에러를 처리했습니다. 이제 DrawActivity가 생성될 때 Classifier도 생성되고 초기화됩니다.

5.4 입력 이미지 전처리

TFLite 모델을 로드했으니 모델에 입력할 이미지를 전처리하는 로직을 구현해봅시다. 입력 데이터를 생성하여 얻은 이미지는 `drawView.getBitmap()` 함수에서 반환받은 Bitmap 객체였습니다. 이 Bitmap은 기기에 표시된 `drawView`의 크기에 따라 달라집니다. 1080×2220 크기의 FHD+ 기기에서 [코드 5-4]로 Bitmap을 얻으면 크기가 1080×1080 입니다. Bitmap의 포맷은 ARGB8888입니다. RGB 채널을 각각 8비트씩 표현하고 Alpha 값도 8비트로 표현합니다. 그러나 우리가 사용할 모델은 28×28 크기의 GrayScale 이미지를 입력받는 모델입니다.

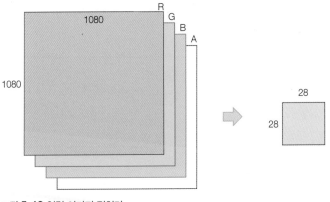

그림 5-10 입력 이미지 전처리

앞에서 얻은 이미지와 모델에 입력할 이미지의 크기와 포맷이 서로 다르기 때문에 [그림 5-10]과 같은 절차로 모델의 입력 형태에 맞추어 입력 이미지를 변환하는 작업이 필요합니다.

그림 5-11 이미지 전처리 과정

먼저 모델의 입력 크기를 확인합니다. 모델의 입력 텐서를 통해 가로세로 크기, 채널 수를 알수 있습니다. keras_model.tflite 모델은 4장에서 만들었기 때문에 28×28에 1채널임을 이미알고 있습니다. 다음으로 입력 이미지의 크기를 변환하고 나면 1080×1080 크기의 이미지가28×28로 대폭 줄어듭니다. 이어서 입력 이미지의 채널을 변환합니다. RGB 3채널에 Alpha

채널까지 더해진 4채널의 이미지를 1채널의 GrayScale 이미지로 변환합니다. 이때 R, G, B 값의 평균을 이용하여 GrayScale 채널을 구성할 것입니다. 마지막으로 입력 이미지의 포맷을 변환합니다. Bitmap 이미지의 픽셀 값은 int 형으로 구성되어 있는데 모델은 ByteBuffer 포맷을 사용하므로 int 형의 값을 ByteBuffer 형으로 변환합니다.

5.4.1 모델의 입력 크기 확인

먼저 모델에서 입력 텐서를 통해 입력 데이터의 크기를 확인합니다. [코드 5-15]~[코드 5-17]은 모델의 입력 크기를 확인하는 코드입니다.

코드 5-15 모델의 입력 크기 변수 선언

Classifier.java

```java
int modelInputWidth, modelInputHeight, modelInputChannel;
```

코드 5-16 모델의 입출력 크기 계산 함수 호출

Classifier.java

```java
public void init() throws IOException {
    ByteBuffer model = loadModelFile(MODEL_NAME);
    model.order(ByteOrder.nativeOrder());
    interpreter = new Interpreter(model);

    initModelShape();
}
```

코드 5-17 모델의 입출력 크기 계산 함수 정의

Classifier.java

```java
private void initModelShape() {
    Tensor inputTensor = interpreter.getInputTensor(0);
    int[] inputShape = inputTensor.shape();
    modelInputChannel = inputShape[0];
    modelInputWidth = inputShape[1];
    modelInputHeight = inputShape[2];
}
```

모델의 입력 크기는 계산 후 자주 참조되어 사용될 값이므로 Classifier의 멤버 변수로 선언했습니다. [코드 5-16]은 Classifier의 init( ) 함수에서 모델의 입출력 크기를 계산하는 함수를 호출하는 코드입니다. Interpreter가 생성된 뒤 initModelShape( )를 호출했으며, 이 함수 안에서 멤버 변수로 선언한 modelInputWidth, modelInputHeight, modelInputChannel 값을 설정했습니다.

[코드 5-17]은 실제로 모델의 입력 가로세로 크기와 채널 수를 얻어오는 코드입니다. 먼저 Interpreter의 getInputTensor( ) 함수를 호출하여 입력 텐서를 하나 구하고, shape( ) 함수를 호출하여 입력 텐서의 Shape를 얻습니다. shape( ) 함수는 int[ ] 형의 데이터를 반환합니다. 배열의 0번째 자리에는 채널 수, 1번째 자리에는 가로 크기, 2번째 자리에는 세로 크기가 각각 반환되는데 각 값을 멤버 변수에 저장합니다.

5.4.2 입력 이미지 크기 변환

이제 앞에서 얻은 손글씨 이미지의 크기를 모델에 맞게 변환해야 합니다. [코드 5-18]은 입력 이미지의 크기를 모델의 입력에 맞추어 modelInputWidth×modelInputHeight 크기로 변환하는 코드입니다.

코드 5-18 입력 이미지 크기 변환
Classifier.java

```java
private Bitmap resizeBitmap(Bitmap bitmap) {
    return Bitmap.createScaledBitmap(bitmap, modelInputWidth, modelInputHeight,
                                     false);
}
```

Bitmap 클래스에서 제공하는 createScaledBitmap( ) 함수에 변환할 이미지, 가로 크기, 세로 크기를 각각 전달합니다. 마지막 파라미터는 이미지 보간법interpolation에 대한 것으로, true로 설정하면 양선형 보간법을 적용하고 false로 설정하면 최근접 보간법을 적용합니다. 여기서는 큰 이미지를 작게 줄이는 상황이므로 false로 설정하여 시스템에 부하가 적은 최근접 보간법을 적용합니다.

이미지 보간법

이미지의 크기를 변환하면 원본 이미지보다 크기가 작아지거나 커집니다. 이미지의 크기를 키우면 각 픽셀이 원본보다 넓은 영역에 매핑되기 때문에 원본 픽셀 사이사이에 새로운 픽셀이 추가되고, 이 새로운 픽셀은 색상 정보가 없는 홀hole이 됩니다. 예를 들어 [그림 5-12]와 같이 3×3 이미지를 5×5로 확대하면 9개의 픽셀이 25개로 늘어나는데, 새로 추가된 16개는 원본 이미지의 색상 정보가 없는 픽셀입니다. 5×5 이미지의 왼쪽 최상단 픽셀을 1번, 오른쪽 최하단 픽셀을 25번이라고 한다면 2번, 4번, 6번, 7번, 8번, 9번, 10번, 12번, 14번, 16번, 17번, 18번, 19번, 20번, 22번, 24번이 새로운 픽셀이 될 것입니다. 이때 각 픽셀에 어떤 값을 대입할 지는 보간법으로 결정합니다.

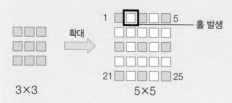

그림 5-12 이미지 확대 시 홀 발생

보간법에는 최근접 보간법nearest neighbor interpolation, 양선형 보간법bilnear interpolation, 바이큐빅 보간법bicubic interpolation 등 다양한 알고리즘이 있습니다. createScaledBitmap( ) 함수와 텐서플로의 ResizeOp 클래스에서는 최근접 보간법과 양선형 보간법을 제공합니다.

최근접 보간법은 주변에서 가장 가까운 픽셀의 값을 그대로 새로운 픽셀의 값으로 사용합니다. [그림 5-13]에서 최근접 보간법은 빨간색 영역의 값을 결정하기 위해 인접한 원본 픽셀 4개 중 가장 가까운 왼쪽 상단 픽셀의 값인 10을 그대로 사용합니다. 연산량이 적어서 성능에 이점이 있지만 계단 현상이 발생할 수 있다는 것이 단점입니다. 반면에 양선형 보간법은 가까운 4개 화소의 값에 거리 정보와 화소 정보를 이용하여 선형 보간하고 산출한 값을 새로운 픽셀의 값으로 사용합니다.

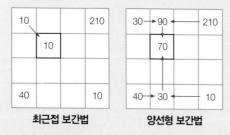

그림 5-13 최근접 보간법과 양선형 보간법

[그림 5-13]의 양선형 보간법에서는 같은 픽셀의 값을 구하기 위해 총 세 번 연산을 합니다. 먼저 왼쪽 상단

픽셀의 값 30과 오른쪽 상단 픽셀의 값 210을 선형 보간하여 구한 값은 90이고 왼쪽 하단 픽셀의 값 40과 오른쪽 하단 픽셀의 값 10을 선형 보간하여 구한 값은 30입니다. 이렇게 얻은 값 90과 30을 선형 보간하여 최종적으로 구한 픽셀 값은 70입니다. 이처럼 연산량이 많지만 계단 현상을 줄일 수 있어 더 부드러운 이미지를 얻을 수 있습니다. 따라서 이미지 품질이 중요한 경우에는 양선형 보간법을 선택하고 성능이 중요한 경우에는 최근접 보간법을 선택하는 것이 좋습니다. 또한 이미지를 축소하는 경우에는 계단 현상이라는 제약으로부터 비교적 자유롭기 때문에 최근접 보간법을 선택하는 것이 효율적입니다.

5.4.3 입력 이미지 채널과 포맷 변환

이제 남은 프로세스는 입력 이미지의 채널 변환과 ByteBuffer로의 포맷 변환입니다. 모델이 받을 수 있는 입력 데이터는 1채널 데이터이므로 ARGB 채널의 이미지를 GrayScale로 변환하고, Bitmap 포맷으로 얻은 이미지를 ByteBuffer 포맷으로 변환합니다. 이 두 가지를 한꺼번에 변환할 수 있으므로 [코드 5-19]와 같이 동일한 함수 안에서 처리하도록 구현합니다.

코드 5-19 ARGB를 GrayScale로 변환하면서 Bitmap을 ByteBuffer 포맷으로 변환
Classifier.java

```java
private ByteBuffer convertBitmapToGrayByteBuffer(Bitmap bitmap) {
    ByteBuffer byteByffer = ByteBuffer.allocateDirect(bitmap.getByteCount());
    byteByffer.order(ByteOrder.nativeOrder());

    int[] pixels = new int[bitmap.getWidth() * bitmap.getHeight()];
    bitmap.getPixels(pixels, 0, bitmap.getWidth(), 0, 0, bitmap.getWidth(),
                    bitmap.getHeight());

    for (int pixel : pixels) {
        int r = pixel >> 16 & 0xFF;
        int g = pixel >> 8 & 0xFF;
        int b = pixel & 0xFF;

        float avgPixelValue = (r + g + b) / 3.0f;
        float normalizedPixelValue = avgPixelValue / 255.0f;

        byteByffer.putFloat(normalizedPixelValue);
    }

    return byteByffer;
}
```

먼저 입력받은 bitmap의 getByteCount() 함수를 호출하여 얻은 바이트 크기만큼 ByteBuffer 메모리를 할당합니다. 메모리 할당에는 ByteBuffer의 allocate() 또는 allocateDirect() 함수를 이용할 수 있습니다.

allocate() 함수는 JVM의 heap에 메모리를 할당하는 방식이고, allocateDirect() 함수는 시스템의 메모리에 직접 할당하는 방식입니다. allocateDirect() 함수를 사용하면 allocate() 함수를 사용할 때보다 할당 및 해제에 더 많은 시간이 소요되지만 IO나 copy 등 작업의 성능을 높일 수 있기 때문에 allocateDirect() 함수로 메모리를 할당합니다. byteBuffer의 ByteOrder는 모델과 동일하게 nativeOrder로 설정합니다. 이제 계산 결과를 담을 ByteBuffer가 준비되었습니다.

다음으로 bitmap의 픽셀 값을 얻어옵니다. bitmap의 가로×세로 크기만큼 int의 배열을 선언하고, getPixels() 함수의 첫 번째 인자로 전달하여 픽셀 값을 배열에 저장합니다. getPixels() 함수의 인자로 결과 값을 담을 int 배열 외에도 offset과 stride, bitmap을 읽기 시작할 x, y 값, bitmap의 width, height 값을 전달합니다. 그리고 for 문을 통해 배열에 저장된 int 값에 순차적으로 접근하여 RGB 값을 읽고 GrayScale 값으로 변환합니다.

int 형인 pixel 변수는 [그림 5-14]와 같은 정보로 이루어져 있습니다.

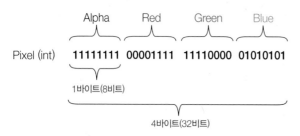

그림 5-14 pixel의 구성 정보

pixel은 4바이트로 구성되며 각 바이트가 차례로 Alpha, Red, Green, Blue 값을 가지고 있습니다. 여기서 Red, Green, Blue 값을 각각 추출하여 그 평균값을 픽셀 값으로 이용할 것입니다. 각 값을 구하기 위해 비트 연산자 중 시프트 연산자(>>)와 And 연산자(&)를 사용합니다. 먼저 Red 값을 구하는 방법을 살펴보겠습니다.

[그림 5-15]와 같이 pixel을 16만큼 오른쪽으로 시프트하면 Pixel (int) 값이 됩니다. 하위 16비트로 표현되었던 Green 값과 Blue 값이 손실되고 상위 16비트는 0으로 채워졌습니다. 이제 하위 16비트 위치는 Alpha 값과 Red 값이 차지하고 있습니다. 우리는 이 중 Red 값만을 필요로 하는데 Red 값은 하위 8비트에 존재합니다. 하위 8비트만 추출하기 위해 마스크 역할을 하는 0xFF 값을 사용하여 시프트한 pixel 값과 & 연산을 수행합니다.

0xFF 값은 [그림 5-15]에서 보듯이 하위 8비트만 1이고 나머지 비트는 0입니다. 따라서 pixel 값과 0xFF 값을 Bitwise And(&) 연산하면 pixel의 하위 8비트 값만 남고 나머지는 모두 0이 되는데 이것이 바로 Red 값입니다.

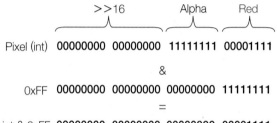

그림 5-15 pixel에서 Red 값 추출

이와 마찬가지로 8비트만 시프트하면 Alpha, Red, Green 값이 남고 마지막 8비트에는 Green 값이 존재하게 됩니다. 여기에 0xFF와 & 연산을 하면 Green 값만 남습니다. 시프트 하지 않고 0xFF와 & 연산을 하면 처음부터 하위 8비트에 기록되어 있는 Blue 값을 얻을 수 있습니다.

이러한 원리로 [코드 5-19]에서 r, g, b 값을 얻을 수 있으며, 이 세 값의 평균을 avgPixel Value에 저장합니다. 그런 다음 이 평균값을 255로 나누어 0~1의 값으로 정규화합니다. 모델을 훈련시킬 때 [0, 1] 범위로 정규화된 이미지를 사용했기 때문에 추론할 때에도 동일하게 정규화된 값을 사용하는 것입니다.

우리가 최종적으로 사용할 값은 normalizedPixelValue입니다. 이 값을 byteBuffer의 putFloat() 함수로 byteBuffer에 추가합니다. for 문을 돌면서 순차적으로 byteBuffer 값이 채워지고, 이렇게 모든 bitmap 값이 채워진 byteBuffer가 반환됩니다.

5.5 추론 및 결과 해석

5.5.1 추론

입력 이미지 변환을 완료했다면 모델에 데이터를 입력하여 추론하고 그 결과를 해석합니다. 추론에는 Interpreter의 run( ) 함수를 이용합니다. run( ) 함수에는 2개의 파라미터가 필요한데, 첫 번째 파라미터로 추론에 사용할 입력 데이터를 전달하고 두 번째 파라미터로 추론 결과를 담을 버퍼를 전달합니다. 입력 데이터는 drawView에서 Bitmap 형태로 받아온 이미지에 앞에서 작성한 resizeBitmap( ) 함수와 convertBitmapToGrayByteBuffer( ) 함수를 적용하여 ByteBuffer 형태로 변환해서 사용합니다. 출력 데이터를 받기 위해 버퍼를 만들어 전달해야 하는데, 버퍼를 생성하려면 먼저 출력 텐서의 형태를 알아야 합니다. 손글씨 분류 모델의 경우 입력 이미지를 0~9의 10개 클래스로 분류하기 때문에 출력 데이터에는 10개의 출력 클래스가 있습니다. 모델의 입력 크기를 확인하는 로직 아래에 출력 텐서의 형태를 받아오는 [코드 5-20], [코드 5-21]을 추가합니다.

코드 5-20 모델 출력 클래스 수를 담을 멤버 변수 선언
Classifier.java

```java
int modelInputWidth, modelInputHeight, modelInputChannel;
int modelOutputClasses;
```

코드 5-21 모델 출력 클래스 수 계산
Classifier.java

```java
private void initModelShape() {
    Tensor inputTensor = interpreter.getInputTensor(0);
    int[] inputShape = inputTensor.shape();
    modelInputChannel = inputShape[0];
    modelInputWidth = inputShape[1];
    modelInputHeight = inputShape[2];

    Tensor outputTensor = interpreter.getOutputTensor(0);
    int[] outputShape = outputTensor.shape();
    modelOutputClasses = outputShape[1];
}
```

출력 텐서의 형태를 이용하여 [코드 5-22]와 같이 출력 값을 담을 배열을 생성하고 run( ) 함수에 전달하여 추론을 수행합니다.

코드 5-22 손글씨 분류 모델의 추론

Classifier.java

```java
public void classify(Bitmap image) {
    ByteBuffer buffer = convertBitmapToGrayByteBuffer(resizeBitmap(image));

    float[][] result = new float[1][modelOutputClasses];

    interpreter.run(buffer, result);
}
```

resizeBitmap( ) 함수로 입력 Bitmap의 크기를 모델의 입력 크기와 동일하게 맞추고, convertBitmapToGrayByteBuffer( ) 함수를 이용하여 GrayScale로 변환하면서 ByteBuffer 포맷으로 바꾸었습니다. 이렇게 전처리된 이미지를 interpreter.run( ) 함수의 첫 번째 인자로 전달했습니다. 그리고 추론 결과를 전달받기 위해 float 형의 2차원 배열을 선언했습니다. run( ) 함수는 하나의 입력만 받아서 하나의 출력만 반환하므로 배열 result의 첫 번째 차원의 크기를 1로 설정했으며, 두 번째 차원의 크기는 모델이 분류될 클래스 개수만큼의 출력 결과를 반환하기 때문에 모델 출력의 클래스 개수와 동일하게 설정했습니다. 여기서는 10으로 설정될 것입니다.

5.5.2 추론 결과 해석

추론 결과를 얻었으면 그 결과를 해석해야 합니다. 추론 결과는 분류 가능한 클래스의 개수만큼 전달됩니다. 손글씨 분류 모델은 0~9의 클래스로 분류되기 때문에 총 10개의 결과 값을 받습니다. 각 배열 값에는 해당 클래스에 속할 확률이 들어 있습니다. 결과 값의 0번 인덱스에는 첫 번째 클래스에 속할 확률이 전달되고, 9번 인덱스에는 열 번째 클래스에 속할 확률이 전달됩니다. 우리가 필요로 하는 데이터는 각 클래스 중 속할 확률이 가장 높은 클래스입니다. 따라서 추론 결과 값을 확인하여 확률이 가장 높은 클래스를 찾아내는 로직을 구현해야 합니다. [코드 5-23]은 추론 결과를 해석하는 코드입니다.

코드 5-23 추론 결과 해석

Classifier.java

```java
private Pair<Integer, Float> argmax(float[] array) {
    int argmax = 0;
```

```
        float max = array[0];
        for(int i = 1; i < array.length; i++) {
            float f = array[i];
            if(f > max) {
                argmax = i;
                max = f;
            }
        }
        return new Pair<>(argmax, max);
    }
```

우리가 전달받은 result의 0번 인덱스에는 float[10]만큼의 추론 결과가 들어 있고 각 float 값은 확률을 나타냅니다. argmax( )는 10개의 float 값 중 가장 큰 값과 그 인덱스를 Pair〈Integer, Float〉 형태로 반환하는 함수입니다. Integer는 확률이 가장 높은 인덱스를 나타내고, Float는 그에 해당하는 확률 값을 나타냅니다. argmax( ) 함수를 classify( ) 함수에 적용하면 [코드 5-24]와 같이 구현할 수 있습니다.

코드 5-24 손글씨 분류 모델의 추론 및 결과 해석
Classifier.java

```
public Pair<Integer, Float> classify(Bitmap image) {
    ByteBuffer buffer = convertBitmapToGrayByteBuffer(resizeBitmap(image));

    float[][] result = new float[1][modelOutputClasses];

    interpreter.run(buffer, result);

    return argmax(result[0]);
}
```

앞에서 구현한 argmax( ) 함수에 추론 결과를 전달하고, 확률이 가장 높은 클래스와 그 확률 값을 반환하도록 수정했습니다.

[코드 5-25]는 DrawActivity의 onCreate( ) 안에 구현한 classifyBtn에 onClickListener를 추가한 로직을 수정한 코드입니다. Bitmap 이미지를 얻고 나서 classify( ) 함수를 호출하여 추론하고 결과를 받아오도록 구현했습니다.

DrawActivity.java

```java
@Override
protected void onCreate(Bundle savedInstanceState) {
    super.onCreate(savedInstanceState);
    setContentView(R.layout.activity_draw);

    DrawView drawView = findViewById(R.id.drawView);
    drawView.setStrokeWidth(100.0f);
    drawView.setBackgroundColor(Color.BLACK);
    drawView.setColor(Color.WHITE);

    TextView resultView = findViewById(R.id.resultView);

    Button classifyBtn = findViewById(R.id.classifyBtn);
    classifyBtn.setOnClickListener(v -> {
        Bitmap image = drawView.getBitmap();

        Pair<Integer, Float> res = cls.classify(image);
        String outStr = String.format(Locale.ENGLISH, "%d, %.0f%%", res.first,
                                      res.second * 100.0f);
        resultView.setText(outStr);
    });

    Button clearBtn = findViewById(R.id.clearBtn);
    clearBtn.setOnClickListener(v -> {
        drawView.clearCanvas();
    });

    cls = new Classifier(this);
    try {
        cls.init();
    } catch(IOException ioe) {
        Log.d("DigitClassifier", "failed to init Classifier", ioe);
    }

}
```

액티비티에서 〈CLASSIFY〉를 클릭하면, drawView에서 얻은 Bitmap 이미지를 cls.classify( ) 함수에 전달하고 그 결과 값을 Pair〈Integer, Float〉 형태로 받아옵니다. 결과 값을 문자열로 표현하기 위해 String.format( ) 함수를 이용하여 추론 결과, 확률의 순서로 출력했습니다. res.first를 통해 추론 결과를 나타내는 Pair의 첫 번째 값인 Integer 값을 받아오고,

res.second를 통해 확률을 나타내는 Pair의 두 번째 값인 Float 값을 받아옵니다. 추론 결과를 표시하기 위해 setText() 함수를 이용하여 resultView에 추론 결과를 전달합니다.

5.5.3 자원 해제

interpreter는 리소스를 가지고 있기 때문에 더 이상 추론을 하지 않는다면 메모리 누수 방지를 위해 점유하는 자원을 해제해야 합니다. [코드 5-26]과 [코드 5-27]은 Classifier의 interpreter에 할당된 자원을 해제하는 코드입니다.

코드 5-26 interpreter 자원 정리
Classifier.java

```java
public void finish() {
    if(interpreter != null)
        interpreter.close();
}
```

코드 5-27 Activity 종료 시 interpreter 자원 정리 호출
DrawActivity.java

```java
@Override
protected void onDestroy() {
    cls.finish();
    super.onDestroy();
}
```

DrawActivity가 파괴될 때 onDestroy() 함수가 호출되고, 이때 Classifier의 finish() 함수를 호출하여 interpreter의 자원을 해제합니다.

5.5.4 기기에서의 추론

지금까지 작성한 코드를 안드로이드 기기에서 직접 테스트해봅시다. 테스트 기기를 연결하고 〈Run app〉을 클릭하여 기기에서 앱을 실행합니다. 〈DrawActivity〉를 클릭하면 5.2절에서 구현한 화면이 나타납니다.

그림 5-16 DrawActivity 실행

숫자 0~9를 손글씨로 쓰고 〈CLASSIFY〉를 클릭하면 [그림 5-17]과 같은 추론 결과를 얻을 수 있습니다.

그림 5-17 기기에서의 추론 결과

5.5.5 개선된 모델 적용

테스트를 반복하다 보면 모델의 성능이 만족스럽지 않을 수 있습니다. 즉 [그림 5-18]과 같이 잘못 추론하거나 확률이 매우 낮은 경우도 있습니다.

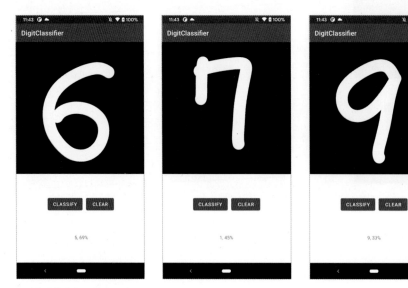

그림 5-18 추론이 제대로 되지 않은 경우

추론 결과가 만족스럽지 않으면 모델을 개선하여 앱에 적용해야 합니다. 이를 위해 다층 퍼셉트론을 구현한 모델을 합성곱 신경망 기반의 모델로 바꿔보겠습니다.

먼저 파이썬 개발 환경으로 돌아가 합성곱 신경망 모델을 개발하고 이를 TFLite 모델로 변환합니다. [코드 5-28]은 간단한 합성곱 신경망 모델을 개발하는 코드입니다. 4장에서 작성한 합성곱 신경망 코드를 그대로 사용했습니다.

코드 5-28 합성곱 신경망 기반의 손글씨 분류 모델 개발

keras_model_cnn.ipynb

```python
import tensorflow as tf

mnist = tf.keras.datasets.mnist
(x_train, y_train), (x_test, y_test) = mnist.load_data()

x_train, x_test = x_train / 255.0, x_test / 255.0
```

```python
x_train_4d = x_train.reshape(-1, 28, 28, 1)
x_test_4d = x_test.reshape(-1, 28, 28, 1)

cnn_model = tf.keras.models.Sequential([
    tf.keras.layers.Conv2D(32, (3, 3), activation='relu', input_shape=(28, 28, 1)),
    tf.keras.layers.MaxPooling2D((2, 2)),
    tf.keras.layers.Conv2D(64, (3, 3), activation='relu'),
    tf.keras.layers.MaxPooling2D((2, 2)),
    tf.keras.layers.Conv2D(64, (3, 3), activation='relu'),
    tf.keras.layers.Flatten(),
    tf.keras.layers.Dense(64, activation='relu'),
    tf.keras.layers.Dense(10, activation='softmax')])

cnn_model.compile(optimizer='adam',
                  loss='sparse_categorical_crossentropy',
                  metrics=['accuracy'])
cnn_model.fit(x_train_4d, y_train, epochs=5)

converter = tf.lite.TFLiteConverter.from_keras_model(cnn_model)
tflite_model = converter.convert()

with open('./keras_model_cnn.tflite', 'wb') as f:
    f.write(tflite_model)
```

위 코드를 실행하면 keras_model_cnn.tflite 파일이 생성되는데, 이 파일을 assets 폴더 아래에 복사합니다. [그림 5-19]와 같이 프로젝트 뷰에 keras_model_cnn.tflite 파일이 보인다면 제대로 추가된 것입니다.

그림 5-19 합성곱 신경망 모델 추가

변경된 모델을 사용하기 위해 Classifier에 선언했던 MODEL_NAME 변수의 이름을 [코드 5-29]와 같이 'keras_model.tflite'에서 'keras_model_cnn.tflite'로 수정합니다.

코드 5-29 모델명 수정
Classifier.java

```java
private static final String MODEL_NAME = "keras_model_cnn.tflite";
```

이제 모델 변경이 완료되었습니다. 〈Run app〉을 클릭하여 기기에서 앱을 실행하면 변경된 모델이 적용된 앱을 테스트할 수 있습니다. 간단한 합성곱 신경망 모델로 바꾸었을 뿐인데 다층 퍼셉트론 모델보다 정확도가 훨씬 좋아진 것을 확인할 수 있습니다.

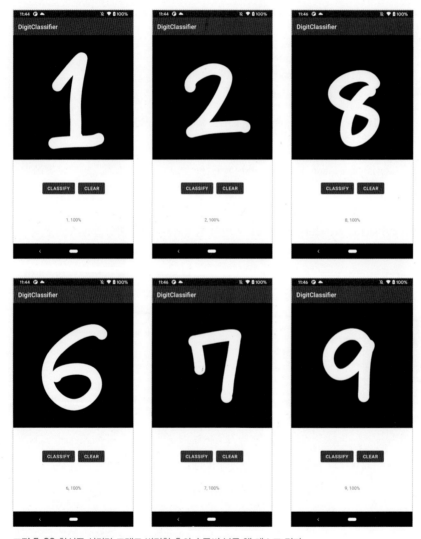

그림 5-20 합성곱 신경망 모델로 변경한 후의 손글씨 분류 앱 테스트 결과

5.6 마무리

이 장에서는 텐서플로 라이트 모델을 이용하여 안드로이드 앱을 개발하는 방법을 살펴보았습니다. 터치 입력으로 입력 이미지를 생성하는 앱을 만들고, 4장에서 개발한 TFLite 모델을 로드했습니다. 생성한 이미지를 모델의 입력 텐서 형태에 맞게 전처리하고, 이를 모델에 입력하여 추론 결과를 받아 해석하는 방법까지 다루었습니다. 이 장에서 배운 내용을 바탕으로 딥러닝을 활용하여 간단한 안드로이드 앱을 만들 수 있습니다. 다음 장에서는 갤러리에 저장된 이미지와 직접 촬영한 이미지를 활용하는 방법과 실시간으로 추론 결과를 확인하는 방법을 알아볼 것입니다.

6장
프레임워크를 활용한
이미지 분류 앱 개발

안드로이드 기기에서 이미지를 얻으려면 갤러리앱 등을 통해 기기에 저장된 이미지를 불러오거나 내장된 카메라로 직접 사진을 촬영해야 합니다. 이 장에서는 기기에 이미 저장된 사진을 가져오는 방법과 직접 사진을 촬영하여 이미지를 얻는 방법을 알아봅니다. 또한 이렇게 얻은 이미지를 딥러닝 모델에 입력하여 추론하는 방법도 살펴보겠습니다.

이 장부터는 단순히 손글씨를 분류하는 데 그치지 않고 현실의 여러 사물을 식별하기 위해 ImageNet 데이터를 사용합니다. 그리고 텐서플로 라이트를 이용하는 데 필요한 다양한 공통 기능을 제공하는 텐서플로 라이트 서포트 라이브러리를 다룰 것입니다. 먼저 ImageNet과 텐서플로 라이트 서포트 라이브러리에 대해 파악한 후 기기에 저장된 이미지를 처리하는 방법, 카메라로 촬영한 이미지를 처리하는 방법을 설명하겠습니다. 이 장을 읽고 나면 딥러닝 모델을 현실의 문제 해결에 적용하는 안드로이드 앱을 개발할 수 있습니다.

6.1 ImageNet 데이터

ImageNet은 MNIST, CIFAR-10과 함께 딥러닝에서 가장 널리 사용되는 이미지 데이터베이스로, 주로 2012년 ILSVRC^{ImageNet Large Scale Visual Recognition Challenge}에서 사용했던 ImageNet 2012 데이터를 지칭합니다. 이 데이터는 1,000개의 클래스로 레이블링되었으며, 클래스당 약 1,000개의 사진으로 구성되어 총 100만 개 이상의 이미지가 포함되어 있습니다. 이미지 크기는 MNIST가 28×28, CIFAR-10은 32×32로 고정적인 데 비해 ImageNet은 모두 제각각입니다. 많은 논문에서 ImageNet 데이터를 사용하고 있으며, 텐서플로의 케라스 애플리케이션 모듈이나 텐서플로 허브 등에서도 ImageNet 데이터로 학습한 다양한 모델을 제공하고 있습니다. ImageNet에는 100만 개 이상의 이미지가 들어 있어 모델 학습에 긴 시간이 소요됩니다. 그러므로 여기서는 직접 모델을 학습시키지 않고 이미 ImageNet 데이터로 학습한 모델을 사용할 것입니다.

지금까지 사용한 MNIST 데이터는 GrayScale 이미지로 채널이 1개였습니다. 따라서 안드로이드 기기에서 얻은 손글씨 이미지를 1채널로 변환하여 모델의 입력 이미지로 사용했습니다. 이와 달리 ImageNet 데이터는 RGB 3개 채널로 구성된 컬러 이미지이며, 이를 고려하여 이미지를 전처리할 것입니다.

표 6-1 MNIST, CIFAR-10, ImageNet의 데이터 비교

구분	MNIST	CIFAR-10	ImageNet
이미지 크기	28×28	32×32	다양함
이미지 개수	학습 데이터 6만 개, 테스트 데이터 1만 개	학습 데이터 5만 개, 테스트 데이터 1만 개	100만 개 이상
분류 클래스	0~9, 10개	비행기, 고양이 등 10개	1,000개

6.2 텐서플로 라이트 서포트 라이브러리

텐서플로 라이트 서포트 라이브러리는 안드로이드에서 텐서플로 라이트를 편리하게 이용할 수 있도록 다양한 기능을 제공하는 라이브러리입니다. 텐서플로 라이트 서포트 라이브러리를 이용하면 5장에서 구현한 기능을 보다 편리하게 임포트하여 사용할 수 있습니다. 5장에서는 안드로이드에서 TFLite 모델을 사용하는 원리를 이해하기 위해 코드를 직접 작성했지만, 지금부터는 생산성을 높이기 위해 텐서플로 라이트 서포트 라이브러리를 사용할 것입니다.

6.2.1 텐서플로 라이트 서포트 라이브러리의 구성

텐서플로 라이트 서포트 라이브러리는 아직 한창 개발 중으로 2020년 말 기준 최신 버전이 0.1.0-rc1이고 계속 추가 및 변경되고 있습니다. 5개의 패키지로 이루어진 텐서플로 라이트 서포트 라이브러리의 구조는 간단히 [그림 6-1]과 같이 나타낼 수 있습니다.

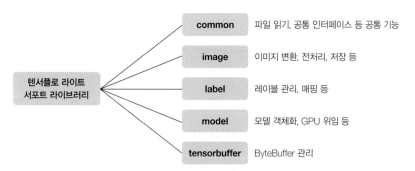

그림 6-1 텐서플로 라이트 서포트 라이브러리의 구조

common 패키지에는 모델 파일이나 Label 파일 등을 읽을 수 있는 파일 관련 기능과 Operator, Processor, 공통 인터페이스 등 공통적으로 사용되는 자료 구조 및 유틸리티가 정의되어 있습니다. image 패키지는 이미지 변환, 전처리, 이미지 텐서 등 이미지와 관련된 자료 구조 및 유틸리티를 제공하고, label 패키지는 레이블을 관리하고 매핑하는 데 유용한 자료 구조 및 유틸리티를 제공합니다. 또한 model 패키지는 ByteBuffer, Interpreter 등 모델 관련 객체를 한데 모아 모델을 객체화하여 관리와 사용이 용이하도록 지원하며, tensorbuffer 패키지는 ByteBuffer를 관리하고 이와 관련된 유용한 연산을 제공합니다. 텐서플로 라이트 서포트 라이브러리를 이용하면 지금까지 만든 앱을 더욱 개선할 수 있습니다.

6.2.2 프로젝트 생성 및 의존성 추가

텐서플로 라이트 서포트 라이브러리는 텐서플로 라이트 라이브러리에 포함되어 있지 않기 때문에 안드로이드 프로젝트에 별도로 의존성을 추가해야 합니다. 먼저 'ImageClassifier'라는 이름으로 빈 프로젝트를 생성합니다. 이 프로젝트에 기기에서 이미지를 불러와 모델로 추론하는 기능을 구현할 것입니다. 다음으로 모듈의 build.gradle 파일을 열고 dependencies 아래에 [코드 6-1]을 추가합니다.

코드 6-1 텐서플로 라이트와 텐서플로 라이트 서포트 라이브러리 의존성 추가
build.gradle (Module: ImageClassifier.app)

```
implementation 'org.tensorflow:tensorflow-lite:2.4.0'
implementation 'org.tensorflow:tensorflow-lite-support:0.1.0'
```

텐서플로 라이트 서포트 라이브러리는 지속적으로 업데이트되며 최신 버전은 다음 주소에서 확인할 수 있습니다.

https://mvnrepository.com/artifact/org.tensorflow/tensorflow-lite-support

의존성을 추가했으면 〈Sync Project with Gradle Files〉를 클릭하여 변경된 gradle 파일을 동기화합니다. 이제 텐서플로 라이트 서포트 라이브러리를 사용할 수 있으니 5장에서 구현한 Classifier와 동일한 기능을 하는 ClassifierWithSupport 클래스를 구현해봅시다.

6.2.3 모델 로드

먼저 ClassifierWithSupport 클래스에서 사용할 tflite 파일을 추가하고 이를 ByteBuffer 포 맷으로 불러옵니다.

(1) tflite 파일 추가

이번 프로젝트에서는 5장에서 사용했던 MNIST 데이터로 학습된 모델 대신, ImageNet 데이 터로 학습된 모델을 사용할 것입니다. 4.3.2절에서 사용했던 사전 학습된 MobileNet V2 모 델을 tflite 파일로 변환합니다. [코드 6-2]와 같이 간단히 모델만 불러와 변환할 수 있습니다.

코드 6-2 ImageNet 데이터로 학습된 MobileNet V2 모델을 불러와 TFLite 모델로 변환
mobilenet_imagenet_model.ipynb

```python
import tensorflow as tf

mobilenet_imagenet_model = tf.keras.applications.MobileNetV2(weights="imagenet")

converter = tf.lite.TFLiteConverter.from_keras_model(mobilenet_imagenet_model)
tflite_model = converter.convert()

with open('./mobilenet_imagenet_model.tflite', 'wb') as f:
    f.write(tflite_model)
```

위 코드를 실행하면 mobilenet_imagenet_model.tflite 파일이 생성되는데, 이 파일을 안드 로이드 스튜디오의 assets 폴더에 추가합니다.

(2) tflite 파일 로드

5.3.4절에서는 tflite 파일을 읽어 ByteBuffer 포맷으로 반환하는 loadModelFile() 함수를 작성했습니다.

코드 6-3 5.3.4절에서 작성한 tflite 파일 로드 코드
Classifier.java

```java
private ByteBuffer loadModelFile(String modelName) throws IOException {
    AssetManager am = context.getAssets();
    AssetFileDescriptor afd = am.openFd(modelName);
    FileInputStream fis = new FileInputStream(afd.getFileDescriptor());
```

```
        FileChannel fc = fis.getChannel();
        long startOffset = afd.getStartOffset();
        long declaredLength = afd.getDeclaredLength();

        return fc.map(FileChannel.MapMode.READ_ONLY, startOffset, declaredLength);
    }
```

텐서플로 라이트 서포트 라이브러리는 load**Model**File( ) 함수와 동일한 기능을 하는 load**Mapped**File( ) 함수를 지원합니다. 라이브러리 내에 구현된 코드를 따라가면 [코드 6-4]와 같이 작성되어 있습니다.

코드 6-4 텐서플로 라이트 서포트 라이브러리의 FileUtil에서 제공하는 loadMappedFile( ) 함수
org.tensorflow.lite.support.common.FileUtil.java

```
@NonNull
public static MappedByteBuffer loadMappedFile(@NonNull Context context, @NonNull
String filePath) throws IOException {
    SupportPreconditions.checkNotNull(context, "Context should not be null.");
    SupportPreconditions.checkNotNull(filePath, "File path cannot be null.");
    AssetFileDescriptor fileDescriptor = context.getAssets().openFd(filePath);

    MappedByteBuffer var9;
    try {
        FileInputStream inputStream = new FileInputStream(
                                    fileDescriptor.getFileDescriptor());

        try {
            FileChannel fileChannel = inputStream.getChannel();
            long startOffset = fileDescriptor.getStartOffset();
            long declaredLength = fileDescriptor.getDeclaredLength();
            var9 = fileChannel.map(MapMode.READ_ONLY, startOffset, declaredLength);
        } catch (Throwable var12) {
            try {
                inputStream.close();
            } catch (Throwable var11) {
                var12.addSuppressed(var11);
            }

            throw var12;
        }

        inputStream.close();
    } catch (Throwable var13) {
```

```
            if (fileDescriptor != null) {
                try {
                    fileDescriptor.close();
                } catch (Throwable var10) {
                    var13.addSuppressed(var10);
                }
            }

            throw var13;
        }

        if (fileDescriptor != null) {
            fileDescriptor.close();
        }

        return var9;
    }
```

파라미터 검증 등을 제외하고 주요 로직은 [코드 6-3]과 거의 비슷합니다. 다만 함수에 전달하는 파라미터에 차이가 있는데, loadModelFile() 함수는 멤버 변수인 context를 참조하지만 FileUtil의 loadMappedFile() 함수는 context를 함수의 매개변수로 전달받아 사용합니다.

[코드 6-5]와 같이 init() 함수 안에서 loadModelFile() 함수를 호출했던 로직을 load MappedFile() 함수를 호출하는 것으로 대체할 수 있습니다.

코드 6-5 텐서플로 라이트 서포트 라이브러리를 이용한 TFLite 모델 로드
ClassifierWithSupport.java

```java
import org.tensorflow.lite.support.common.FileUtil;

public class ClassifierWithSupport{
    private static final String MODEL_NAME = "mobilenet_imagenet_model.tflite";
    ...

    public void init() throws IOException {
        ByteBuffer model = FileUtil.loadMappedFile(context, MODEL_NAME);
        model.order(ByteOrder.nativeOrder());
        interpreter = new Interpreter(model);

        initModelShape();
    }
```

이제 [코드 6-3]의 loadModelFile() 함수를 제거해도 됩니다. Classifier 클래스가 더 간결해지고 관리할 코드의 양이 줄어들었습니다.

6.2.4 입력 이미지 전처리

5장에서는 Bitmap 포맷의 이미지를 모델에 입력하기 위해 이미지 크기를 모델의 입력 크기에 맞추고 3채널을 1채널로 줄여서 ByteBuffer 포맷으로 변환했습니다. 그러나 여기서는 컬러 이미지인 ImageNet 데이터로 훈련된 모델을 사용하기 때문에 이미지의 채널을 줄일 필요 없이 이미지 크기를 변환하고 Bitmap을 ByteBuffer로 변환하기만 하면 됩니다.

텐서플로 라이트 서포트 라이브러리는 모델에 입력할 이미지를 담을 수 있는 TensorImage 클래스를 제공합니다. 이를 이용하면 Bitmap 포맷의 이미지를 모델에 바로 입력되는 Byte Buffer 포맷으로 변환할 수 있습니다. 또한 이미지 크기, 데이터 타입 등을 쉽게 얻을 수 있으며, 이미 구현된 다양한 이미지 처리 알고리즘을 ImageProcessor, ImageOperator 클래스로 간단히 적용할 수 있습니다. 텐서플로 라이트 서포트 라이브러리를 이용하여 입력 이미지를 전처리하는 로직을 구현해봅시다.

입력 이미지를 불러오는 로직부터 살펴보겠습니다. 5.4절과 5.5절에서는 resizeBitmap(), convertBitmapToGrayByteBuffer() 함수로 Bitmap 이미지를 ByteBuffer로 변환했습니다.

코드 6-6 5.4절과 5.5절에서 작성한 이미지 변환 로직 호출 코드
ClassifierWithSupport.java

```java
public Pair<Integer, Float> classify(Bitmap image) {
    ByteBuffer buffer = convertBitmapToGrayByteBuffer(resizeBitmap(image));
    ...
}
```

resizeBitmap(), convertBitmapToGrayByteBuffer() 함수 안에는 복잡한 이미지 변환 코드가 들어 있으나 텐서플로 라이트 서포트 라이브러리를 이용하면 [코드 6-7]~[코드 6-9]와 같이 더 쉽게 입력 이미지를 전처리할 수 있습니다.

```java
TensorImage inputImage;

private void initModelShape() {
    Tensor inputTensor = interpreter.getInputTensor(0);
    int[] shape = inputTensor.shape();
    modelInputChannel = shape[0];
    modelInputWidth = shape[1];
    modelInputHeight = shape[2];

    inputImage = new TensorImage(inputTensor.dataType());
    ...
```

먼저 ClassifierWithSupport 클래스의 멤버 변수로 TensorImage를 선언합니다. TensorImage는 Bitmap 이미지를 입력받고, 이를 전처리하여 모델에 입력하기까지 모든 과정에서 이미지와 관련 데이터를 가지고 있을 것입니다. 그런 다음 initModelShape() 함수에서 TensorImage를 생성합니다. 모델의 입력 텐서에서 dataType() 함수로 얻은 입력 텐서의 데이터 타입을 TensorImage 생성자에 전달하여 모델과 동일한 타입으로 TensorImage의 DataType을 설정합니다. 여기서 사용하는 모델은 Float32 값을 사용할 것입니다.

이제 Float32 기반의 TensorImage가 생성되었습니다. 현재 TensorImage에는 아무것도 담겨 있지 않습니다.

다음으로 [코드 6-8]과 같이 Bitmap 이미지를 입력받아 전처리하고 이를 TensorImage 형태로 반환하는 loadImage() 함수를 정의한 뒤 classify() 함수 안에서 이를 호출합니다.

코드 6-8 TensorImage에 bitmap 이미지 입력 및 이미지 전처리 로직 정의
ClassifierWithSupport.java

```java
private TensorImage loadImage(final Bitmap bitmap) {
    inputImage.load(bitmap);

    ImageProcessor imageProcessor =
        new ImageProcessor.Builder()
            .add(new ResizeOp(modelInputWidth, modelInputHeight, NEAREST_NEIGHBOR))
            .add(new NormalizeOp(0.0f, 255.0f))
            .build();
```

```
        return imageProcessor.process(inputImage);
    }
```

loadImage() 함수에서는 먼저 TensorImage인 inputImage의 load() 함수에 Bitmap
을 전달하여 TensorImage에 이미지 데이터를 저장했습니다. 그리고 이를 전처리할
ImageProcessor를 정의하고, 전처리한 결과 값을 반환하게 했습니다. ImageProcessor는
Builder 패턴을 이용하여 파이프라인 형태로 순차적으로 처리 로직을 추가할 수 있습니다. 먼
저 ImageProcessor.Builder를 호출하여 Builder를 만들고, 여기에 add() 함수로 처리할
연산자를 추가하면 됩니다.

[코드 6-8]에서는 ResizeOp와 NormalizeOp를 차례로 추가했습니다. ResizeOp는 이미지
크기를 변경하는 연산으로, 최근접 보간법을 이용하여 모델 입력 크기의 가로세로와 동일하게
변경하였습니다. NormalizeOp는 이미지를 정규화하는 연산으로, 평균과 표준편차를 매개변
수로 받아 이미지의 원본 픽셀 값에서 평균을 뺀 값을 표준편차로 나눕니다. 여기서는 평균값
으로 0.0f를, 표준편차로 255.0f를 입력하여 실제 0~255의 원본 픽셀 값이 0~1로 정규화되
게 합니다.

add() 함수를 이용하여 필요한 연산을 모두 추가했다면 build() 함수를 호출하여 Image
Processor를 생성합니다. 마지막으로 ImageProcessor의 process 함수에 TensorImage
를 전달하면 앞서 추가한 연산들이 적용된 이미지를 TensorImage로 얻을 수 있습니다. 이
TensorImage를 함수의 결과값으로 반환합니다.

이제 [코드 6-9]와 같이 classify() 함수에서 loadImage() 함수를 호출하여 전처리된 이
미지를 얻을 수 있습니다.

코드 6-9 이미지 전처리 수행 함수 호출
ClassifierWithSupport.java

```
    public Pair<String, Float> classify(Bitmap image) {
        inputImage = loadImage(image);
        ...
    }
```

6.2.5 추론 및 결과 해석

(1) 추론

추론을 위해 5.5절에서는 추론할 이미지와 결과 값을 담을 float 배열을 interpreter의 run( ) 함수에 전달했습니다.

코드 6-10 5.5절에서 작성한 추론 코드
ClassifierWithSupport.java

```java
public Pair<Integer, Float> classify(Bitmap image) {
    ByteBuffer buffer = convertBitmapToGrayByteBuffer(resizeBitmap(image));

    float[][] result = new float[1][modelOutputClasses];

    interpreter.run(buffer, result);
    ...
}
```

텐서플로 라이트 서포트 라이브러리는 텐서를 다루는 TensorBuffer 클래스를 제공하며, 이를 사용하면 TensorImage 클래스로 입력 이미지를 대신했던 것처럼 출력 결과 값을 효율적으로 다룰 수 있습니다. [코드 6-11]과 [코드 6-12]는 텐서플로 라이트 서포트 라이브러리를 이용하여 출력 값을 받아오는 코드입니다.

코드 6-11 TensorBuffer 생성
ClassifierWithSupport.java

```java
TensorBuffer outputBuffer;

private void initModelShape() {
    Tensor inputTensor = interpreter.getInputTensor(0);
    int[] shape = inputTensor.shape();
    modelInputChannel = shape[0];
    modelInputWidth = shape[1];
    modelInputHeight = shape[2];

    inputImage = new TensorImage(inputTensor.dataType());

    Tensor outputTensor = interpreter.getOutputTensor(0);
    outputBuffer = TensorBuffer.createFixedSize(outputTensor.shape(),
                                                outputTensor.dataType());
}
```

출력 값을 담을 TensorBuffer를 멤버 변수로 선언한 다음 TensorBuffer의 createFixed Size() 함수로 새로운 TensorBuffer를 생성합니다. createFixedSize() 함수는 매개변수로 텐서의 형태와 데이터 타입을 전달받아 메모리 공간을 계산하여 할당합니다. interpreter의 getOutputTensor() 함수를 통해 얻은 출력 텐서의 shape(), dataType() 함수로 형태와 데이터 타입을 얻을 수 있습니다. 생성 시점에 텐서의 형태를 알 수 없다면 createDynamic() 함수로 DataType만 전달하여 TensorBuffer를 생성할 수도 있습니다.

TensorBuffer까지 생성했다면 [코드 6-12]와 같이 추론을 수행합니다.

코드 6-12 TensorImage와 TensorBuffer를 이용한 추론
ClassifierWithSupport.java

```java
public Pair<String, Float> classify(Bitmap image) {
    inputImage = loadImage(image);
    interpreter.run(inputImage.getBuffer(), outputBuffer.getBuffer().rewind());
    ...
}
```

5.5.1절의 코드와 마찬가지로 interpreter의 run() 함수를 이용합니다. 입력 이미지로 TensorImage의 getBuffer() 함수를 호출하여 ByteBuffer를 전달하고, 출력 값은 Tensor Buffer의 ByteBuffer를 되감기하여 전달합니다. 되감기를 위해 rewind() 함수를 호출하면 ByteBuffer가 할당받은 메모리 크기는 유지된 채 내부의 위치 정보와 마크 정보가 초기화됩니다.

(2) 추론 결과 해석

5.5.2절에서는 MNIST 데이터를 학습한 모델의 추론 결과가 인덱스 0~9에 매핑되었기 때문에 운 좋게도 인덱스와 분류될 클래스가 동일했습니다. 그러나 ImageNet 데이터는 약 1,000개의 클래스로 분류되므로 인덱스가 0~999일 것이고, 각 인덱스가 어떤 클래스를 나타내는지 알 수 있도록 추론 결과와 인덱스를 매핑하는 과정이 필요합니다.

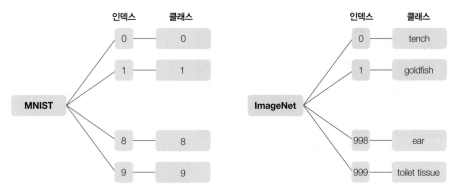

그림 6-2 MNIST와 ImageNet의 분류 클래스

ImageNet으로 학습한 모델은 분류 결과로 0~999의 클래스에 해당하는 인덱스와 확률을 반환하므로 우리는 해당 인덱스가 어떤 클래스인지 알기 위해 label 목록을 알고 있어야 합니다. 다음 주소에서 label 목록을 txt 파일로 제공합니다.

```
https://storage.googleapis.com/download.tensorflow.org/data/ImageNetLabels.txt
```

label 목록을 다운로드하여 assets 폴더에 추가합니다. 파일 이름을 간단히 labels.txt로 변경하여 추가했습니다. 6.2.3절에서 추가한 tflite 파일과 함께 labels.txt 파일을 안드로이드 스튜디오에서 확인할 수 있습니다.

그림 6-3 추가된 tflite 파일과 label 파일

labels.txt 파일을 열어보면 [그림 6-4]와 같이 background부터 toilet tissue까지 1,001개의 단어로 구성되어 있습니다.

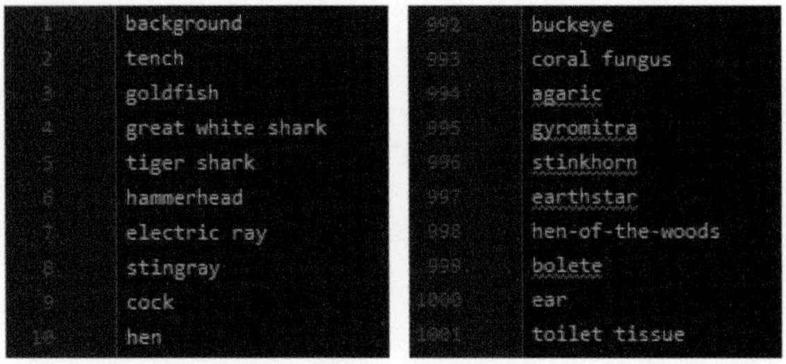

그림 6-4 labels.txt 파일

ImageNet 데이터의 경우 이미지가 1,000개의 클래스로 분류되는데, labels.txt 파일의 첫 번째 줄은 아무 이미지에 포함되지 않을 때 사용하는 background입니다. 따라서 이 값을 제거하고 사용할 것입니다. labels.txt 파일에서 제거해도 되고, 나중에 파일을 읽고 나서 제거해도 무방합니다. 일단 labels.txt 파일에서 제거하고 첫 번째 줄이 tench가 되게 합니다.

그런 다음 labels.txt 파일을 읽기 위한 변수를 선언합니다. [코드 6-13]에서 보듯이 labels. txt 파일명을 final 변수로 선언하고, 이 파일을 읽어서 클래스명을 읽어올 자료 구조를 List〈String〉 형태로 선언했습니다.

코드 6-13 label 파일명과 label 목록 선언
ClassifierWithSupport.java

```java
public class ClassifierWithSupport{
    private static final String MODEL_NAME = "mobilenet_imagenet_model.tflite";
    private static final String LABEL_FILE = "labels.txt";
    Context context;
    Interpreter interpreter;
    int modelInputWidth, modelInputHeight, modelInputChannel;
    TensorImage inputImage;
    TensorBuffer outputBuffer;
    private List<String> labels;
```

이어서 labels.txt 파일을 읽어 List〈String〉 형태로 저장하는 함수가 필요합니다. 이 함수는 텐서플로 라이트 서포트 라이브러리의 FileUtil 클래스에 구현되어 있으므로 추가로 구현할 필요가 없습니다. [코드 6-14]와 같이 init( ) 함수에서 FileUtil의 loadLabels( ) 함수를 호출하여 labels.txt 파일을 List〈String〉 형태로 불러올 수 있습니다.

코드 6-14 label 파일 로드

ClassifierWithSupport.java

```java
public void init() throws IOException {
    ByteBuffer model = FileUtil.loadMappedFile(context, MODEL_NAME);
    model.order(ByteOrder.nativeOrder());
    interpreter = new Interpreter(model);

    initModelShape();
    labels = FileUtil.loadLabels(context, LABEL_FILE);
//      labels.remove(0);
}
```

loadLabels() 함수는 context와 파일명을 매개변수로 전달받으므로 멤버 변수인 context 와 앞에서 선언한 label 파일명인 LABEL_FILE 값을 전달하면 됩니다. 만약 앞에서 labels.txt 파일 첫 번째 줄의 background를 제거하지 않았다면 List의 0번째 인덱스에 background가 있을 것이므로 [코드 6-14]의 주석을 풀어 이를 제거합니다.

label을 불러왔으면 추론이 끝난 뒤 모델의 출력 값에 이를 매핑해야 합니다. [코드 6-15]는 모델의 출력 TensorBuffer와 label을 매핑하는 코드입니다.

코드 6-15 모델 출력과 label 매핑

ClassifierWithSupport.java

```java
public Pair<String, Float> classify(Bitmap image) {
    inputImage = loadImage(image);
    interpreter.run(inputImage.getBuffer(), outputBuffer.getBuffer().rewind());

    Map<String, Float> output =
            new TensorLabel(labels, outputBuffer).getMapWithFloatValue();

    return argmax(output);
}
```

매핑을 위해 텐서플로 라이트 서포트 라이브러리의 TensorLabel 클래스를 이용할 수 있습니다. label을 저장한 List〈String〉 데이터와 모델의 출력인 TensorBuffer 객체를 매개변수로 TensorLabel 인스턴스를 생성할 수 있습니다. 생성된 TensorLabel의 getMapWithFloatValue() 함수를 호출하면 Map〈String, Float〉 형태로 매핑된 결과물을 얻게 됩니다. Map의 Key인 String은 클래스명이고, Value인 Float는 모델의 추론 결과로, 해당 클래스에 속할 확률 값입니다. argmax() 함수를 이용하여 Map에서 속할 확률이 가장 높은 클래스명과 확률 쌍을 얻을 수 있습니다.

코드 6-16 Map〈String, Float〉자료 구조를 처리하는 argmax() 함수
ClassifierWithSupport.java

```java
private Pair<String, Float> argmax(Map<String, Float> map) {
    String maxKey = "";
    float maxVal = -1;

    for(Map.Entry<String, Float> entry : map.entrySet()) {
        float f = entry.getValue();
        if(f > maxVal) {
            maxKey = entry.getKey();
            maxVal = f;
        }
    }

    return new Pair<>(maxKey, maxVal);
}
```

[코드 5-23]에서 구현한 argmax() 함수는 Float의 배열 값을 처리했었지만 ImageNet 모델의 추론 결과는 Map〈String, Float〉형태로 변환했기 때문에 Map 구조를 처리할 수 있는 argmax() 함수가 필요합니다. 로직은 [코드 5-23]과 동일하며, 배열 처리 관련 로직만 Map 자료 구조를 처리하도록 수정했습니다.

6.2.6 Model 클래스를 사용한 Classifier 구현

6.2.3~6.2.5절에서는 5장에서 구현한 텐서플로 라이트 코드를 ImageNet 데이터와 텐서플로 라이트 서포트 라이브러리를 이용하도록 수정했습니다. 이제 Interpreter를 비롯해 딥러닝 모델 전체를 객체화한 Model 클래스를 사용하는 방법을 알아봅시다.

Model 클래스는 텐서플로 라이트 서포트 라이브러리의 model 패키지에 구현된 클래스입니다. tflite 파일 로드, Interpreter를 이용한 추론 등 딥러닝 모델이 직접 수행하는 동작을 한데 모아 객체화한 Model 클래스를 이용하면 앞서 구현한 모델 활용 코드를 더욱 간소화할 수 있습니다.

Model 클래스는 Interpreter가 하던 추론 관련 동작을 내부에서 처리합니다. 따라서 Model 클래스를 사용하는 경우 Interpreter를 직접 생성할 필요가 없습니다. [코드 6-17]을 살펴봅시다.

코드 6-17 Model 클래스 선언 및 인스턴스 생성
ClassifierWithModel.java

```java
public class ClassifierWithModel{
    private static final String MODEL_NAME = "mobilenet_imagenet_model.tflite";
    private static final String LABEL_FILE = "labels.txt";

    Context context;
    Model model;
    int modelInputWidth, modelInputHeight, modelInputChannel;
    TensorImage inputImage;
    TensorBuffer outputBuffer;
    private List<String> labels;

    ...

    public void init() throws IOException {
        model = Model.createModel(context, MODEL_NAME);

        initModelShape();
        labels = FileUtil.loadLabels(context, LABEL_FILE);
//      labels.remove(0);
    }
```

멤버 변수로 선언한 Interpreter를 제거하고 Model 클래스를 선언했습니다. Model 클래스는 tflite 파일 로드부터 추론까지 모두 수행할 수 있기 때문에, tflite 파일을 읽어 Interpreter를 생성하는 코드를 제거하고 팩토리 메서드인 createModel() 함수를 이용하여 Model 클래스를 생성하기만 했습니다. Model 클래스는 생성자를 공개하지 않고 팩토리 메서드를 통해 생성하도록 구현되어 있습니다. [코드 6-17]에서는 context와 tflite 파일명을 전달하여 Model을 생성했습니다. 한편 Model.Option 클래스를 이용하여 모델이 동작할 디바이스를 지정하거나 스레드 개수를 지정할 수 있는데, 이는 8장에서 자세히 살펴보겠습니다.

Interpreter를 참조하여 입력 텐서와 출력 텐서를 구하는 로직도 [코드 6-18]과 같이 Model 클래스를 이용하도록 수정했습니다. Model 클래스도 Interpreter 클래스와 동일한 함수로 입력 텐서와 출력 텐서를 얻을 수 있습니다.

```java
private void initModelShape() {
    Tensor inputTensor = model.getInputTensor(0);
    int[] shape = inputTensor.shape();
    modelInputChannel = shape[0];
    modelInputWidth = shape[1];
    modelInputHeight = shape[2];

    inputImage = new TensorImage(inputTensor.dataType());

    Tensor outputTensor = model.getOutputTensor(0);
    outputBuffer = TensorBuffer.createFixedSize(outputTensor.shape(),
                                                outputTensor.dataType());
}
```

[코드 6-19]는 Model 클래스를 이용하여 추론하고 자원을 해제하는 코드입니다.

코드 6-19 Model 클래스를 이용한 추론과 자원 해제
ClassifierWithModel.java

```java
public Pair<String, Float> classify(Bitmap image) {
    inputImage = loadImage(image);

    Object[] inputs = new Object[]{inputImage.getBuffer()};
    Map<Integer, Object> outputs = new HashMap();
    outputs.put(0, outputBuffer.getBuffer().rewind());

    model.run(inputs, outputs);

    Map<String, Float> output =
            new TensorLabel(labels, outputBuffer).getMapWithFloatValue();

    return argmax(output);
}

public void finish() {
    if(model != null)
        model.close();
}
```

run( ), close( ) 함수도 기존 Interpreter 클래스와 동일한 함수를 사용할 수 있습니다. 다만 run( ) 함수의 입출력 값 타입이 조금 다른데, Model 클래스의 run( ) 함수는 Interpreter의 run( ) 함수가 아닌 runForMultipleInputsOutputs( ) 함수와 동일한 시그니처를 가집니다. Interpreter의 run( ) 함수는 입력 텐서와 출력 텐서로 각각 Object 타입을 요구하지만 runForMultipleInputsOutputs( ) 함수는 Object의 배열과 Object의 Map을 요구합니다. 따라서 임의의 배열과 Map을 만들고 그 안에 각 입력 텐서와 출력 텐서의 버퍼를 추가하여 run( ) 함수에 전달했습니다.

이처럼 Model 클래스를 이용하면 tflite 파일 로드부터 추론까지 모델을 좀 더 직관적으로 사용할 수 있습니다.

6.3 기기에 저장된 이미지 처리

안드로이드에서 가장 많은 저장 공간을 차지하는 콘텐츠 중 하나는 사진입니다. 안드로이드 사용자는 저마다 수 기가바이트에서 수백 기가바이트에 이르는 사진을 보유하고 있습니다. 기기에 저장된 사진을 딥러닝 모델을 통해 추론하는 방식은 안드로이드를 활용한 딥러닝 서비스에서 가장 보편적인 사용자 경험입니다.

5장에서 터치 인터페이스를 이용하여 만든 이미지는 흑백이지만 사용자의 기기에 저장된 이미지는 대부분 컬러일 것입니다. 6.2절에서는 ImageNet 데이터를 활용하여 컬러 이미지를 다루는 방법을 살펴보았는데, 지금부터는 이를 응용하여 안드로이드 기기에 저장된 사진을 가져와 추론 데이터로 활용하는 방법을 알아봅시다.

6.3.1 아키텍처

기기에 저장된 사진을 불러와 추론하는 로직은 [그림 6-5]와 같습니다. 즉 GalleryActivity를 중심으로 기기에 저장된 이미지를 불러오고 추론 결과를 출력합니다.

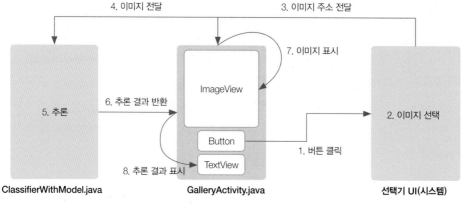

그림 6-5 기기에 저장된 사진을 불러와 추론하는 과정

GalleryActivity는 ImageView, Button, TextView로 구성되어 있습니다. Button을 클릭하면 시스템이 제공하는 선택기 UI를 띄워 기기에 저장된 이미지를 보여주며, 사용자가 이미지를 선택하면 GalleryActivity에 이미지의 Uri를 전달합니다. GalleryActivity는 해당 Uri를 Bitmap으로 변환하고 ClassifierWithModel에 전달하여 추론을 요청하며, 추론 결과를 받아 TextView에 출력합니다. 또한 원본 이미지를 추론 결과와 함께 보여주기 위해 전달받은 이미지를 ImageView에도 출력합니다. 지금부터 이러한 동작을 하는 앱을 실제로 구현해 보겠습니다.

6.3.2 레이아웃 개발

기기에 저장된 이미지를 가져오기 위한 화면 레이아웃을 구현합니다. 기기를 탐색하여 이미지를 확인하고 선택한 이미지를 가져오는 작업은 GalleryActivity가 담당할 것입니다. MainActivity에 버튼을 하나 추가하여 이를 클릭하면 GalleryActivity를 실행하도록 레이아웃을 구성합니다.

코드 6-20 GalleryActivity에 진입하기 위한 메인 화면 레이아웃

activity_main.xml

```xml
<?xml version="1.0" encoding="utf-8"?>
<LinearLayout
    xmlns:android="http://schemas.android.com/apk/res/android"
    xmlns:app="http://schemas.android.com/apk/res-auto"
    xmlns:tools="http://schemas.android.com/tools"
    android:layout_width="match_parent"
    android:layout_height="match_parent"
    tools:context=".MainActivity">

    <Button
        android:id="@+id/galleryBtn"
        android:layout_width="wrap_content"
        android:layout_height="wrap_content"
        android:layout_weight="1"
        android:text="Gallery" />

</LinearLayout>
```

간단히 LinearLayout으로 최상위 레이아웃을 구성하고 버튼 하나만 추가했습니다. 이 버튼을 클릭하면 갤러리 이미지를 불러오기 위한 GalleryActivity 로 진입하도록 구현할 것입니다. 실제 기기에서 확인하면 [그림 6-6]과 같이 나타납니다.

다음으로 갤러리의 이미지를 불러오기 위한 GalleryActivity 의 레이아웃을 구성합니다. 사실 갤러리의 이미지만 가져온 다면 별도의 화면 레이아웃이 필요 없습니다. 이미지를 선 택하도록 요청하면 앱에 이미 설치된 갤러리 앱이 실행되면 서 그 안에서 이미지를 선택하도록 동작하기 때문입니다. 하 지만 여기서는 어떤 이미지가 선택되었는지 확인하고, 그 이 미지를 이용하여 모델이 추론한 결과도 확인하기 위해 [코드 6-21]과 같은 레이아웃을 가진 화면을 만들 것입니다.

그림 6-6 MainActivity의 레이아웃

코드 6-21 갤러리의 이미지와 추론 결과를 보여주는 레이아웃

activity_gallery.xml

```xml
<?xml version="1.0" encoding="utf-8"?>
<androidx.constraintlayout.widget.ConstraintLayout
    xmlns:android="http://schemas.android.com/apk/res/android"
    xmlns:app="http://schemas.android.com/apk/res-auto"
    xmlns:tools="http://schemas.android.com/tools"
    android:layout_width="match_parent"
    android:layout_height="match_parent"
    tools:context=".GalleryActivity">

    <ImageView
        android:id="@+id/imageView"
        android:layout_width="match_parent"
        android:layout_height="0dp"
        app:layout_constraintDimensionRatio="1:1"
        app:layout_constraintTop_toTopOf="parent" />

    <Button
        android:id="@+id/selectBtn"
        android:layout_width="wrap_content"
        android:layout_height="wrap_content"
        android:text="Select Photo"
        app:layout_constraintTop_toBottomOf="@id/imageView"
        app:layout_constraintBottom_toTopOf="@id/textView"
        app:layout_constraintStart_toStartOf="parent"
        app:layout_constraintEnd_toEndOf="parent" />

    <TextView
        android:id="@+id/textView"
        android:layout_width="wrap_content"
        android:layout_height="wrap_content"
        android:text="Result"
        app:layout_constraintTop_toBottomOf="@id/selectBtn"
        app:layout_constraintBottom_toBottomOf="parent"
        app:layout_constraintStart_toStartOf="parent"
        app:layout_constraintEnd_toEndOf="parent" />

</androidx.constraintlayout.widget.ConstraintLayout>
```

화면은 ImageView, Button, TextView로 구성되어 있습니다. ImageView는 선택한 이미지가 어떤 이미지인지 보여줍니다. 모델에 입력될 이미지는 가로세로 크기가 동일하게 변환되어 입력되므로 ImageView도 가로세로 크기가 동일하도록 설정했습니다. Button이 클릭되면 갤러리 앱을 실행하여 이미지를 가져오게 합니다. TextView는 선택된 이미지를 이용하여 딥러닝 모델로 추론한 결과를 보여줍니다. 구현된 레이아웃을 실제 기기에서 확인하면 [그림 6-7]과 같이 나타납니다. 아직 이미지를 선택하지 않았기 때문에 ImageView는 나타나지 않고 Button과 TextView만 보입니다.

그림 6-7 갤러리의 이미지 가져오기 결과 화면

6.3.3 UI 로직 구현

먼저 앱 초기 화면인 MainActivity에서 GalleryActivity를 띄우도록 구현하겠습니다. [코드 6-22]는 MainActivity 코드로, galleryBtn 버튼을 클릭하면 GalleryActivity로 액티비티를 전환합니다.

코드 6-22 MainActivity에서의 GalleryActvity 전환 코드
MainActivity.java

```java
@Override
protected void onCreate(Bundle savedInstanceState) {
    super.onCreate(savedInstanceState);
    setContentView(R.layout.activity_main);

    Button galleryBtn = findViewById(R.id.galleryBtn);
    galleryBtn.setOnClickListener(view -> {
        Intent i = new Intent(MainActivity.this, GalleryActivity.class;
        startActivity(i);
    });
}
```

갤러리에서 이미지를 가져올 GalleryActivity는 [코드 6−23]과 같습니다.

코드 6-23 Classifier와 UI 컨트롤 선언
GalleryActivity.java

```java
public class GalleryActivity extends AppCompatActivity {

    private ClassifierWithModel cls;
    private ImageView imageView;
    private TextView textView;
    ...
```

ClassifierWithModel, ImageView, TextView를 멤버 변수로 선언합니다. ClassifierWith Model 대신에 앞서 구현한 Classifier나 ClassifierWithSupport를 사용해도 됩니다. Button은 OnClickListener만 추가하면 되므로 멤버 변수일 필요가 없지만, ImageView는 선택된 이미지 출력에 사용되고 TextView는 추론 결과 출력에 사용되므로 멤버 변수로 선언 해야 합니다.

[코드 6−24]는 onCreate( ) 함수에서 UI 컨트롤과 Classifier를 초기화하는 코드입니다.

코드 6-24 UI 컨트롤 연결 및 Classifier 생성
GalleryActivity.java

```java
@Override
protected void onCreate(Bundle savedInstanceState) {
    super.onCreate(savedInstanceState);
    setContentView(R.layout.activity_gallery);

    Button selectBtn = findViewById(R.id.selectBtn);
    selectBtn.setOnClickListener(v -> getImageFromGallery());

    imageView = findViewById(R.id.imageView);
    textView = findViewById(R.id.textView);

    cls = new ClassifierWithModel(this);
    try {
        cls.init();
    } catch (IOException ioe) {
        ioe.printStackTrace();
    }
}
```

Button, ImageView, TextView를 각각 연결하고, ClassifierWithModel 클래스를 생성하여 init() 함수를 호출했습니다. Button을 클릭하면 선택기 UI를 실행하여 이미지를 선택하는 기능을 하는 getImageFromGallery() 함수가 호출되는데, 이 함수는 [코드 6-25]와 같이 구현되어 있습니다.

코드 6-25 이미지를 선택하도록 선택기 UI를 실행하는 함수
GalleryActivity.java

```java
public class GalleryActivity extends AppCompatActivity {
    public static final int GALLERY_IMAGE_REQUEST_CODE = 1;
    ...

    private void getImageFromGallery(){
        Intent intent = new Intent(Intent.ACTION_GET_CONTENT).setType("image/*");
//        Intent intent = new Intent(Intent.ACTION_PICK,
//                MediaStore.Images.Media.INTERNAL_CONTENT_URI);
        startActivityForResult(intent, GALLERY_IMAGE_REQUEST_CODE);
    }
```

먼저 요청에 사용할 코드를 하나 선언합니다. 이 코드를 이용하여 액티비티를 전환하고 전환된 액티비티가 종료될 때 데이터를 받아올 수 있습니다. 다음은 액티비티 전환을 위해 Intent를 생성합니다. Intent 클래스는 여러 생성자를 가지고 있습니다. 앞서 MainActivity에서 GalleryActivity로 전환할 때에는 Context와 Class를 매개변수로 받는 생성자를 사용했지만 이번에는 String 타입인 Action을 받는 생성자를 사용할 것입니다. Action 값으로 Intent 클래스에 정의된 Intent.ACTION_GET_CONTENT 또는 Intent.ACTION_PICK을 전달할 수 있습니다.

Intent.ACTION_GET_CONTENT를 사용하면 setType() 함수로 MIME 타입을 'image/*'로 지정하여 MIME 타입을 기준으로 기기에 저장된 모든 이미지를 가져올 수 있습니다. 이 인텐트는 시스템의 선택기 UI를 보여주어 이미지를 선택하게 합니다. 한편 Intent.ACTION_PICK을 사용하면 Intent의 생성자에 Action과 함께 String 타입의 Uri를 전달하여 그에 해당하는 미디어를 가져올 수 있습니다. 이미지를 가져오기 위해서는 Uri로 MediaStore.Images.Media.INTERNAL_CONTENT_URI를 전달하면 됩니다. 이 인텐트를 사용하면 기기에 설치된 사진 앱 또는 갤러리 앱을 실행하여 이미지를 선택할 수 있습니다. Intent.ACTION_GET_CONTENT와 MIME 타입을 전달하는 방법이 더 권장되므로 이 방법을 사용합니다.

지금까지는 액티비티를 전환할 때 대상 액티비티를 실행하기만 하면 되었지만, 이번에는 액티비티를 실행하고 실행된 액티비티에서 특정 작업을 수행한 후 그 결과를 이전 액티비티로 전달해야 합니다. 이러한 경우 startActivity( ) 대신 startActivityForResult( ) 함수를 사용하면 [그림 6-8]과 같이 나중에 실행된 액티비티가 종료될 때 이전 액티비티의 onActivityResult( ) 함수에서 데이터를 전달받을 수 있습니다.

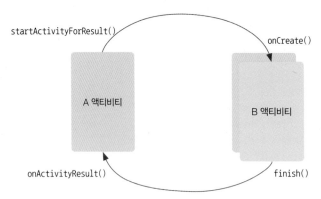

그림 6-8 액티비티 전환 및 결과 값 받아오기

onActivityResult( ) 함수는 매개변수로 int 형인 requestCode, resultCode와 Intent 타입의 data를 전달받습니다. requestCode는 startActivityForResult( ) 함수를 호출할 때 같이 전달하는 매개변수로, 어떤 요청인지 구분하기 위해 사용합니다. 요청할 때와 결과를 돌려받았을 때 공통으로 쓰이는 값이므로 [코드 6-25]와 같이 상수화하여 사용합니다. resultCode는 처리 결과를 알려주기 위한 코드로, 처리 결과에 따라 RESULT_OK, RESULT_CANCELED 등이 전달됩니다. data는 B 액티비티에서 A 액티비티로 전달하는 데이터를 담은 Intent입니다. 여기서는 선택기 UI에서 선택한 이미지가 전달될 것입니다. [코드 6-26]은 선택기 UI에서 이미지를 선택했을 때 선택기 UI가 종료되고 GalleryActivity가 그 이미지를 받아서 처리하는 로직입니다.

코드 6-26 GalleryActivity의 onActivityResult( ) 처리 로직
GalleryActivity.java

```java
@Override
public void onActivityResult(int requestCode, int resultCode, Intent data) {

    super.onActivityResult(requestCode, resultCode, data);
```

```java
    if (resultCode == Activity.RESULT_OK &&
            requestCode == GALLERY_IMAGE_REQUEST_CODE) {
        if (data == null) {
            return;
        }

        Uri selectedImage = data.getData();
        Bitmap bitmap = null;

        try {
            if(Build.VERSION.SDK_INT >= 29) {
                ImageDecoder.Source src =
                    ImageDecoder.createSource(getContentResolver(), selectedImage);
                bitmap = ImageDecoder.decodeBitmap(src);
            } else {
                bitmap = MediaStore.Images.Media.getBitmap(getContentResolver(),
                                                    selectedImage);
            }
        } catch (IOException ioe) {
            Log.e(TAG, "Failed to read Image", ioe);
        }

        if(bitmap != null) {
            Pair<String, Float> output = cls.classify(bitmap);
            String resultStr = String.format(Locale.ENGLISH,
                    "class : %s, prob : %.2f%%",
                    output.first, output.second * 100);

            imageView.setImageBitmap(bitmap);
            textView.setText(resultStr);
        }

    }
}
```

먼저 전달된 매개변수 값을 검증하기 위해 처리 결과인 resultCode가 RESULT_OK로 전달되었는지, requestCode가 이미지를 요청했던 GALLERY_IMAGE_REQUEST_CODE가 맞는지, 전달된 data 값이 null이 아닌지 등을 확인합니다.

매개변수가 잘 전달되었다면 Intent에서 getData( ) 함수를 통해 이미지에 접근할 수 있는 Uri를 얻을 수 있습니다. 안드로이드 SDK 29버전 이전에는 Uri를 이용하여 Bitmap을 가져오기 위해 MediaStore.Images.Media.getBitmap( ) 함수를 사용했습니다. 함수의 매개변수로 ContentResolver와 Uri를 전달하면 그에 해당하는 이미지가 Bitmap 형태로 반환됩니다. 이 함수는 내부적으로 BitmapFactory를 이용하여 구현되었습니다.

그러나 안드로이드 SDK 29 버전부터는 getBitmap() 함수가 Deprecated로 선언되고 대신 ImageDecoder 클래스를 활용하도록 권장합니다. ImageDecoder는 BitmapFactory에 비해 성능상 이점이 있으며 더 다양한 포맷을 지원할 수 있습니다. 따라서 안드로이드 SDK 버전이 29 이상이면 ImageDecoder를, 29 미만이면 getBitmap() 함수를 사용합니다. ImageDecoder의 decodeBitmap() 함수와 Media 클래스의 getBitmap() 함수는 모두 IOException을 던질 수 있습니다. 따라서 try~catch 문을 이용하여 적절히 에러를 처리합니다.

기기의 이미지를 Bitmap으로 불러오는 데 성공했으니 이제 이미지를 ClassifierWithModel에 전달하여 추론 결과를 얻을 차례입니다. [코드 6-19]와 마찬가지로 ClassifierWithModel 클래스의 classify() 함수는 Pair⟨String, Float⟩ 형태로 추론 결과를 전달합니다. String은 추론 결과 이미지가 속할 클래스명이고 Float는 확률입니다. String.format() 함수를 이용하여 이 두 값을 적절한 문자열로 표시합니다.

마지막으로 추론에 사용한 이미지를 ImageView에, 추론 결과 문구를 TextView에 각각 출력합니다. 이제 이미지를 선택하면 딥러닝 모델을 이용하여 추론하고, 추론 결과와 추론에 사용한 이미지가 화면에 나타날 것입니다.

6.3.4 이미지 포맷 변환

이대로 추론을 수행하면 아쉽게도 제대로 추론하지 않고 오류가 반환될 수 있습니다. [코드 6-8]에서 구현한 loadImage() 함수에서 Bitmap을 바로 로드하기 때문입니다.

코드 6-27 TensorImage에 Bitmap을 로드하는 코드

```
private TensorImage loadImage(final Bitmap bitmap) {
    inputImage.load(bitmap);
```

load() 함수로 TensorImage에 Bitmap 이미지를 바로 입력하려고 하지만 TensorImage 클래스는 ARGB_8888을 사용하는 Bitmap만을 입력받습니다. Bitmap은 픽셀을 여러 가

지 형태로 저장할 수 있고 이를 Bitmap.Config에서 관리하는데 ARGB_8888도 그중 하나입니다. Bitmap은 ARGB_8888 외에도 RGB_565, HARDWARE 등 다양한 Config를 지원하기 때문에 TensorImage에 입력하기 전에 Bitmap을 ARGB_8888 형태로 변환해야 합니다. [코드 6-28]과 [코드 6-29]는 Bitmap의 Config를 확인하여 ARGB_8888이 아닐 경우 ARGB_8888로 변환하는 로직입니다.

코드 6-28 Bitmap을 ARGB_8888로 변환

```
private Bitmap convertBitmapToARGB8888(Bitmap bitmap) {
    return bitmap.copy(Bitmap.Config.ARGB_8888, true);
}
```

코드 6-29 Bitmap의 Config를 확인하여 변환

```
private TensorImage loadImage(final Bitmap bitmap) {
    if(bitmap.getConfig() != Bitmap.Config.ARGB_8888) {
        inputImage.load(convertBitmapToARGB8888(bitmap));
    } else {
        inputImage.load(bitmap);
    }
    ...
}
```

loadImage() 함수에서 Bitmap의 getConfig() 함수를 호출하여 Bitmap이 ARGB_8888을 사용하는지 확인합니다. ARGB_8888이 맞다면 bitmap을 바로 inputImage에 로드하지만, ARGB_8888이 아니라면 convertBitmapToARGB8888() 함수를 호출하여 ARGB_8888 형태로 바꿉니다. 이 함수는 Bitmap의 copy() 함수를 이용하여 Config가 ARGB_8888인 Bitmap을 만들어 반환합니다.

6.3.5 기기 추론

추론을 위한 준비가 모두 끝났으며 지금까지 구현한 앱을 빌드하여 기기에서 테스트할 수 있습니다. 4.3.2절에서 MobileNet V2를 테스트하는 데 사용했던 이미지 5개를 기기에 복사하여 이것을 가지고 추론 결과를 확인해보겠습니다.

그림 6-9 테스트 이미지

앱을 실행한 후 〈GALLERY〉를 클릭하면 [그림 6-10]과 같은 화면이 나타날 것입니다. 〈SELECT PHOTO〉를 클릭하여 기기의 사진을 선택할 수 있는 액티비티를 실행합니다. 기기에 최근 추가된 이미지가 나타나며, 빨간 상자로 표시한 상단의 메뉴 버튼을 클릭하면 다양한 방법으로 기기에서 이미지를 찾을 수 있습니다.

그림 6-10 GalleryActivity 실행

그림 6-11 기기의 이미지 선택 화면

그림 6-12 기기의 이미지 선택 메뉴

[그림 6-13]은 [그림 6-9]의 이미지를 이용하여 추론한 결과를 보여줍니다.

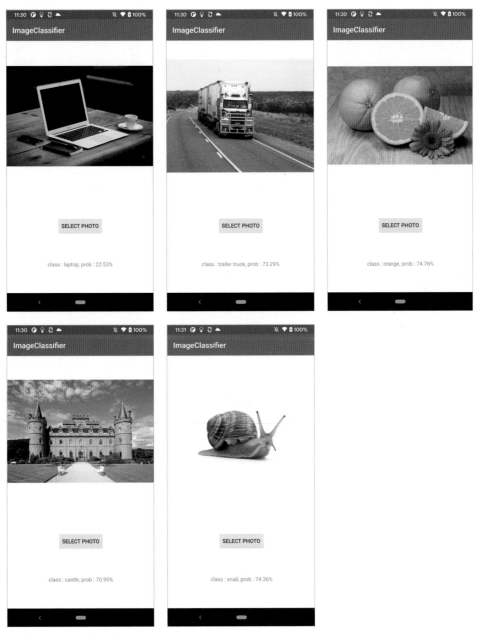

그림 6-13 각 이미지의 추론 결과

추론 결과를 보면 랩톱은 22.53%, 트럭은 73.29%, 오렌지는 74.76%, 성은 70.95%, 달팽이는 74.36%입니다. 5개 모두 정답을 찾아냈으며 랩톱을 제외하고는 비교적 높은 70%대 확률을 기록했습니다. 테스트에 사용한 이미지는 피사체가 명확한 사진이라 잘 분류되었는데, 독자도 자신의 안드로이드 기기에 있는 사진으로 테스트해보기 바랍니다.

6.4 카메라 이미지 처리

이번에는 안드로이드 기기의 카메라로 직접 사진을 촬영하고, 그 사진을 바로 딥러닝 모델로 추론하여 결과를 확인하는 방법을 알아봅시다. 안드로이드에서 카메라로 사진을 찍는 방법은 크게 두 가지가 있습니다. 기기에 이미 설치되어 있는 카메라 앱으로 사진을 찍는 방법과 앱에서 직접 카메라 관련 API를 이용하여 사진을 찍는 방법이 그것입니다. 여기서는 기기에 설치되어 있는 카메라 앱으로 사진을 찍는 방법을 살펴보겠습니다.

6.4.1 아키텍처

직접 촬영한 사진을 이용하여 추론하는 로직은 [그림 6-14]와 같습니다. 전체적인 구조가 GalleryActivity와 거의 동일하며, 선택기 UI를 통해 기기에 저장된 이미지를 가져오는 대신 카메라 앱을 이용한다는 것이 다를 뿐입니다.

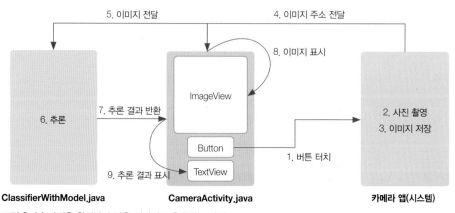

그림 6-14 사진을 촬영하여 얻은 이미지로 추론하는 과정

6.4.2 Feature 추가

앱에서 직접 카메라 관련 API를 이용하여 사진을 찍을 때에는 카메라 관련 권한을 추가해야 합니다. 하지만 기기에 설치된 카메라 앱으로 사진을 찍을 때에는 이미 카메라 앱이 권한을 가지고 있기 때문에 별도로 권한을 추가할 필요가 없습니다. 앱에서 카메라를 사용한다는 것을 시스템이 알 수 있도록 [코드 6-30]과 같이 AndroidManifest.xml 파일에 Feature만 추가합니다.

코드 6-30 Camera Feature 추가
AndroidManifest.xml

```xml
<manifest xmlns:android="http://schemas.android.com/apk/res/android"
    package="com.example.imageclassifier">

    <uses-feature android:name="android.hardware.camera"
        android:required="true" />
```

6.4.3 레이아웃 개발

카메라로 사진을 찍고 이를 가져오기 위한 화면 레이아웃을 구현합니다. 카메라 앱을 실행하고 결과 값을 보여주는 작업은 CameraActivity가 담당합니다. MainActivity에서 버튼을 하나 더 추가하고 이를 클릭했을 때 CameraActivity를 실행하게 합니다.

코드 6-31 CameraActivity에 진입하기 위한 메인 화면 레이아웃
activity_main.xml

```xml
<?xml version="1.0" encoding="utf-8"?>
<LinearLayout
    xmlns:android="http://schemas.android.com/apk/res/android"
    xmlns:app="http://schemas.android.com/apk/res-auto"
    xmlns:tools="http://schemas.android.com/tools"
    android:layout_width="match_parent"
    android:layout_height="match_parent"
    android:orientation="vertical"
    tools:context=".MainActivity">

    <Button
        android:id="@+id/galleryBtn"
        android:layout_width="match_parent"
        android:layout_height="wrap_content"
```

```xml
        android:text="Gallery" />

    <Button
        android:id="@+id/cameraBtn"
        android:layout_width="match_parent"
        android:layout_height="wrap_content"
        android:text="Camera" />
```

이어서 카메라 앱에서 사진을 찍기 위한 CameraActivity의 레이아웃을 구성합니다. Gallery Activity와 마찬가지로 카메라 앱이 실행되어 사진을 찍기 때문에 별도의 화면 레이아웃이 필요 없지만, 촬영된 사진과 모델의 추론 결과를 확인하기 위한 화면을 만들 것입니다.

코드 6-32 카메라 앱으로 촬영한 이미지와 추론 결과를 보여주는 레이아웃
activity_camera.xml

```xml
<?xml version="1.0" encoding="utf-8"?>
<androidx.constraintlayout.widget.ConstraintLayout
    xmlns:android="http://schemas.android.com/apk/res/android"
    xmlns:app="http://schemas.android.com/apk/res-auto"
    xmlns:tools="http://schemas.android.com/tools"
    android:layout_width="match_parent"
    android:layout_height="match_parent"
    tools:context=".CameraActivity">

    <ImageView
        android:id="@+id/imageView"
        android:layout_width="match_parent"
        android:layout_height="0dp"
        app:layout_constraintDimensionRatio="1:1"
        app:layout_constraintTop_toTopOf="parent" />

    <Button
        android:id="@+id/takeBtn"
        android:layout_width="wrap_content"
        android:layout_height="wrap_content"
        android:text="Take Photo"
        app:layout_constraintTop_toBottomOf="@id/imageView"
        app:layout_constraintBottom_toTopOf="@id/textView"
        app:layout_constraintStart_toStartOf="parent"
        app:layout_constraintEnd_toEndOf="parent" />

    <TextView
        android:id="@+id/textView"
```

```
            android:layout_width="wrap_content"
            android:layout_height="wrap_content"
            android:text="Result"
            app:layout_constraintTop_toBottomOf="@id/takeBtn"
            app:layout_constraintBottom_toBottomOf="parent"
            app:layout_constraintStart_toStartOf="parent"
            app:layout_constraintEnd_toEndOf="parent" />

    </androidx.constraintlayout.widget.ConstraintLayout>
```

GalleryActivity와 똑같이 레이아웃을 구성했습니다. ImageView는 촬영된 사진을 보여주고, Button은 카메라 앱을 실행하며, TextView는 추론 결과를 보여줍니다.

6.4.4 카메라 사용 로직 구현

먼저 MainActivity에서 버튼을 클릭하면 CameraActivity를 실행하도록 구현합니다. cameraBtn을 클릭하면 CameraActivity로 액티비티를 전환하도록 [코드 6-33]과 같이 작성했습니다.

코드 6-33 CameraActivity 실행 코드
MainActivity.java

```java
@Override
protected void onCreate(Bundle savedInstanceState) {
    super.onCreate(savedInstanceState);
    setContentView(R.layout.activity_main);

    Button galleryBtn = findViewById(R.id.galleryBtn);
    galleryBtn.setOnClickListener(view -> {
        Intent i = new Intent(MainActivity.this, GalleryActivity.class);
        startActivity(i);
    });

    Button cameraBtn = findViewById(R.id.cameraBtn);
    cameraBtn.setOnClickListener(view -> {
        Intent i = new Intent(MainActivity.this, CameraActivity.class);
        startActivity(i);
    });
```

[코드 6-34]는 카메라 앱을 실행하여 사진을 찍을 CameraActivity입니다.

코드 6-34 UI 컨트롤 연결 및 Classifier 생성

CameraActivity.java

```java
public class CameraActivity extends AppCompatActivity {
    public static final String TAG = "[IC]CameraActivity";

    private ClassifierWithModel cls;
    private ImageView imageView;
    private TextView textView;
    ...

@Override
protected void onCreate(Bundle savedInstanceState) {
    super.onCreate(savedInstanceState);
    setContentView(R.layout.activity_camera);

    Button takeBtn = findViewById(R.id.takeBtn);
    takeBtn.setOnClickListener(v -> getImageFromCamera());

    imageView = findViewById(R.id.imageView);
    textView = findViewById(R.id.textView);

    cls = new ClassifierWithModel(this);
    try {
        cls.init();
    } catch (IOException ioe) {
        ioe.printStackTrace();
    }
}
}
```

GalleryActivity와 마찬가지로 ClassifierWithModel과 UI 컨트롤을 선언하고 Classifier
WithModel의 init( ) 함수를 호출하여 초기화했습니다. 촬영하기 위해 takeBtn을 클릭하면
getImageFromCamera( ) 함수가 호출됩니다. getImageFromCamera( ) 함수는 [코드 6-35]
와 같이 구현합니다.

코드 6-35 카메라 앱을 실행하는 함수

CameraActivity.java

```java
public class CameraActivity extends AppCompatActivity {
    public static final String TAG = "[IC]CameraActivity";
```

```
public static final int CAMERA_IMAGE_REQUEST_CODE = 1;
private static final String KEY_SELECTED_URI = "KEY_SELECTED_URI";

private ClassifierWithModel cls;
private ImageView imageView;
private TextView textView;

Uri selectedImageUri;

...

private void getImageFromCamera(){
    File file = new File(getExternalFilesDir(Environment.DIRECTORY_PICTURES),
                        "picture.jpg");
    if(file.exists()) file.delete();
    selectedImageUri = FileProvider.getUriForFile(this, getPackageName(), file);

    Intent intent = new Intent(MediaStore.ACTION_IMAGE_CAPTURE);
    intent.putExtra(MediaStore.EXTRA_OUTPUT, selectedImageUri);
    startActivityForResult(intent, CAMERA_IMAGE_REQUEST_CODE);
}
```

카메라 앱을 실행하기 위한 요청에 사용할 코드를 선언한 후 이미지를 받아올 Uri를 멤버 변수로 선언합니다. getImageFromCamera() 함수는 카메라 앱을 실행하는 Intent를 생성하여 startActivityForResult() 함수를 통해 전달합니다. 기기에 저장된 이미지를 얻어올 때와 로직이 거의 유사하지만, 이미지를 저장할 파일을 미리 만들고 그 파일의 Uri를 Intent에 추가하여 함께 전달한다는 것이 차이점입니다. onActivityResult() 함수에서 Intent를 통해 이미지를 받을 수 있기는 하지만, 그것은 카메라 앱이 전달하는 미리보기용 이미지여서 카메라로 촬영한 원본 이미지와 해상도가 다릅니다. 따라서 원본 이미지를 얻으려면 미리 파일을 만들고, 그 파일에 사진을 저장하도록 액티비티를 실행할 때부터 Intent에 파일의 Uri를 전달해야 합니다. putExtra() 함수를 통해 키-값 쌍으로 Uri를 전달할 수 있는데, 첫 번째 인자로 키인 MediaStore.EXTRA_OUTPUT을, 두 번째 인자로 값인 Uri를 전달합니다. Intent의 onActivityResult() 함수가 불린 뒤에 Uri를 사용하여 이미지를 얻기 위해 selectedImageUri 값을 멤버 변수로 선언한 것입니다.

촬영한 사진은 사용자에게 보여주기만 하면 되고 다른 앱에서 접근 가능한 형태로 제공할 필요가 없기 때문에, 액티비티의 getExternalFilesDir() 함수를 이용하여 앱에서만 접근할 수 있는 영역에 저장했습니다. 파일에서 Uri를 얻기 위해 FileProvider의 getUriForFile() 함수를 사용했는데, FileProvider는 6.4.5절에서 자세히 설명하겠습니다.

이렇게 구현하면 일반적인 상황에서는 문제가 없지만, 카메라 앱을 실행하는 동안 메모리부족 등의 이유로 CameraActivity가 종료되었다면 CameraActivity가 다시 생성되므로 selectedImageUri 값이 유지되지 않아 이미지를 정상적으로 가져오지 못할 수 있습니다. 따라서 selectedImageUri 값을 다음과 같이 저장합니다.

코드 6-36 CameraActivity의 onSaveInstanceState() 함수
CameraActivity.java

```
@Override
protected void onSaveInstanceState(@NonNull Bundle outState) {
    super.onSaveInstanceState(outState);

    outState.putParcelable(KEY_SELECTED_URI, selectedImageUri);
}
```

onSaveInstanceState() 함수는 액티비티가 일시적으로 혹은 영구적으로 종료될 때 호출됩니다. 이 함수에서 파라미터로 전달되는 인스턴스 상태 번들에 값을 저장하면 이후 앱이 다시 실행되었을 때 저장 값을 사용할 수 있습니다. [코드 6-37]과 같이 onCreate() 함수에 추가하여 인스턴스 상태 번들에 저장한 Uri 값을 다시 불러옵니다.

코드 6-37 onCreate()에서 인스턴스 상태 번들에 저장된 Uri를 불러오는 로직
CameraActivity.java

```
@Override
protected void onCreate(Bundle savedInstanceState) {
    super.onCreate(savedInstanceState);
    setContentView(R.layout.activity_camera);

    Button takeBtn = findViewById(R.id.takeBtn);
    takeBtn.setOnClickListener(v -> getImageFromCamera());

    imageView = findViewById(R.id.imageView);
    textView = findViewById(R.id.textView);

    cls = new ClassifierWithModel(this);
    try {
        cls.init();
```

```
        } catch (IOException ioe) {
            ioe.printStackTrace();
        }

        if(savedInstanceState != null) {
            Uri uri = savedInstanceSt ate.getParcelable(KEY_SELECTED_URI);
            if (uri != null)
                selectedImageUri = uri;
        }
    }
```

이제 일시적으로 액티비티가 종료되어도 selectedImageUri 값이 유지될 것입니다. [코드
6-38]과 같이 onActivityResult( ) 함수를 오버라이딩하여 selectedImageUri를 통해 이
미지를 가져올 수 있습니다.

코드 6-38 CameraActivity의 onActivityResult() 처리 로직
CameraActivity.java

```
@Override
public void onActivityResult(int requestCode, int resultCode, Intent data) {
    super.onActivityResult(requestCode, resultCode, data);

    if (resultCode == Activity.RESULT_OK &&
            requestCode == CAMERA_IMAGE_REQUEST_CODE) {

        Bitmap bitmap = null;
        try {
            if(Build.VERSION.SDK_INT >= 29) {
                ImageDecoder.Source src = ImageDecoder.createSource(
                        getContentResolver(), selectedImageUri);
                bitmap = ImageDecoder.decodeBitmap(src);
            } else {
                bitmap = MediaStore.Images.Media.getBitmap(
                        getContentResolver(), selectedImageUri);
            }
        } catch (IOException ioe) {
            Log.e(TAG, "Failed to read Image", ioe);
        }

        if(bitmap != null) {
            Pair<String, Float> output = cls.classify(bitmap);
            String resultStr = String.format(Locale.ENGLISH,
                    "class : %s, prob : %.2f%%",
```

```
                            output.first, output.second * 100);

                imageView.setImageBitmap(bitmap);
                textView.setText(resultStr);
            }
        }
    }
```

사진 촬영이 끝났다면 카메라 앱이 종료되고 CameraActivity의 onActivityResult() 함수가 호출됩니다. 매개변수의 값을 통해 처리 결과를 확인하고, getImageFromCamera() 함수에서 생성하여 전달했던 selectedImageUri에서 Bitmap 이미지를 불러옵니다. 그리고 이를 ClassifierWithModel에 전달하여 결과를 TextView에 출력합니다. 미리 지정한 selectedImageUri를 사용하는 것만 제외하면 기기에 저장된 이미지를 처리하는 로직과 거의 비슷합니다.

6.4.5 FileProvider 구현

구버전 안드로이드에서는 Uri.fromFile() 함수로 파일의 Uri를 간단히 얻어 이를 다른 앱에 전달할 수 있었습니다. Uri.fromFile() 함수는 'File://'로 시작하는 Uri를 반환합니다. 그러나 안드로이드 SDK 24 버전부터는 'File://'로 시작하는 Uri를 앱 외부에 공유하는 것을 금지하고 FileProvider를 이용하여 'Content://'로 시작하는 Uri를 만들어 앱 외부에 공유하도록 변경되었습니다. 때문에 [코드 6-35]에서도 FileProvider로 파일의 Uri를 얻었습니다. 그러나 FileProvider를 이용하려면 [코드 6-35]만으로는 부족하고, AndroidManifest에 provider를 등록하고 파일의 경로를 지정해야 합니다.

코드 6-39 AndroidManifest에 provider 추가
AndroidManifest.xml

```
<application
    ... >
    ...
    <provider
        android:name="androidx.core.content.FileProvider"
        android:authorities="com.example.imageclassifier"
        android:exported="false"
        android:grantUriPermissions="true">
```

```
        <meta-data
            android:name="android.support.FILE_PROVIDER_PATHS"
            android:resource="@xml/file_paths" />
    </provider>
</application>
```

먼저 AndroidManifest.xml에 provider를 추가합니다. FileProvider는 'androidx.core.content. FileProvider'에 정의되어 있는데 이를 android:name에 지정합니다. android:authorities에는 FileProvider에서 생성한 콘텐츠의 Uri에 접근할 권한을 지정하며, 일반적으로 앱의 패키지명으로 권한을 설정합니다. android:exported에는 다른 앱에서 FileProvider를 사용할 수 있는지를 지정하는데, android:grantUriPermissions를 통해 권한을 관리할 것이므로 false로 설정합니다. 대신 특정 Uri에 권한을 줄 수 있도록 android:grantUriPermissions는 true로 설정합니다. 그리고 〈provider〉의 하위 요소로 〈meta-data〉를 지정하여 xml에 공유할 경로를 넣습니다. 〈meta-data〉에 android:name은 'android.support.FILE_PROVIDER_PATHS'를, android:resource에는 XML 리소스 디렉터리 하위의 file_paths 파일을 지정합니다.

이렇게 설정한 대로 XML 리소스 디렉터리와 file_paths.xml 파일을 만들 것입니다. 프로젝트 뷰에서 마우스 오른쪽 버튼으로 res 폴더를 클릭하여 [New]-[Android Resource Directory]를 선택하면 [그림 6-16]과 같이 리소스 디렉터리를 생성할 수 있는 창이 나타납니다.

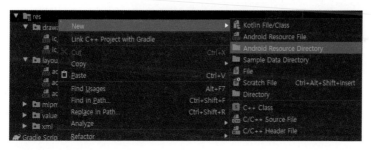

그림 6-15 XML 리소스 디렉터리 생성 메뉴

Directory name에 'xml'을 입력하고 Resource type으로 'xml'을 선택한 뒤 〈OK〉를 클릭하면 res 폴더 아래에 xml 폴더가 생성됩니다.

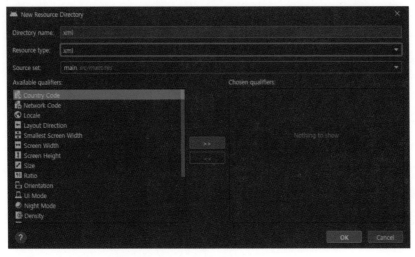

그림 6-16 XML 리소스 디렉터리 생성 창

이어서 xml 폴더 안에 file_paths.xml 파일을 생성합니다. 그런 다음 프로젝트 뷰에서 res 폴더 아래의 xml 폴더를 마우스 오른쪽 버튼으로 클릭하여 [New]−[XML Resource File]을 선택하면 [그림 6-18]과 같이 리소스 파일을 생성할 수 있는 창이 나타납니다.

그림 6-17 XML 리소스 파일 생성 메뉴

File name에 'file_paths'를, Root element에 'paths'를 입력하고 〈OK〉를 클릭하면 xml 폴더 아래에 file_paths.xml 파일이 생성됩니다.

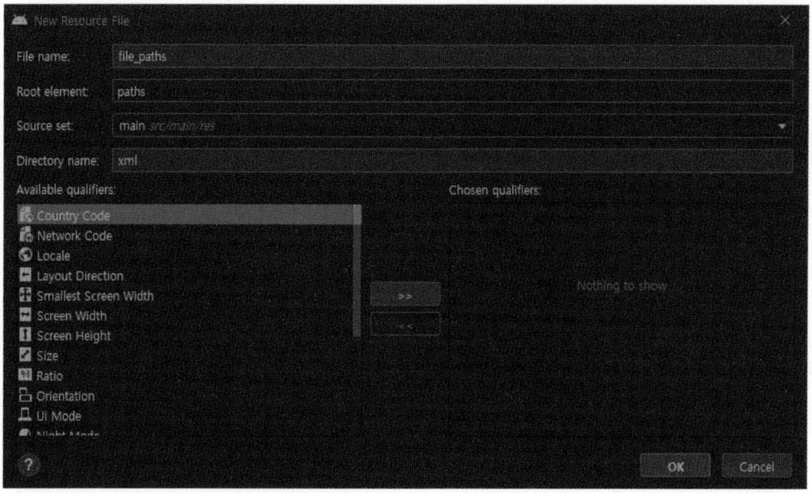

그림 6-18 XML 리소스 파일 생성 창

root 요소로 paths 항목이 선언되었는데 paths 아래에 〈external-path〉 항목을 추가합니다. [코드 6-40]은 〈external-path〉 항목을 추가하는 코드입니다.

코드 6-40 FileProvider로 제공할 파일 경로 지정

file_paths.xml

```xml
<?xml version="1.0" encoding="utf-8"?>
<paths xmlns:android="http://schemas.android.com/apk/res/android">
    <external-path
        name="images"
        path="Android/data/com.example.imageclassifier/files/Pictures"
        />
</paths>
```

〈external-path〉는 name과 path라는 속성을 가지고 있는데, name은 Uri를 구성할 때 사용할 path의 이름이고 path는 실제 파일이 저장될 경로입니다. 여기서는 name을 'images'로, path를 'Android/data/com.example.imageclassifier/files/Pictures'로 설정했습니다. 만약 FileProvider에서 picture.jpg라는 파일의 콘텐츠 Uri를 생성하면 다음과 같이 반환됩니다.

표 **6-2** FileProvider가 생성하는 Uri 및 실제 경로의 예

Uri	content://com.example.imageclassifier/images/picture.jpg
실제 저장 경로	/storage/emulated/0/Android/data/com.example/imageclassifier/files/Pictures/picture.jpg

이제 FileProvider를 사용할 수 있습니다.

6.4.6 기기 추론

지금까지 구현한 앱을 빌드하여 기기에서 실행하고 추론 결과를 확인해봅시다. 앱을 실행하고 〈CAMERA〉를 클릭하면 [그림 6-19]와 같이 사진을 찍는 〈TAKE PHOTO〉가 있는 CameraActivity가 나타납니다. 〈TAKE PHOTO〉를 클릭하면 [그림 6-20]과 같이 기기의 카메라 앱이 실행됩니다. UI는 기기에 설치된 카메라 앱에 따라 다를 것입니다. 테스트하기 위해 6.3.5절에서 사용했던 5개 이미지를 PC 화면에 띄우고 이를 안드로이드 기기로 직접 촬영했습니다. 촬영 버튼을 클릭하여 촬영하면 [그림 6-21]과 같은 미리보기가 나타나며, 미리보기에서 확인 버튼을 클릭하면 CameraActivity에 촬영된 이미지와 추론 결과가 나타납니다.

그림 **6-19** CameraActivity 실행　　그림 **6-20** 카메라 앱 실행　　그림 **6-21** 사진 촬영 후 미리보기

[그림 6-22]는 5개 이미지의 추론 결과입니다.

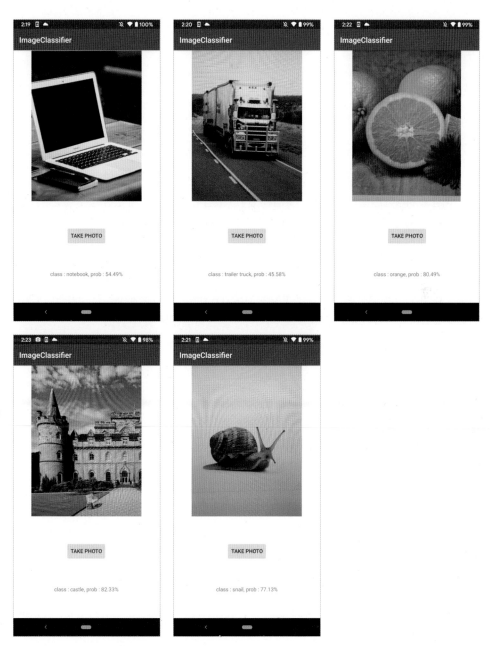

그림 6-22 각 이미지의 추론 결과

랩톱은 54.49%, 트럭은 45.58%, 오렌지는 80.49%, 성은 82.33%, 달팽이는 77.13%로 5개 모두 정답을 잘 찾아냈습니다. PC 화면에 이미지를 띄우고 촬영했기 때문에 깔끔하지 못함에도 불구하고 분류 성능이 준수합니다. 독자도 자신의 안드로이드 기기로 다양한 사물을 촬영하여 테스트해보기 바랍니다.

6.5 마무리

이 장에서는 안드로이드 기기에 탑재된 다양한 프레임워크를 이용하여 이미지를 얻고 이를 딥러닝 모델로 처리하는 앱을 개발하는 방법을 살펴보았습니다. 실생활에 응용할 수 있는 이미지 처리 앱을 만들기 위해 ImageNet 데이터를 사용하고, 모델 활용 로직을 더 효율적으로 구현하기 위해 텐서플로 라이트 서포트 라이브러리를 적용했습니다. 또한 기기에 저장된 이미지를 불러오는 방법과 카메라 앱으로 직접 사진을 찍어 이미지를 얻는 방법, 이러한 이미지를 딥러닝 모델로 추론하여 결과를 처리하는 방법도 다루었습니다. 다음 장에서는 한 걸음 더 나아가 카메라에 입력되는 이미지를 실시간으로 처리하는 방법을 알아볼 것입니다.

7장
실시간 이미지 처리

이 장에서는 카메라 API를 이용하여 실시간으로 이미지를 얻는 방법을 살펴보겠습니다. 6장에서처럼 카메라 앱으로 이미지를 얻는 것이 아니라 카메라 API를 이용하여 카메라로 입력되는 이미지를 실시간으로 얻고 딥러닝 모델로 추론할 것입니다. 하나의 이미지를 모델에 입력하여 하나의 추론 결과를 얻는 것이 아니라 실시간으로 이미지를 처리해야 하기 때문에 안드로이드 기기의 컴퓨팅 자원을 최대한 활용할 수 있도록 최적화하는 것이 중요합니다. 이 장을 읽고 나면 카메라 API 활용법, 카메라 이미지 크기 최적화, 비동기 처리 등 카메라 이미지를 실시간으로 처리하는 다양한 방법을 습득할 수 있습니다.

7.1 Camera2 API의 개요

카메라 API는 현재 지원이 중단된 android.hardware.camera API와 Android 5.0 이후부터 사용 가능한 android.hardware.camera2 API가 있습니다. Camera API는 지원이 중단되었으니 여기서는 Camera2 API를 사용하겠습니다.

[그림 7-1]은 구글 I/O 2014 발표 자료에서 발췌한 것으로 Camera API와 Camera2 API의 차이를 보여줍니다. 카메라를 사용하는 앱이 카메라 API에 이미지를 요청하고 결과를 전달받는 프로세스상의 차이와 함께 세밀한 컨트롤 제공, 캡처 결과 피드백, 처리율 향상, 동기화된 파이프라이닝 적용 등 Camera2 API의 개선 사항을 알 수 있습니다.

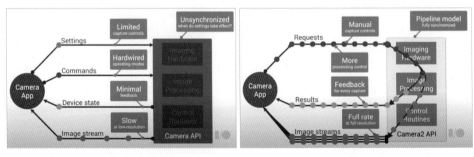

그림 7-1 Camera API와 Camera2 API

[그림 7-2]는 카메라를 사용하는 앱에서 Camera2 API를 사용하는 프로세스를 상세하게 나타낸 것입니다. CameraManager, CameraDevice, CameraCaptureSession 등

Camera2 API가 제공하는 주요 클래스가 CameraCharacteristics, CaptureRequest, CameraCaptureSession.CaptureCallback 등 주변 클래스와 어떻게 상호 작용하는지를 파악할 수 있습니다.

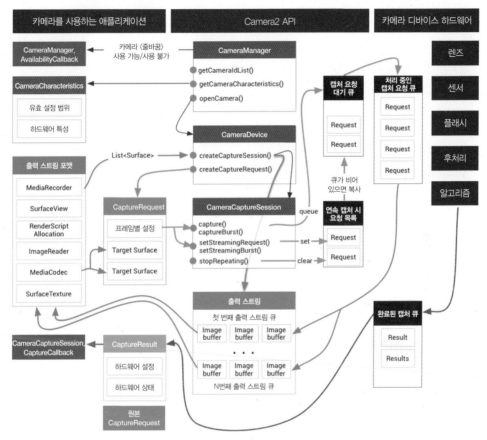

그림 7-2 상세한 Camera2 API 호출 프로세스

출처: https://source.android.com/devices/camera/camera3_requests_hal.html

클래스 간 이미지를 처리하는 흐름을 간략히 나타내면 [그림 7-3]과 같습니다. 카메라를 사용할 앱은 먼저 액티비티에서 CameraManager를 획득하고, CameraManager에서 CameraCharacteristics를 얻어 카메라 관련 정보를 알 수 있습니다. 또한 CameraManager의 openCamara( ) 함수로 카메라와 연결하고 연결된 카메라의 CameraDevice 객체를 얻을 수 있습니다. CameraDevice는 CaptureRequest를 생성하여 캡처와 관련된 요청 사항을 설

정하고, createCaptureSession( ) 함수로 이미지를 받아올 CameraCaptureSession을 생성합니다. 세션이 열리면 캡처를 시작하도록 세션에 요청하고 요청 결과를 반환합니다.

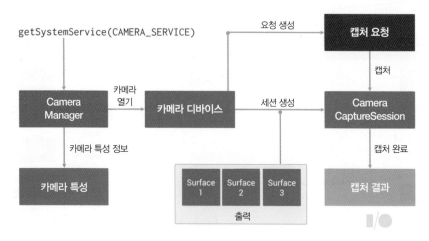

그림 7-3 간략한 Camera2 API 호출 프로세스

이러한 프로세스를 코드로 구현하면서 구체적인 동작을 살펴봅시다.

7.2 실시간 이미지 처리 앱의 개요

카메라 API를 이용하는 앱의 구조와 필요한 권한을 이해하기 위해 6장에서 구현한 ImageClassifier 앱의 코드를 조금 정리하여 사용하겠습니다. 6장에서는 안드로이드 기기의 다양한 이미지 활용법을 알아보기 위해 이미지를 얻을 수 있는 여러 가지 방법을 구현했지만, 이 장에서는 카메라 API를 사용하는 로직에 집중하기 위해 나머지 코드를 덜어낼 것입니다.

7.2.1 모델 성능 향상을 위한 기본 코드 정리

기기에 저장된 이미지를 불러오는 로직과 카메라 앱에서 이미지를 촬영하는 로직을 제거하고 카메라 API를 이용한 실시간 이미지 수집에 집중하도록 [그림 7-4]와 같이 앱을 수정합니다.

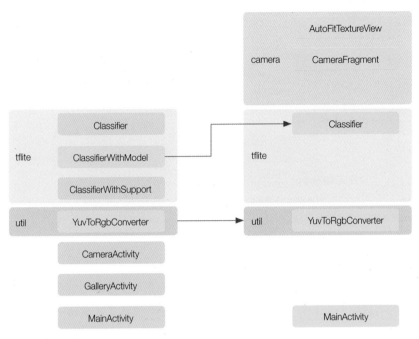

그림 7-4 모델 성능에 집중하기 위해 변경한 앱의 구조

기존 MainActivity를 제거하고 실시간 이미지 처리를 담당할 새로운 MainActivity를 만들어 앱 진입 시 바로 실시간 추론 결과를 확인할 수 있게 합니다. 레이아웃도 마찬가지로 기본 activity_main.xml을 제거하고 새로운 activity_main.xml를 구현합니다. 또한 Classifier 클래스를 제거하고 ClassifierWithModel을 Classifier 클래스로 변경하여 Model 클래스를 활용한 분류 로직을 기본으로 사용하도록 수정합니다. 그리고 CameraActivity, GalleryActivity, ClassifierWithSupport 클래스를 제거하고 관련 layout 파일도 이와 동일하게 수정하며, 카메라 관련 API를 구현할 뷰와 프래그먼트[fragment]를 camera 패키지에 추가합니다. 전체적으로 코드를 가볍게 하고 카메라 관련 코드를 묶어 중요한 부분에 집중할 수 있게 합니다.

7.2.2 실시간 이미지 처리 앱의 구조

앱에 필요한 로직은 [그림 7-5]와 같습니다. GalleryActivity나 CameraActivity처럼 Intent를 이용하여 결과물을 전달받는 방식이 아니라 카메라 API를 이용하여 이미지를 받아오는 로직입니다.

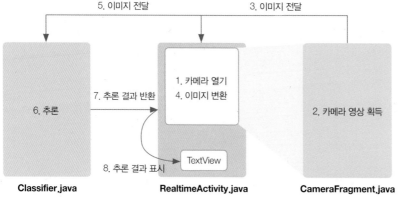

그림 7-5 카메라 API로 얻은 이미지로 추론하는 과정

앞에서는 하나의 이미지로 한 번 추론했지만 여기서는 카메라를 통해 입력되는 이미지를 실시간으로 추론해야 합니다. 메인 스레드만 이용하여 이미지를 획득하고 추론을 수행하면 이미지 입력 속도를 처리 속도가 따라갈 수 없기 때문에 기기 화면이 끊기면서 앱이 원활하게 동작하지 않습니다. 그러므로 이를 해결하기 위해 카메라 영상을 획득하고 이미지를 변환하는 프로세스가 비동기로 동작하도록 백그라운드 스레드를 사용할 것입니다. 백그라운드 스레드를 사용하면 메인 스레드에 영향을 주지 않으면서 많은 컴퓨팅 자원을 필요로 하는 작업을 수행할 수 있습니다.

안드로이드 프래그먼트

안드로이드에서 사용자에게 보이는 화면은 액티비티를 사용하여 구현합니다. 개발 초기의 스마트폰은 화면 구성이 비교적 단순했으나 안드로이드 3.0(SDK 11)부터는 태블릿을 적극적으로 지원하면서 더 역동적이고 복잡한 화면 구성이 필요하게 되었습니다. 따라서 동적인 레이아웃 구성이 가능하고 재사용성이 높은 프래그먼트가 등장했습니다. [그림 7-6]은 액티비티와 프래그먼트를 활용하여 UI를 구성하는 예입니다.

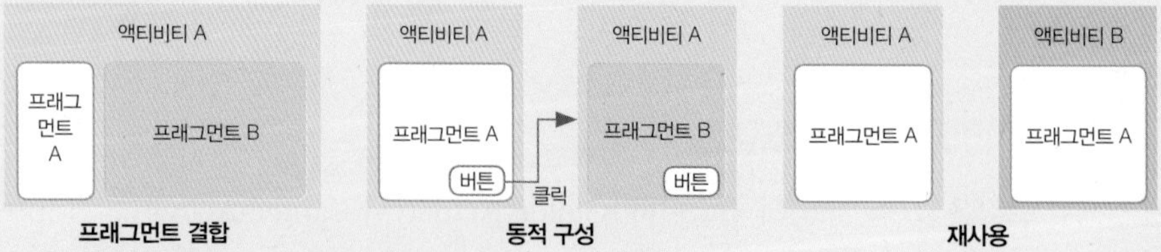

그림 7-6 액티비티와 프래그먼트를 활용한 UI 구성

액티비티가 화면 전체를 나타낸다면 프래그먼트는 액티비티의 일부 영역을 모듈화하여 담당합니다. 프래그먼트를 사용하면 화면을 여러 영역으로 구분하여 한 액티비티 안에서 영역별로 여러 프래그먼트가 화면을 동적으로 구성하도록 구현할 수 있고, 사용자의 동작에 따라 하나의 액티비티 안에서 서로 다른 레이아웃의 화면을 구성하거나 동일한 프래그먼트를 여러 액티비티에서 재사용할 수 있습니다. 이렇게 프래그먼트를 활용하면 더욱 복잡한 화면 구성이나 역동적이고 효율적인 화면 구성이 가능합니다.

프래그먼트의 생명주기는 [그림 7-7]처럼 액티비티와는 다릅니다. onCreate( ), onStart( ), onResume( ), onPause( ), onStop( ), onDestroy( )는 액티비티의 생명주기와 동일하지만 여기에 몇 단계가 추가되었습니다. onAttach( )는 프래그먼트 생성 단계에서 프래그먼트가 처음 액티비티에 추가되었을 때 호출되고, onCreateView( )는 프래그먼트가 UI 레이아웃을 처음 그릴 때 호출됩니다. onCreateView( )가 끝나면 onActivityCreated( )가 호출되는데 현재 onActivityCreated( )는 제거되었으며, 구글은 이 함수 대신 onViewCreated( )를 사용하도록 안내하고 있습니다. onDestroyView( )는 프래그먼트의 소멸 단계에서 프래그먼트의 View가 소멸될 때 호출되고, onDetach( )는 프래그먼트가 더 이상 액티비티에 속하지 않게 되었을 때 호출되며, 이후 액티비티가 소멸됩니다.

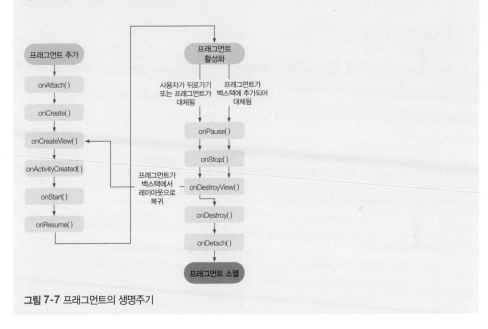

그림 7-7 프래그먼트의 생명주기

7.2.3 권한 추가

기기의 카메라에서 실시간으로 이미지를 얻으려면 카메라 권한이 필요하며, [코드 7-1]과 같이 AndroidManifest.xml 파일에 권한을 추가할 수 있습니다.

코드 7-1 권한 추가

AndroidManifest.xml

```xml
<manifest xmlns:android="http://schemas.android.com/apk/res/android"
    package="com.example.imageclassifier">

    <uses-feature android:name="android.hardware.camera"
        android:required="true" />

    <uses-permission android:name="android.permission.CAMERA" />
```

카메라 권한은 중요 권한으로 앱 실행 시 사용자에게 명시적으로 권한을 부여받아야 합니다. 권한 부여에 대해서는 자바 코드를 작성하면서 자세히 설명하겠습니다.

7.3 레이아웃 개발

이제 화면을 구성하기 위해 레이아웃을 구현해봅시다. 카메라에서 이미지를 가져오는 작업은 MainActivity에 작성하여 앱이 실행되면 바로 카메라가 작동하게 합니다. MainActivity는 카메라에 입력되는 실시간 이미지를 화면에 보여주기 위한 프래그먼트와 추론 결과를 출력하는 TextView로 구성합니다.

코드 7-2 카메라 입력 이미지와 추론 결과 출력을 위한 액티비티 레이아웃

activity_main.xml

```xml
<?xml version="1.0" encoding="utf-8"?>
<androidx.constraintlayout.widget.ConstraintLayout
    xmlns:android="http://schemas.android.com/apk/res/android"
    xmlns:app="http://schemas.android.com/apk/res-auto"
    xmlns:tools="http://schemas.android.com/tools"
    android:layout_width="match_parent"
    android:layout_height="match_parent"
    tools:context=".MainActivity">

    <FrameLayout
        android:id="@+id/fragment"
        android:layout_width="match_parent"
        android:layout_height="wrap_content"
        app:layout_constraintTop_toTopOf="parent" />
```

```xml
    <TextView
        android:id="@+id/textView"
        android:layout_width="wrap_content"
        android:layout_height="wrap_content"
        android:text="Result"
        app:layout_constraintTop_toBottomOf="@id/fragment"
        app:layout_constraintBottom_toBottomOf="parent"
        app:layout_constraintLeft_toLeftOf="parent"
        app:layout_constraintRight_toRightOf="parent" />

</androidx.constraintlayout.widget.ConstraintLayout>
```

화면 상단에 FrameLayout을 배치했는데 나중에 자바 코드에서 이를 프래그먼트로 대체할 것입니다. 그 아래에는 TextView를 배치하여 카메라에서 이미지를 얻는 대로 실시간으로 결과를 출력합니다. [코드 7-3]은 FrameLayout 자리에 들어갈 프래그먼트의 화면 구성입니다. 카메라에서 실시간으로 전달되는 이미지를 보여주는 AutoFitTextureView를 배치했습니다.

코드 7-3 카메라의 실시간 전달 이미지를 출력하기 위한 프래그먼트 레이아웃
fragment_camera.xml

```xml
<?xml version="1.0" encoding="utf-8"?>
<FrameLayout xmlns:android="http://schemas.android.com/apk/res/android"
    xmlns:tools="http://schemas.android.com/tools"
    android:layout_width="match_parent"
    android:layout_height="match_parent"
    tools:context=".realtime.CameraFragment">

    <com.example.imageclassifier.realtime.AutoFitTextureView
        android:id="@+id/autoFitTextureView"
        android:layout_width="wrap_content"
        android:layout_height="wrap_content" />

</FrameLayout>
```

AutoFitTextureView는 동영상이나 3D 렌더링 화면 등 지속적으로 바뀌는 콘텐츠를 화면에 출력하기 위한 TextureView를 상속한 클래스로, 가로세로 비율을 입력된 콘텐츠와 동일하게 맞추면서 화면에 적절히 채우는 기능을 구현하기 위한 것입니다. 이 클래스는 뒤에서 프래그먼트를 구현할 때 같이 구현할 것입니다. 카메라를 작동하면 AutoFitTextureView에 이미지가 실시간으로 나타납니다.

7.4 카메라 사용 로직 구현

7.4.1 액티비티 초기화 및 권한 요청

여기서는 카메라의 영상을 보여주는 MainActivity를 구현합니다. [코드 7-4]는 MainActivity를 생성한 후 초기화하는 로직입니다.

코드 7-4 MainActivity에서의 onCreate( ) 함수 구현
MainActivity.java

```java
private static final String CAMERA_PERMISSION = Manifest.permission.CAMERA;
private static final int PERMISSION_REQUEST_CODE = 1;

private TextView textView;
private Classifier cls;

@Override
protected void onCreate(Bundle savedInstanceState) {
    super.onCreate(null);
    setContentView(R.layout.activity_realtime);

    getWindow().addFlags(WindowManager.LayoutParams.FLAG_KEEP_SCREEN_ON);

    textView = findViewById(R.id.textView);

    cls = new Classifier(this);
    try {
        cls.init();
    } catch (IOException ioe) {
        ioe.printStackTrace();
    }

    if(checkSelfPermission(CAMERA_PERMISSION)
            == PackageManager.PERMISSION_GRANTED) {
        setFragment();
    } else {
        requestPermissions(new String[]{CAMERA_PERMISSION},
                PERMISSION_REQUEST_CODE);
    }
}
```

먼저 프래그먼트의 기본 생성자가 불리지 않도록 super.onCreate( )에 항상 null을 전달하게 했습니다. 액티비티가 실행되면 카메라에 입력되는 이미지를 보여줄 것이므로 액티비티

가 실행되는 동안 화면이 계속 켜져 있어야 합니다. 따라서 액티비티에서 getWindow( ) 함수를 호출하여 액티비티의 Window를 얻고, 여기에 addFlags( ) 함수로 WindowManager.LayoutParams.FLAG_KEEP_SCREEN_ON 값을 전달하여 화면이 꺼지지 않게 합니다. 그리고 결과 값을 출력할 TextView를 연결하고 추론에 활용할 Classifier를 생성하여 초기화합니다.

그런 다음 앞서 생성한 activity_main의 FrameLayout 위치에 들어갈 프래그먼트를 생성하는 setFragment( ) 함수를 호출합니다. setFragment( ) 함수는 카메라를 연결할 Camera Fragment를 생성하는데, CameraFragment는 기기의 카메라를 사용하기 때문에 카메라 사용 권한이 필요합니다.

안드로이드의 권한

안드로이드는 사용자의 개인 정보를 보호하기 위해 기능별로 권한을 부여하고, 민감한 일부 데이터나 기능은 해당 권한을 가진 앱의 접근만 허용합니다. 연락처, SMS 등 특정 사용자 데이터나 카메라, 인터넷 등 시스템의 특정 기능에 접근할 때에는 권한을 얻어야만 접근이 가능합니다. 권한을 얻기 위해서는 사용자에게 권한 사용을 명시적으로 알리거나 직접 승인을 받아야 하기 때문에, 앱이 어떤 기능이나 데이터를 사용하는지 사용자가 미리 알 수 있습니다.

권한은 일반 권한, 서명 권한, 위험 권한의 세 가지 보호 수준으로 구분됩니다. 일반 권한은 개인 정보 침해의 여지가 거의 없는 데이터 접근이나 기능 접근에 설정되는 권한입니다. 앱의 매니페스트에 일반 권한을 등록하면 앱이 설치될 때 시스템이 자동으로 권한을 부여합니다. 서명 권한은 일반 권한처럼 설치 시에 권한이 부여되지만, 권한을 사용하려는 앱과 권한을 정의한 앱이 동일한 인증서로 서명된 경우에만 권한이 부여됩니다. 위험 권한은 사용자의 민감한 정보가 포함된 데이터에 접근하거나 시스템에 영향을 미칠 수 있는 기능에 접근할 때 설정되는 권한으로, 앱의 매니페스트에 등록하는 것만으로는 권한을 얻을 수 없습니다. 런타임에 사용자에게 직접 권한을 요청하고 사용자가 승인을 해야 비로소 권한을 얻을 수 있습니다. 따라서 위험 권한을 필요로 하는 앱을 개발할 때에는 런타임에 사용자에게 권한을 요청하도록 구현해야 합니다.

런타임 권한 요청은 [그림 7-8]과 같은 프로세스로 진행됩니다. 앱을 개발할 때 AndroidManifest에 위험 권한을 등록하며, 앱이 설치되고 권한이 필요한 시점이 되면 액티비티에서 checkSelfPermission( ) 함수를 호출하여 앱이 권한을 가지고 있는지 확인합니다. 권한이 있다면 동작을 계속 수행하고, 권한이 없다면 requestPermissions( ) 함수를 호출하여 권한을 요청합니다. requestPermissions( ) 함수가 실행되면 시스템에서 권한을 요청하는 팝업을 띄워 사용자가 권한을 명시적으로 승인하게 합니다. 사용자가 승인하거나 거절하면 액티비티의 onRequestPermissionsResult( ) 콜백 함수가 호출되고 처리 결과가 전달됩니다. 권한이 성공적으로 부여되었다면 권한이 필요한 작업을 계속하고, 권한이 부여되지 않았다면 작업을 더

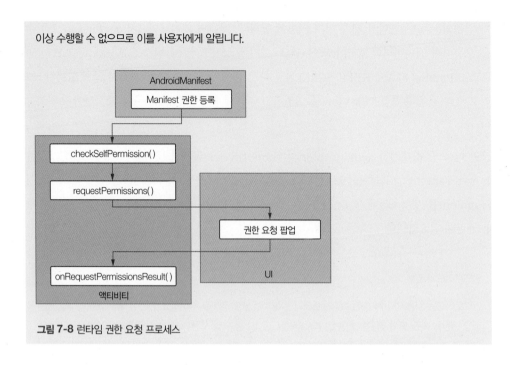

이상 수행할 수 없으므로 이를 사용자에게 알립니다.

그림 7-8 런타임 권한 요청 프로세스

권한이 부여되어 있는지 확인하기 위해 액티비티의 checkSelfPermission() 함수에 Manifest .permission.CAMERA를 전달하여 반환 값을 확인합니다. PackageManager.PERMISSION _GRANTED가 반환되면 권한이 이미 부여된 것이고, PackageManager.PERMISSION_ DENIED가 반환되면 권한이 없는 것입니다. 권한이 있는 경우 setFragment() 함수를 호출 하면 되지만, 권한이 없다면 requestPermissions() 함수를 이용하여 사용자에게 권한을 요 청해야 합니다. requestPermissions() 함수에는 필요한 권한 목록과 요청 결과 확인을 위한 코드를 전달합니다. 이때 요청 코드가 다른 요청 코드와 겹치지 않도록 임의의 값을 정의하여 사용합니다.

requestPermissions() 함수가 호출되면 사용자에게 권한을 요청하는 팝업이 발생하고, 사 용자가 권한을 부여하거나 거부하면 [코드 7-5]와 같이 액티비티의 onRequestPermissions Result() 콜백 함수가 호출됩니다.

코드 7-5 권한 요청 결과에 따른 콜백 함수
MainActivity.java

```
@Override
public void onRequestPermissionsResult(
```

```
        int requestCode, @NonNull String[] permissions, @NonNull int[] grantResults) {
    if(requestCode == PERMISSION_REQUEST_CODE) {
        if(grantResults.length > 0 && allPermissionsGranted(grantResults)) {
            setFragment();
        } else {
            Toast.makeText(this, "permission denied", Toast.LENGTH_LONG).show();
        }
    }
    super.onRequestPermissionsResult(requestCode, permissions, grantResults);
}

private boolean allPermissionsGranted(final int[] grantResults) {
    for (int result : grantResults) {
        if (result != PackageManager.PERMISSION_GRANTED) {
            return false;
        }
    }
    return true;
}
```

---

onRequestPermissionsResult() 함수의 매개변수는 3개입니다. requestCode에는 requestPermissions() 함수 호출 시 전달했던 코드가, permissions에는 요청했던 권한 목록이, grantResults에는 권한 부여 여부가 각각 전달됩니다. requestCode가 우리가 요청한 PERMISSION_REQUEST_CODE가 맞는지 확인하고 grantResults를 통해 권한이 부여되었는지 확인하여 setFragment() 함수를 수행하면 됩니다. 만약 권한이 부여되지 않았다면 작업을 계속하지 않고 사용자에게 권한이 거부되었음을 알립니다.

requestPermissions()에서 권한을 요청할 때 카메라 권한만 요청했지만 여러 권한이 한 번에 요청될 수도 있기 때문에 permissions와 grantResults 변수는 각각 배열 형태로 반환됩니다. 따라서 모든 권한이 부여되었는지 확인하기 위해 allPermissionsGranted() 함수를 작성하여 배열 내 모든 권한이 PERMISSION_GRANTED 상태인지 확인합니다.

7.4.2 프래그먼트 생성 및 연결

다음으로 프래그먼트를 생성하는 방법을 알아봅시다. 프로젝트 뷰에서 [New]-[Fragment]-[Fragment(Blank)]를 선택하여 CameraFragment를 만들면 newInstance() 함수를 사용하는 기본 팩토리 메서드가 구현되어 있습니다. [코드 7-6]과 같이 프래그먼트 생성 시점에 필요한 매개변수를 받을 수 있도록 생성자와 팩토리 메서드를 수정합니다.

코드 7-6 CameraFragment 생성자와 팩토리 메서드 구현
CameraFragment.java

```java
import android.app.Fragment;

public class CameraFragment extends Fragment {
    private ConnectionCallback connectionCallback;
    private ImageReader.OnImageAvailableListener imageAvailableListener;
    private Size inputSize;
    private String cameraId;

    private CameraFragment(final ConnectionCallback callback,
            final ImageReader.OnImageAvailableListener imageAvailableListener,
            final Size inputSize,
            final String cameraId) {
        this.connectionCallback = callback;
        this.imageAvailableListener = imageAvailableListener;
        this.inputSize = inputSize;
        this.cameraId = cameraId;
    }

    public static CameraFragment newInstance(
            final ConnectionCallback callback,
            final ImageReader.OnImageAvailableListener imageAvailableListener,
            final Size inputSize,
            final String cameraId) {
        return new CameraFragment(callback, imageAvailableListener, inputSize,
                                  cameraId);
    }
}
```

CameraFragment 인스턴스를 반환하는 팩토리 메서드인 newInstance( ) 함수는 매개변수로 ConnectionCallback, ImageReader.OnImageAvailableListener, Size, String을 입력받습니다. ConnectionCallback은 카메라가 연결된 후 호출할 콜백 함수를 선언하는 인터페이스로, CameraFragment 클래스에 [코드 7-7]과 같이 정의합니다.

코드 7-7 ConnectionCallback 인터페이스 선언
CameraFragment.java

```java
public interface ConnectionCallback {
    void onPreviewSizeChosen(Size size, int cameraRotation);
}
```

인터페이스는 onPreviewSizeChosen( ) 함수 하나로 구성되어 있고, 이 함수는 카메라 이미지의 가로세로 크기와 이미지 회전 여부를 전달합니다. 가로세로 크기가 확정되었을 때 호출됩니다.

OnImageAvailableListener는 카메라의 다음 프레임 이미지가 준비 완료되었을 때 호출되는 콜백 함수를 정의하는 인터페이스입니다. ImageReader 클래스에 [코드 7-8]과 같이 정의되어 있으며, 이미지가 준비되면 onImageAvailable( ) 함수로 ImageReader를 전달합니다. MainActivity는 이 ImageReader를 전달받아 이미지를 얻어서 추론에 활용합니다.

코드 7-8 OnImageAvailableListener 정의
android.media.ImageReader.java

```java
/**
 * Callback interface for being notified that a new image is available.
 *
 * <p>
 * The onImageAvailable is called per image basis, that is, callback fires for
   every new frame
 * available from ImageReader.
 * <p>
 */
public interface OnImageAvailableListener {
    /**
     * Callback that is called when a new image is available from ImageReader.
     *
     * @param reader the ImageReader the callback is associated with.
     * @see ImageReader
     * @see Image
     */
    void onImageAvailable(ImageReader reader);
}
```

Size에는 모델 입력 이미지의 가로세로 크기가 전달됩니다. CameraFragment에는 기기의 카메라가 제공하는 여러 해상도 중 최적의 해상도를 선택하는 로직이 있는데, 그 로직에서 이 값을 바탕으로 최적의 해상도를 구할 것입니다. 마지막으로 String에는 카메라 ID를 전달합니다. 최근의 안드로이드 기기는 전면 카메라와 후면 카메라 등 다양한 화각의 카메라를 제공하는데, 여러 카메라 중 적절한 것을 선택하여 그 ID를 String 변수를 통해 전달합니다.

이제 프래그먼트가 생성될 때 필요한 UI를 구성하기 위해 onCreateView( ), onViewCreated( )

함수를 오버라이딩합니다.

코드 7-9 onCreateView(), onViewCreated() 함수 구현
CameraFragment.java

```java
private AutoFitTextureView autoFitTextureView = null;

@Override
public View onCreateView(LayoutInflater inflater, ViewGroup container,
                         Bundle savedInstanceState) {
    return inflater.inflate(R.layout.fragment_camera, container, false);
}

@Override
public void onViewCreated(@NonNull View view, @Nullable Bundle savedInstanceState) {
    autoFitTextureView = view.findViewById(R.id.autoFitTextureView);
}
```

onCreateView() 함수에는 프래그먼트의 View를 객체화하기 위한 LayoutInflater, 프래그먼트가 추가될 부모 뷰인 ViewGroup, 재생성될 때 기존 상태가 저장되어 있는 Bundle이 전달됩니다. 함수 안에서 LayoutInflater의 inflate() 함수로 XML 레이아웃 파일을 인스턴스화하여 반환해야 합니다. inflate() 함수의 첫 번째 인자에는 프래그먼트의 레이아웃 파일을 가리키도록 R.layout.fragment_camera를 전달하고, root 인자에는 전달받은 부모 뷰인 container를, attachToRoot 인자에는 false를 전달합니다. attachToRoot가 true이면 두 번째 인자인 root로 전달되는 View에 프래그먼트가 자식 요소로 추가되고, false이면 root로 전달되는 View를 LayoutParam 값을 제공받기 위한 객체로만 사용하게 됩니다.

onViewCreated()는 View 생성이 완료되면 호출되는 콜백 함수입니다. 앞서 [코드 7-3]에서 프래그먼트의 레이아웃을 구성할 때 AutoFitTextureView를 가지고 있었으므로, onViewCreated()의 첫 번째 인자인 View에서 프래그먼트의 UI 컨트롤을 찾아 autoFitTextureView 변수에 연결합니다.

다음으로 setFragment() 함수를 구현하기 전에 방금 추가한 AutoFitTextureView 클래스를 구현하겠습니다. [코드 7-10]은 AutoFitTextureView.java 코드입니다.

```java
package com.example.imageclassifier.realtime;

import android.content.Context;
import android.util.AttributeSet;
import android.view.TextureView;
import android.view.View;

/**
 * A {@link TextureView} that can be adjusted to a specified aspect ratio.
 */
public class AutoFitTextureView extends TextureView {
    private int ratioWidth = 0;
    private int ratioHeight = 0;

    public AutoFitTextureView(final Context context) {
        this(context, null);
    }

    public AutoFitTextureView(final Context context, final AttributeSet attrs) {
        this(context, attrs, 0);
    }

    public AutoFitTextureView(final Context context, final AttributeSet attrs,
                              final int defStyle) {
        super(context, attrs, defStyle);
    }

    /**
     * Sets the aspect ratio for this view. The size of the view will be measured
     *   based on the ratio
     * calculated from the parameters. Note that the actual sizes of parameters
     *   don't matter, that is,
     * calling setAspectRatio(2, 3) and setAspectRatio(4, 6) make the same result.
     *
     * @param width  Relative horizontal size
     * @param height Relative vertical size
     */
    public void setAspectRatio(final int width, final int height) {
        if (width < 0 || height < 0) {
            throw new IllegalArgumentException("Size cannot be negative.");
```

```
        }
        ratioWidth = width;
        ratioHeight = height;
        requestLayout();
    }

    @Override
    protected void onMeasure(final int widthMeasureSpec,
                             final int heightMeasureSpec) {
        super.onMeasure(widthMeasureSpec, heightMeasureSpec);
        final int width = View.MeasureSpec.getSize(widthMeasureSpec);
        final int height = View.MeasureSpec.getSize(heightMeasureSpec);
        if (0 == ratioWidth || 0 == ratioHeight) {
            setMeasuredDimension(width, height);
        } else {
            if (width < height * ratioWidth / ratioHeight) {
                setMeasuredDimension(width, width * ratioHeight / ratioWidth);
            } else {
                setMeasuredDimension(height * ratioWidth / ratioHeight, height);
            }
        }
    }
}
```

AutoFitTextureView는 이미지의 가로세로 비율과 TextureView의 가로세로 비율이 맞지 않으면 카메라를 통해 들어오는 이미지가 왜곡될 수 있으므로 이를 맞추기 위해 사용합니다. AutoFitTextureView는 가로세로 비율을 setAspectRatio( ) 함수에 전달받은 가로세로 비율로 유지합니다. setAspectRatio( ) 함수에 이미지의 가로, 세로 값을 전달하면 멤버 변수 ratioWidth와 ratioHeight에 이를 저장하고 requestLayout( ) 함수를 호출하여 View를 다시 그립니다. 이때 onMeasure( ) 함수가 호출되며 AutoFitTextureView의 가로, 세로 크기를 계산합니다.

'AutoFitTextureView의 가로세로 비율'이 setAspectRatio( ) 함수에서 지정한 '이미지의 가로세로 비율'보다 작으면 가로 길이를 유지하고 세로 길이를 'AutoFitTextureView의 가로/이미지의 가로 비율'만큼 줄입니다. 반대의 경우라면 세로 길이를 유지하고 가로 길이를 '이미지의 가로/AutoFitTextureView의 가로 비율'만큼 줄입니다. 이미지의 크기 비율에 단순히 TextureView의 크기를 맞추면 TextureView의 크기가 화면의 크기를 벗어나 이미지가 잘릴 수도 있기 때문에 비율이 큰 축을 기준으로 비율이 작은 축을 줄이는 방식으로 맞추는 것입니다. [그림 7-9]와 [그림 7-10]은 AutoFitTextureView의 가로세로 비율에 따라 크기를 조절하는 예를 보여줍니다.

[그림 7-9]에서는 TextureView의 가로세로 비율이 3/5이고 이미지의 가로세로 비율이 4/5이므로 TextureView의 가로세로 비율이 더 작습니다. 이러한 경우 TextureView의 가로 길이는 유지되고 세로 길이는 TextureView의 가로/이미지의 가로 비율인 3/4만큼 곱해져 100에서 75로 감소합니다. 결과적으로 TextureView의 크기가 이미지의 크기와 같은 비율이 됩니다.

그림 7-9 AutoFitTextureView 가로 비율이 작은 경우의 크기 결정

[그림 7-10]에서는 TextureView의 가로세로 비율이 3/5이고 이미지의 가로세로 비율이 2/5이므로 TextureView의 가로세로 비율이 더 큽니다. 이러한 경우 TextureView의 세로 길이는 유지되고 가로 길이는 이미지의 가로/TextureView의 가로 비율인 2/3만큼 곱해져 60에서 40으로 감소합니다. 이번에도 TextureView의 크기가 이미지의 크기와 같은 비율이 되었습니다.

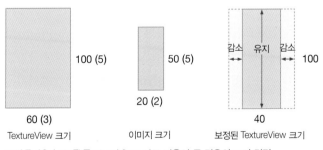

그림 7-10 AutoFitTextureView 가로 비율이 큰 경우의 크기 결정

이제 액티비티에 프래그먼트를 추가하는 setFragment() 함수를 구현합니다.

코드 7-11 액티비티에 프래그먼트를 추가하는 함수 구현

MainActivity.java

```java
private int previewWidth = 0;
private int previewHeight = 0;
private int sensorOrientation = 0;

private Bitmap rgbFrameBitmap = null;

protected void setFragment() {
    Size inputSize = cls.getModelInputSize();
    String cameraId = chooseCamera();

    if(inputSize.getWidth() > 0 && inputSize.getHeight() > 0 && cameraId != null) {
        Fragment fragment = CameraFragment.newInstance(
                (size, rotation) -> {
                    previewWidth = size.getWidth();
                    previewHeight = size.getHeight();
                    sensorOrientation = rotation - getScreenOrientation();
                },
                reader->processImage(reader),
                inputSize,
                cameraId);

        getFragmentManager().beginTransaction().replace(
                R.id.fragment, fragment).commit();
    } else {
        Toast.makeText(this, "Can't find camera", Toast.LENGTH_SHORT).show();
    }
}
```

setFragment() 함수의 주요 동작은 [코드 7-6]에서 구현한 CameraFragment의 newInstance() 함수를 호출하여 프래그먼트의 인스턴스를 얻고, [코드 7-2]에서 추가한 FrameLayout을 이 프래그먼트로 대체하는 것입니다. newInstance() 함수를 호출하기에 앞서 전달해야 할 인자가 4개 있는데 이 값부터 구합니다. 만약 값을 얻는 데 실패한다면 프래그먼트를 생성할 수 없기 때문에 실패할 가능성이 있는 값을 먼저 구하고 유효성을 검증합니다.

세 번째 인자인 Size는 최적의 카메라 해상도를 구하는 데 기준이 되는 크기를 전달합니다. 따라서 모델의 입력 이미지 크기를 기준으로 최적의 카메라 해상도를 구하기 위해 Size에 모델의 입력 이미지 크기를 전달합니다. 다음으로 chooseCamera( ) 함수를 호출하여 네 번째 인자인 카메라 ID 값을 구합니다. 성공적으로 두 값을 구했다면 newInstance( ) 함수를 호출합니다. 첫 번째 인자인 ConnectionCallback( ) 함수는 메서드가 1개인 인터페이스이므로 람다 함수로 바로 구현하여 전달합니다. 가로세로 크기가 확정되었을 때 호출되므로 전달받은 가로세로 크기와 센서 방향을 멤버 변수로 저장합니다. 센서 방향은 전달받은 카메라의 회전 값에서 기기 화면의 회전 값을 빼서 구할 수 있습니다. 두 번째 인자인 OnImageAvailableListener도 메서드가 1개인 인터페이스이므로 람다 함수로 구현할 수 있습니다. processImage( ) 함수를 만들어 이 함수 안에서 ImageReader를 처리하게 합니다.

이렇게 CameraFragment가 준비되었다면 액티비티에 추가할 차례입니다. getFragment Manager( ) 함수를 호출하여 얻은 액티비티의 FragmentManager에서 beginTransaction( ) 함수을 호출하여 프래그먼트 관련 연산을 수행하는 FragmentTransaction을 얻을 수 있습니다. FrameLayout을 CameraFragment로 대체할 것이므로 replace( ) 함수의 인자로 FrameLayout의 ID인 R.id.fragment와 방금 생성한 fragment를 전달하고 commit( ) 함수를 호출하여 트랜잭션을 수행합니다.

다음은 newInstance( ) 호출에 필요한 매개변수를 구하는 데 사용했던 함수들을 구현해 봅시다. [코드 7-12]는 모델의 입력 이미지 크기를 구하기 위한 Classifier 클래스의 getModel InputSize( ) 함수를 구현하는 코드입니다.

코드 7-12 모델의 입력 크기를 반환하는 함수 구현
Classifier.java

```java
private boolean isInitialized = false;

public void init() throws IOException {
        model = Model.createModel(context, MODEL_NAME);

        initModelShape();
        labels = FileUtil.loadLabels(context, LABEL_FILE);
//        labels.remove(0);

        isInitialized = true;
    }

public boolean isInitialized() {
    return isInitialized;
```

```
        }

    public Size getModelInputSize() {
        if(!isInitialized)
            return new Size(0, 0);
        return new Size(modelInputWidth, modelInputHeight);
    }

    public void finish() {
        if(model != null) {
            model.close();
            isInitialized = false;
        }
    }
}
```

모델의 입력 이미지 크기는 멤버 변수 modelInputWidth, modelInputHeight에 저장되어 있으므로 이 값을 사용하여 Size 객체를 만들어 반환하면 됩니다. 하지만 getModelInput Size() 함수를 호출하는 시점에 아직 모델이 초기화되지 않았을 수도 있기 때문에 boolean 형의 isInitialized 변수를 멤버 변수로 선언하여 모델이 초기화되었는지 확인합니다. init() 함수를 빠져나가기 직전에 isInitialized 변수를 true로 설정하여 초기화 여부를 설정합니다.

[코드 7-13]은 적절한 카메라를 선택하는 chooseCamera() 함수를 구현하는 코드입니다.

코드 7-13 기기에서 적절한 카메라를 선택하여 카메라 ID를 반환하는 함수 구현
MainActivity.java

```
    @Nullable
    private String chooseCamera() {
        final CameraManager manager =
                (CameraManager)getSystemService(Context.CAMERA_SERVICE);
        try {
            for (final String cameraId : manager.getCameraIdList()) {
                final CameraCharacteristics characteristics =
                        manager.getCameraCharacteristics(cameraId);

                final Integer facing = characteristics.get(CameraCharacteristics.
                        LENS_FACING);
                if (facing != null && facing == CameraCharacteristics.
                                        LENS_FACING_BACK) {
```

```
            return cameraId;
        }
    }
} catch (CameraAccessException e) {
    e.printStackTrace();
}

return null;
}
```

액티비티에서 getSystemService() 함수로 CameraManager를 얻어 getCameraIdList() 함수를 호출하면 기기에 포함된 카메라의 ID를 얻을 수 있습니다. 카메라 ID를 getCamera Characteristics() 함수에 전달하면 그에 해당하는 카메라의 특성을 알 수 있습니다. CameraCharacteristics.LENS_FACING은 카메라의 방향을 나타내고 LENS_FACING_ FRONT는 전면 카메라를, LENS_FACING_BACK은 후면 카메라를 나타냅니다. 여기서는 사물을 비추어 분류 결과를 확인할 것이므로 후면 카메라를 사용합니다. 요즘에는 후면 카메라 가 여러 대 탑재된 기기도 출시되고 있기 때문에 방향뿐만 아니라 그 밖의 특성도 고려하여 카 메라를 선택하도록 추가해도 좋습니다.

[코드 7-14]는 기기 화면의 회전 여부를 확인하기 위한 getScreenOrientation() 함수를 구 현하는 코드입니다.

코드 7-14 화면의 회전 여부를 확인하는 함수 구현
MainActivity.java

```java
protected int getScreenOrientation() {
    switch (getDisplay().getRotation()) {
        case Surface.ROTATION_270:
            return 270;
        case Surface.ROTATION_180:
            return 180;
        case Surface.ROTATION_90:
            return 90;
        default:
            return 0;
    }
}
```

액티비티에서 getDisplay() 함수를 호출하면 화면의 크기, 밀도 등의 정보를 다루는 Display를 얻을 수 있고, Display의 getRotation() 함수를 호출하면 화면의 회전을 알 수 있습니다. 화면 회전 값은 0도, 90도, 180도, 270도 중 하나이며, 각 값에 해당하는 각도를 계산할 수 있도록 int 형으로 변환하여 반환하도록 구현합니다.

7.4.3 카메라 연결

프래그먼트가 생성되었으니 카메라를 연결하여 실시간으로 이미지를 받아올 수 있도록 요청합니다. 액티비티와 프래그먼트가 모두 활성화되면 프래그먼트의 onResume() 함수가 호출되는데, 이때 카메라 연결을 요청합니다.

코드 7-15 카메라 연결을 시작하는 함수 구현
CameraFragment.java

```java
@Override
public void onResume() {
    super.onResume();

    if(!autoFitTextureView.isAvailable())
        autoFitTextureView.setSurfaceTextureListener(surfaceTextureListener);
    else
        openCamera(autoFitTextureView.getWidth(), autoFitTextureView.getHeight());
}
```

autoFitTextureView에 setSurfaceTextureListener() 함수를 호출하여 surfaceTextureListener를 등록하면 autoFitTextureView가 화면에 출력된 뒤 SurfaceTexture의 상태가 변할 때 콜백 함수를 호출받을 수 있습니다. SurfaceTexture는 카메라 미리보기가 연속적으로 생성하는 이미지 스트림을 받는 객체로, TextureView 안에서 생성됩니다. 프래그먼트가 처음 활성화되었다면 autoFitTextureView에 SurfaceTexture가 생성되기 전이므로 isAvailable() 함수의 결과 값으로 false가 반환됩니다. 따라서 isAvailable() 함수의 반환 값이 false일 때에만 autoFitTextureView에 리스너를 추가합니다. 반환 값이 true이면 이미 리스너가 추가되어 있는 것이므로 카메라를 연결하는 openCamera() 함수만 호출하면 됩니다.

SurfaceTextureListener는 [코드 7-16]과 같이 구현합니다.

코드 7-16 SurfaceTextureListener 구현

CameraFragment.java

```java
private final TextureView.SurfaceTextureListener surfaceTextureListener =
        new TextureView.SurfaceTextureListener() {
            @Override
            public void onSurfaceTextureAvailable(
                    final SurfaceTexture texture, final int width, final int height) {
                openCamera(width, height);
            }

            @Override
            public void onSurfaceTextureSizeChanged(
                    final SurfaceTexture texture, final int width, final int height) {
                configureTransform(width, height);
            }

            @Override
            public boolean onSurfaceTextureDestroyed(final SurfaceTexture texture) {
                return true;
            }

            @Override
            public void onSurfaceTextureUpdated(final SurfaceTexture texture) {
            }
        };
```

SurfaceTextureListener 인터페이스는 4개의 함수로 구성되어 있습니다. onSurfaceTexture Available() 함수는 SurfaceTexture가 준비되면 호출됩니다. 이 시점에 openCamera() 함수를 호출하여 카메라를 연결할 수 있습니다. onSurfaceTextureSizeChanged() 함 수는 SurfaceTexture의 버퍼 크기가 변경될 때 호출됩니다. 가로나 세로 크기가 바뀌면 이에 맞추어 적절히 화면을 회전시키기 위해 configureTransform() 함수를 호출합니다. onSurfaceTextureDestroyed() 함수는 SurfaceTexture가 소멸될 때 호출되며, onSurfaceTextureUpdated() 함수는 SurfaceTexture의 updateTexImage() 함수가 호출되어 텍스처 이미지가 업데이트되었을 때 호출됩니다.

onSurfaceTextureAvailable()에서 카메라 연결을 위해 호출하는 openCamera() 함수는 [코드 7-17]과 같이 구현합니다.

```java
@SuppressLint("MissingPermission")
private void openCamera(final int width, final int height) {
    final Activity activity = getActivity();
    final CameraManager manager =
            (CameraManager)activity.getSystemService(Context.CAMERA_SERVICE);

    setupCameraOutputs(manager);
    configureTransform(width, height);

    try {
        if (!cameraOpenCloseLock.tryAcquire(2500, TimeUnit.MILLISECONDS)) {
            Toast.makeText(getContext(),
                    "Time out waiting to lock camera opening.",
                    Toast.LENGTH_LONG).show();
            activity.finish();
        } else {
            manager.openCamera(cameraId, stateCallback, null);
        }
    } catch (final InterruptedException | CameraAccessException e) {
        e.printStackTrace();
    }
}
```

먼저 액티비티의 getSystemService() 함수를 호출하여 CameraManager를 가져옵니다. 그리고 이를 setupCameraOutputs() 함수에 전달하여 카메라 출력 크기와 방향을 구하고, configureTransform() 함수를 호출하여 화면을 적절히 회전시킵니다.

카메라를 획득하는 과정은 여러 프로세스가 동시에 작업할 수 없는 임계 영역^{critical section}에 속하는 것입니다. 따라서 세마포어를 사용하여 하나의 프로세스만 공유 자원에 접근할 수 있도록 제어합니다. 연결에 성공하거나 실패하여 연결 과정이 끝날 때 세마포어를 해제할 것입니다. 세마포어를 획득했다면 CameraManager의 openCamera() 함수를 호출하고, 얻지 못했다면 무한히 기다리지 않도록 tryAcquire() 함수를 사용하여 2,500밀리초 동안만 기다리게 합니다. 만약 2,500밀리초가 지나도 카메라를 연결할 수 없다면 카메라를 열 수 없다는 메시지를 출력하고 액티비티를 종료합니다.

카메라 출력 값을 구하는 setupCameraOutputs() 함수는 [코드 7-18]과 같이 구현합니다.

코드 7-18 카메라 출력 크기와 방향을 설정하는 함수 구현

CameraFragment.java

```java
private void setupCameraOutputs(CameraManager manager) {
    try {
        final CameraCharacteristics characteristics = manager.
            getCameraCharacteristics(cameraId);

        final StreamConfigurationMap map = characteristics.get(
            CameraCharacteristics.SCALER_STREAM_CONFIGURATION_MAP);

        sensorOrientation = characteristics.get(CameraCharacteristics.
            SENSOR_ORIENTATION);

        previewSize = chooseOptimalSize(
            map.getOutputSizes(SurfaceTexture.class),
            inputSize.getWidth(),
            inputSize.getHeight());

        final int orientation = getResources().getConfiguration().orientation;
        if (orientation == Configuration.ORIENTATION_LANDSCAPE) {
            autoFitTextureView.setAspectRatio(previewSize.getWidth(),
                                              previewSize.getHeight());
        } else {
            autoFitTextureView.setAspectRatio(previewSize.getHeight(),
                                              previewSize.getWidth());
        }
    } catch (final CameraAccessException cae) {
        cae.printStackTrace();
    }

    connectionCallback.onPreviewSizeChosen(previewSize, sensorOrientation);
}
```

setupCameraOutputs() 함수는 카메라 출력 값의 가로세로 크기와 센서의 회전 방향을 계산합니다. 먼저 전달받은 CameraManager에서 카메라 특성을 나타내는 CameraCharacteristics를 가져옵니다. CameraCharacteristics에 CameraCharacteristics.SCALER_STREAM_CONFIGURATION_MAP을 키로 전달하면 StreamConfigurationMap을 얻을 수 있고, CameraCharacteristics.SENSOR_ORIENTATION을 키로 전달하면 센서의 회전을 알 수 있습니다. StreamConfigurationMap은 카메라의 출력과 관련된 다양한 정보를 가지고 있

는 클래스로, getOutputSizes() 함수를 호출하면 카메라가 지원하는 모든 가로세로 크기를 Size[] 타입으로 반환받을 수 있습니다. 이렇게 얻은 카메라의 지원 출력 크기와 생성자에서 전달받은 딥러닝 모델 입력 이미지의 가로세로 크기를 chooseOptimalSize() 함수에 전달하면 최적의 카메라 출력 크기를 구할 수 있습니다. 이렇게 구한 카메라 출력 크기를 previewSize에 저장합니다.

previewSize가 결정되었으면 이를 바탕으로 autoFitTextureView의 크기를 결정합니다. 현재 화면이 가로 모드라면 previewSize의 가로, 세로 값을 그대로 autoFitTextureView의 setAspectRatio() 함수에 전달하고, 세로 모드라면 가로, 세로 값을 서로 바꾸어 전달합니다. 그런 다음 결정된 크기를 알려주기 위해 previewSize와 sensorOrientation 값을 생성자에서 전달받은 connectionCallback의 onPreviewSizeChosen() 함수에 전달합니다.

최적의 크기를 구하는 데 사용하는 chooseOptimalSize() 함수는 [코드 7-19]와 같이 구현합니다.

코드 7-19 최적의 카메라 출력 크기를 계산하는 함수 구현
CameraFragment.java

```java
protected Size chooseOptimalSize(final Size[] choices, final int width, final int
                                  height) {
    final int minSize = Math.min(width, height);
    final Size desiredSize = new Size(width, height);

    final List<Size> bigEnough = new ArrayList<Size>();
    final List<Size> tooSmall = new ArrayList<Size>();
    for (final Size option : choices) {
        if (option.equals(desiredSize)) {
            return desiredSize;
        }

        if (option.getHeight() >= minSize && option.getWidth() >= minSize) {
            bigEnough.add(option);
        } else {
            tooSmall.add(option);
        }
    }

    if (bigEnough.size() > 0) {
        return Collections.min(bigEnough, new CompareSizesByArea());
    } else {
```

```
            return Collections.max(tooSmall, new CompareSizesByArea());
        }
    }
```

chooseOptimalSize( )는 choices에 전달된 크기 중 width, height 값과 가장 일치하는 크기를 반환하는 함수입니다. 카메라가 지원하는 출력 크기 배열에 전달받은 width, height 값과 정확히 일치하는 Size가 있다면 그 값을 바로 반환합니다. 만약 정확히 일치하는 Size가 없다면 가로와 세로 중 작은 크기를 기준으로 하여, 가로와 세로 모두 이 기준 값보다 큰 Size는 bigEnough 리스트에, 그렇지 않은 Size는 tooSmall 리스트에 추가합니다. bigEnough 리스트가 비어 있지 않다면 리스트의 원소 중 넓이가 가장 작은 Size를 반환하고, bigEnough 리스트가 비어 있다면 tooSmall 리스트의 원소 중 넓이가 가장 큰 Size를 반환합니다.

넓이를 기준으로 Size를 비교하기 위해 [코드 7-20]과 같이 CompareSizesByArea 클래스를 CameraFragment 내부에 정의합니다. 두 Size를 비교할 때 가로 길이와 세로 길이를 곱하여 넓이를 구하고 그 넓이를 비교하도록 Comparator를 구현했습니다.

코드 7-20 넓이를 기준으로 Size 비교
CameraFragment.java

```java
static class CompareSizesByArea implements Comparator<Size> {
    @Override
    public int compare(final Size lhs, final Size rhs) {
        return Long.signum(
                (long) lhs.getWidth() * lhs.getHeight() - (long) rhs.getWidth() *
                rhs.getHeight());
    }
}
```

가로세로 크기가 변경되었을 때 호출하는 configureTransform( ) 함수는 [코드 7-21]과 같이 구현합니다.

코드 7-21 가로세로 크기가 변경되면 호출하는 함수 구현
CameraFragment.java

```java
private void configureTransform(final int viewWidth, final int viewHeight) {
    final Activity activity = getActivity();
    if (null == autoFitTextureView || null == previewSize || null == activity) {
        return;
    }
```

```
    final int rotation = activity.getDisplay().getRotation();
    final Matrix matrix = new Matrix();
    final RectF viewRect = new RectF(0, 0, viewWidth, viewHeight);
    final RectF bufferRect =
        new RectF(0, 0, previewSize.getHeight(), previewSize.getWidth());
    final float centerX = viewRect.centerX();
    final float centerY = viewRect.centerY();
    if (Surface.ROTATION_90 == rotation || Surface.ROTATION_270 == rotation) {
        bufferRect.offset(
            centerX - bufferRect.centerX(),
            centerY - bufferRect.centerY());
        matrix.setRectToRect(viewRect, bufferRect, Matrix.ScaleToFit.FILL);
        final float scale =
            Math.max((float) viewHeight / previewSize.getHeight(),
            (float) viewWidth / previewSize.getWidth());
        matrix.postScale(scale, scale, centerX, centerY);
        matrix.postRotate(90 * (rotation - 2), centerX, centerY);
    } else if (Surface.ROTATION_180 == rotation) {
        matrix.postRotate(180, centerX, centerY);
    }
    autoFitTextureView.setTransform(matrix);
}
```

configureTransform( )은 액티비티의 Display에서 getRotation( ) 함수로 현재 화면의
회전을 얻어 90도, 180도, 270도 회전이 필요한 경우 autoFitTextureView에 회전 연산을
적용하는 함수입니다. 180도 회전은 가로세로 비율이 변하지 않기 때문에 중심점을 그대로 하
여 180도 회전 연산만 수행하면 됩니다. 그러나 90도와 270도 회전은 가로세로 비율이 변하기
때문에 회전하기 전에 중심점을 정렬하고 가로의 비율과 세로의 비율 중 더 큰 값의 비율로 크
기의 배율을 정하여 크기 조정 및 회전 연산을 수행합니다.

7.4.4 캡처 세션 생성

앞서 CameraDevice의 openCamera( ) 함수를 호출할 때 CameraDevice.StateCallback
을 전달했습니다. 이 콜백 함수를 통해 카메라가 연결되었는지 알 수 있고, 성공적으로 연결되
었다면 미리보기 세션을 생성합니다. [코드 7-22]와 같이 이 콜백 함수를 구현합니다.

코드 7-22 CameraDevice 상태 변경에 따른 콜백 함수 구현

```java
private CameraDevice cameraDevice;

private final CameraDevice.StateCallback stateCallback = new CameraDevice.
                                                StateCallback() {
    @Override
    public void onOpened(final CameraDevice cd) {
        cameraOpenCloseLock.release();
        cameraDevice = cd;
        createCameraPreviewSession();
    }

    @Override
    public void onDisconnected(final CameraDevice cd) {
        cameraOpenCloseLock.release();
        cd.close();
        cameraDevice = null;
    }

    @Override
    public void onError(final CameraDevice cd, final int error) {
        cameraOpenCloseLock.release();
        cd.close();
        cameraDevice = null;
        final Activity activity = getActivity();
        if (null != activity) {
            activity.finish();
        }
    }
};
```

카메라 연결에 성공했다면 onOpened( )가 호출되고, 연결이 종료될 때에는 onDisconnected( )
가, 에러가 발생한 경우에는 onError( )가 호출됩니다. stateCallback이 호출되었다
면 성공이든 실패든 연결 프로세스가 끝난 것이므로 세마포어를 해제합니다. onOpened( )
가 호출되면 전달된 CameraDevice는 앞으로도 계속 접근이 필요하기 때문에 멤버 변수
로 저장하고 createCameraPreviewSession( )을 호출하여 미리보기 세션을 생성합니다.
onDisconnected( )나 onError( )가 호출되면 CameraDevice를 닫고 멤버 변수를 초기화
하며, 필요한 경우 액티비티를 종료합니다.

미리보기 세션은 카메라 프레임을 기기 화면을 통해 보여주기 위한 것으로 [코드 7−23]과 같이 생성합니다.

코드 7-23 미리보기 세션 생성
CameraFragment.java

```java
private void createCameraPreviewSession() {
    try {
        final SurfaceTexture texture = autoFitTextureView.getSurfaceTexture();
        texture.setDefaultBufferSize(previewSize.getWidth(), previewSize.
                getHeight());

        final Surface surface = new Surface(texture);

        previewReader = ImageReader.newInstance(previewSize.getWidth(),
                previewSize.getHeight(), ImageFormat.YUV_420_888, 2);
        previewReader.setOnImageAvailableListener(imageAvailableListener, null);

        previewRequestBuilder = cameraDevice.createCaptureRequest(
                CameraDevice.TEMPLATE_PREVIEW);
        previewRequestBuilder.addTarget(surface);
        previewRequestBuilder.addTarget(previewReader.getSurface());

        previewRequestBuilder.set(
                CaptureRequest.CONTROL_AF_MODE,
                CaptureRequest.CONTROL_AF_MODE_CONTINUOUS_PICTURE);

        previewRequestBuilder.set(
                CaptureRequest.CONTROL_AE_MODE,
                CaptureRequest.CONTROL_AE_MODE_ON_AUTO_FLASH);

        cameraDevice.createCaptureSession(
                Arrays.asList(surface, previewReader.getSurface()),
                sessionStateCallback,
                null);
    } catch (final CameraAccessException e) {
        e.printStackTrace();
    }
}
```

먼저 autoFitTextureView에서 getSurfaceTexture() 함수를 호출하여 SurfaceTexture를 얻고, SurfaceTexture의 setDefaultBufferSize() 함수에 previewSize의 가로, 세로

값을 전달하여 버퍼 크기를 설정합니다. 그런 다음 Surface 생성자에 SurfaceTexture를 전달하여 새로운 Surface를 생성합니다. 이 Surface는 화면에 미리보기 영상을 보여주기 위한 것이며, Surface와 SurfaceTexture의 관계는 [그림 7-11]과 같습니다.

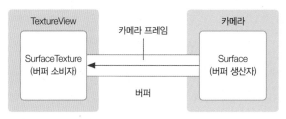

그림 7-11 SurfaceTexture와 Surface

SurfaceTexture는 TextureView에 의해 생성되며, 버퍼를 생성하고 버퍼에 전달되는 카메라 프레임을 처리합니다. Surface는 버퍼 생산자 역할을 하고, Surface를 생성할 때 전달받은 SurfaceTexture의 버퍼에 카메라 프레임 데이터를 채웁니다.

이제 미리보기용이 아닌 모델에 전달할 이미지를 받을 Surface를 준비합니다. TextureView의 SurfaceTexture에 의해 생성된 Surface는 카메라로부터 받은 이미지를 TextureView에 출력하여 화면에 보여주기 위한 것이지 모델에 전달할 이미지를 얻기 위한 것이 아닙니다. 딥러닝 모델에 전달할 이미지를 확보하려면 이미지를 받을 Surface가 추가로 필요합니다.

Camera2 API는 SurfaceTexture 외에도 [그림 7-12]와 같은 다양한 출력 형태를 제공하는데, 여기서는 Surface에 출력되는 이미지에 직접 접근이 가능한 ImageReader를 사용할 것입니다.

그림 7-12 Camera2 API의 다양한 출력 형태

ImageReader.newInstance() 함수에 가로세로 크기, 이미지 포맷, 최대 이미지 수를 전달하여 새로운 ImageReader를 생성할 수 있습니다. 가로세로 크기에는 각각 previewSize를 사용하고 이미지 포맷에는 YUV_420_888을 사용합니다. 카메라로부터 스틸 이미지 1장을 가져올 때는 이미지 퀄리티가 높은 JPEG 포맷이 권장되고, 연속된 이미지 프레임을 가져올 때는 효율성이 좋은 YUV_420_888이 권장됩니다. YUV는 밝기(휘도)를 나타내는 Y와 색 정보를 나타내는 U(Blue), V(Red)로 구성된 이미지 포맷입니다. maxImages는 2로 설정합니다.

ImageReader에서 이미지를 얻기 위해서는 acquireNextImage() 또는 acquireLatestImage() 함수를 사용해야 합니다. acquireNextImage()는 큐^{queue}의 다음 이미지를 반환하며, acquireLatestImage()는 큐의 최신 이미지를 가져오고 오래된 이미지를 모두 정리합니다. 우리는 실시간으로 이미지를 전달받아 추론을 하도록 딥러닝 모델에 전달할 것인데, 추론하는 데 긴 시간이 걸리므로 acquireNextImage()보다 acquireLatestImage()를 사용하여 카메라에서 전달되는 최신 프레임을 가져오고 나머지 프레임을 버립니다. maxImages의 최솟값은 1인데, 1로 설정하면 acquireLatestImage()가 acquireNextImage()와 똑같이 동작하기 때문에 acquireLatestImage()가 의도대로 동작하기 위한 최솟값인 2로 maxImages를 설정한 것입니다.

ImageReader가 생성되면 setOnImageAvailableListener() 함수를 통해 OnImageAvailableListener를 전달해야 합니다. CameraFragment를 생성할 때 MainActivity로부터 전달받은 imageAvailableListener를 여기에 전달합니다. handler에는 리스너가 동작할 스레드의 핸들러를 전달하는데, 나중에 비동기 처리에서 추가할 것이므로 일단 null을 입력하여 현재 스레드에서 동작하게 합니다.

Camera2 API에서 이미지를 얻기 위해 이제 남은 절차는 CaptureRequest와 CameraCaptureSession을 생성하는 것입니다. CameraCaptureSession은 여기서 바로 생성하고, CaptureRequest는 빌더 패턴을 이용하여 설정에 필요한 값을 차곡차곡 입력하다가 마지막에 CameraCaptureSession에 실제로 캡처를 요청할 때 생성할 것입니다.

CaptureRequest의 Builder는 CameraDevice에 createCaptureRequest() 함수를 호출하여 얻을 수 있습니다. 인자로 CameraDevice.TEMPLATE_PREVIEW를 전달하여 카메라의 미리보기 이미지를 얻을 수 있는 CaptureRequest를 생성합니다. 그런 다음 addTarget() 함수를 이용하여 카메라로부터 프레임을 전달받을 Surface를 전달합니다. 기기 화면에 나타나

는 미리보기를 위해 생성한 Surface와 딥러닝 모델에 전달할 이미지를 위해 previewReader
에서 getSurface() 함수를 통해 얻은 Surface를 전달합니다. 초점을 자동으로 맞출 수 있
도록 CONTROL_AF_MODE를 CONTROL_AF_MODE_CONTINUOUS_PICTURE로
설정하고, 노출을 자동으로 맞출 수 있도록 CONTROL_AE_MODE를 CONTROL_AE_
MODE_ON_AUTO_FLASH로 설정합니다.

마지막으로 CameraDevice의 createCaptureSession() 함수를 호출하여 CameraCapture
Session을 만듭니다. 첫 번째 인자로 출력할 Surface를 List 형태로 전달하고, 두 번째 인
자로 CameraCaptureSession.StateCallback 콜백 함수를 전달합니다. CameraCapture
Session.StateCallback은 [코드 7-24]와 같이 구현합니다.

코드 7-24 CameraCaptureSession의 상태 콜백 함수 구현
CameraFragment.java

```java
private final CameraCaptureSession.StateCallback sessionStateCallback =
        new CameraCaptureSession.StateCallback() {
    @Override
    public void onConfigured(final CameraCaptureSession cameraCaptureSession) {
        if (null == cameraDevice) {
            return;
        }

        captureSession = cameraCaptureSession;
        try {
            captureSession.setRepeatingRequest(previewRequestBuilder.build(),
                                            null, null);
        } catch (final CameraAccessException e) {
            e.printStackTrace();
        }
    }

    @Override
    public void onConfigureFailed(final CameraCaptureSession cameraCaptureSession) {
        Toast.makeText(getActivity(), "CameraCaptureSession Failed",
                Toast.LENGTH_SHORT).show();
    }
};
```

카메라 구성이 완료되고 세션이 CaptureRequest를 처리할 수 있는 상태가 되면 onConfigured()
함수가 호출됩니다. 전달되는 CameraCaptureSession은 추후 자원 정리를 위해 멤버 변수로

저장합니다. CameraCaptureSession에 setRepeatingRequest( ) 함수를 호출하여 캡처를 시작합니다.

지금까지 설정 값이 저장된 previewRequestBuilder도 build( ) 함수로 CaptureRequest의 인스턴스를 생성하여 전달합니다. 캡처 결과는 두 번째 인자인 CameraCaptureSession.CaptureCallback을 등록하여 전달받을 수 있습니다. onCapture Started( ), onCapture Progressed( ), onCaptureCompleted( ) 등 처리 과정 및 결과에 따라 다양한 콜백 함수가 있으니 필요한 것을 구현하여 사용하면 됩니다. 캡처 결과를 따로 알 필요가 없다면 CaptureCallback 대신 null을 전달해도 됩니다. 마지막 인자인 handler에도 null을 전달하여 우선 현재 스레드에서 동작하게 합니다.

카메라가 세션을 구성할 수 없다면 onConfigureFailed( )가 호출됩니다. 로그나 토스트 메시지 등으로 적절히 사용자에게 에러 발생을 알립니다. 이것으로 카메라가 동작하는 로직까지 구현을 마쳤습니다.

7.4.5 이미지 처리

이제 MainActivity에서 카메라로부터 전달받은 이미지를 처리하는 방법을 알아봅시다. 카메라 이미지가 준비되면 OnImageAvailableListener의 onImageAvailable( ) 함수가 호출되고, MainActivity에서 CameraFragment 생성자에 전달한 람다 함수에서 정의했던 대로 processImage( ) 함수가 호출됩니다. [코드 7–25]는 processImage( ) 함수를 구현하는 코드입니다.

코드 7-25 전달받은 이미지를 ARGB_8888 Bitmap으로 변환하여 딥러닝 모델로 추론하는 함수 구현
MainActivity.java

```java
private boolean isProcessingFrame = false;

protected void processImage(ImageReader reader) {
    if (previewWidth == 0 || previewHeight == 0) {
        return;
    }

    if(rgbFrameBitmap == null) {
        rgbFrameBitmap = Bitmap.createBitmap(
                previewWidth, previewHeight,
                Bitmap.Config.ARGB_8888);
```

```
    }

    if (isProcessingFrame) {
        return;
    }

    isProcessingFrame = true;

    final Image image = reader.acquireLatestImage();
    if (image == null) {
        isProcessingFrame = false;
        return;
    }

    YuvToRgbConverter.yuvToRgb(this, image, rgbFrameBitmap);

    if (cls != null && cls.isInitialized()) {
        final Pair<String, Float> output = cls.classify(rgbFrameBitmap,
                                                ensorOrientation);

        String resultStr = String.format(Locale.ENGLISH,
                    "class : %s, prob : %.2f%%",
                    output.first, output.second * 100);
        textView.setText(resultStr);
    }
    image.close();
    isProcessingFrame = false;
}
```

---

onPreviewSizeChosen( ) 함수가 호출되기 전이라면 previewWidth와 previewHeight가 0
이므로 이미지를 처리하지 않습니다. 처리가 완료된 이미지를 담을 Bitmap이 아직 생성되지
않았다면 Bitmap.createBitmap( ) 함수를 이용하여 생성합니다. 이제 이미지를 처리할 수
있지만, 만약 이전 프레임을 아직 처리 중인 경우라면 이미지가 준비되었더라도 처리하지 않습
니다. 이미지를 처리할 준비가 되었다면 ImageReader에서 acquireLatestImage( ) 함수를
호출하여 버퍼의 최신 이미지를 얻습니다.

이미지를 모델에 전달하여 추론하기 위해서는 ARGB_8888 포맷의 이미지가 필요한데, 카메
라 설정에서 YUV_420_888을 사용하도록 했으므로 이를 ARGB_8888 포맷으로 변환해야
합니다. YuvToRgbConverter 클래스의 yuvToRgb( ) 함수에 Image 객체와 ARGB_8888
포맷으로 생성된 Bitmap인 rgbFrameBitmap을 전달하면 Image가 rgbFrameBitmap에 저장

됩니다. 이제 rgbFrameBitmap을 모델의 classify() 함수에 전달하여 결과 값을 출력하면
됩니다.

카메라로부터 회전된 이미지를 전달받을 수도 있기 때문에 기존의 classify() 함수에
sensorOrientation 값을 전달하여 이미지의 회전 값을 보정하는 로직도 필요합니다.

코드 7-26 이미지 회전을 고려한 classify() 함수 구현
Classifier.java

```java
private TensorImage loadImage(final Bitmap bitmap, int sensorOrientation) {
    if(bitmap.getConfig() != Bitmap.Config.ARGB_8888) {
        inputImage.load(convertBitmapToARGB8888(bitmap));
    } else {
        inputImage.load(bitmap);
    }

    int cropSize = Math.min(bitmap.getWidth(), bitmap.getHeight());
    int numRotation = sensorOrientation / 90;

    ImageProcessor imageProcessor = new ImageProcessor.Builder()
            .add(new ResizeWithCropOrPadOp(cropSize, cropSize))
            .add(new ResizeOp(modelInputWidth, modelInputHeight, NEAREST_NEIGHBOR))
            .add(new Rot90Op(numRotation))
            .add(new NormalizeOp(0.0f, 255.0f))
            .build();

    return imageProcessor.process(inputImage);
}

public Pair<String, Float> classify(Bitmap image, int sensorOrientation) {
    inputImage = loadImage(image, sensorOrientation);

    Object[] inputs = new Object[]{inputImage.getBuffer()};
    Map<Integer, Object> outputs = new HashMap();
    outputs.put(0, outputBuffer.getBuffer().rewind());

    model.run(inputs, outputs);

    Map<String, Float> output =
            new TensorLabel(labels, outputBuffer).getMapWithFloatValue();

    return argmax(output);
}
```

```
public Pair<String, Float> classify(Bitmap image) {
    return classify(image, 0);
}
```

이미지 회전은 전처리할 때 함께 적용할 수 있으므로 ImageProcessor가 구현된 loadImage()
함수 안에 sensorOrientation 값을 전달합니다. 회전을 고려하지 않는 기존 로직과의 호환성
을 위해 sensorOrientation 값을 인자로 받지 않는 classify() 함수도 없애지 않고 유지했
습니다. 대신 sensorOrientation 값을 전달받지 않은 경우, 오버로딩된 classify() 함수에
sensorOrientation 값으로 0을 전달하여 실제로는 회전되지 않게 합니다.

classify() 함수 안에서 회전을 적용하려면 ImageProcessor에 Rot90Op 연산을 추가합
니다. Rot90Op 연산을 적용하면 이미지가 전처리될 때 numRotation * -90만큼 회전됩니
다. 값이 1이면 -90도 회전하고 2이면 -180도 회전하는 식입니다.

회전을 추가하면서 이미지의 왜곡을 줄이도록 ResizeWithCropOrPadOp 연산도 추가했습
니다. 이 연산은 딥러닝 모델이 입력받는 이미지의 가로세로 비율과 카메라가 전달하는 이미지
의 가로세로 비율이 다를 때 유효합니다. 딥러닝 모델은 가로와 세로 길이가 같은 정사각형 이
미지를 입력받지만 카메라가 전달하는 이미지는 가로와 세로 길이가 다르기 때문에 가로와 세
로 중 길이가 짧은 축을 기준으로 길이가 긴 축을 잘라서 정사각형 이미지를 만듭니다. [그림
7-13]을 보면 이를 쉽게 이해할 수 있습니다.

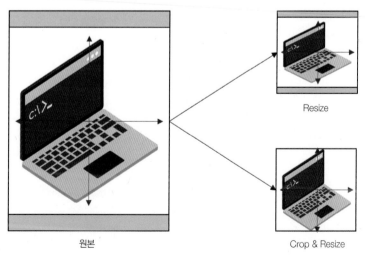

그림 7-13 Crop 적용 여부에 따른 차이

Resize는 Crop을 적용하지 않고 입력 이미지 크기에 맞게 Resize만 적용한 이미지이고, Crop & Resize는 Crop을 적용한 후 Resize한 이미지입니다. Resize만 적용한 이미지는 원본 이미지의 크기만 바뀌기 때문에 이미지 위아래의 노란색 영역이 남아 있으며, 이미지의 가로세로 비율이 바뀜으로써 세로 방향이 왜곡되어 이미지가 찌그러져 보입니다. 그러나 Crop & Resize 이미지는 짧은 축의 길이에 맞추어 Crop을 적용했기 때문에 이미지 위아래의 노란색 영역이 잘리고 원본 이미지의 비율이 그대로 유지됩니다. 실시간 이미지 분류의 특성상 대상 사물을 카메라로 비추며 추론 결과를 확인하기 때문에 이처럼 Crop을 적용하면 카메라의 화면 비율에 따른 왜곡을 방지하여 더욱 정확히 추론할 수 있습니다. [코드 7-26] 에서는 ResizeWithCropOrPadOp 연산의 width와 height값으로 원본 이미지의 가로와 세로값 중 작은 값을 전달하여, Crop & Resize를 적용하였습니다.

다음으로 YUV 포맷의 Image를 ARGB_8888 포맷의 Bitmap으로 바꾸는 데 사용하는 YuvToRgbConverter 클래스를 살펴봅시다.

코드 7-27 YUV 포맷의 Image를 ARGB_8888 포맷의 Bitmap으로 변환하는 클래스 YuvToRgbConverter.java

```java
package com.example.imageclassifier.utils;

import android.content.Context;
import android.graphics.Bitmap;
import android.graphics.ImageFormat;
import android.graphics.Rect;
import android.media.Image;
import android.renderscript.Allocation;
import android.renderscript.Element;
import android.renderscript.RenderScript;
import android.renderscript.ScriptIntrinsicYuvToRGB;
import android.renderscript.Type;

import java.nio.ByteBuffer;

public class YuvToRgbConverter {

    public static void yuvToRgb(Context context, Image image, Bitmap output) {
        RenderScript rs = RenderScript.create(context);
        ScriptIntrinsicYuvToRGB scriptYuvToRgb =
                ScriptIntrinsicYuvToRGB.create(rs, Element.U8_4(rs));
```

```
        int pixelCount = image.getCropRect().width() * image.getCropRect().height();
        int pixelSizeBits = ImageFormat.getBitsPerPixel(ImageFormat.YUV_420_888);
        byte[] yuvBuffer = new byte[pixelCount * pixelSizeBits / 8];

        imageToByteArray(image, yuvBuffer, pixelCount);

        Type elemType = new Type.Builder(rs, Element.YUV(rs))
                .setYuvFormat(ImageFormat.NV21)
                .create();
        Allocation inputAllocation =
                Allocation.createSized(rs, elemType.getElement(), yuvBuffer.length);
        Allocation outputAllocation = Allocation.createFromBitmap(rs, output);

        inputAllocation.copyFrom(yuvBuffer);
        scriptYuvToRgb.setInput(inputAllocation);
        scriptYuvToRgb.forEach(outputAllocation);
        outputAllocation.copyTo(output);
}

    private static void imageToByteArray(Image image, byte[] outputBuffer, int
                                         pixelCount) {
        assert image.getFormat() == ImageFormat.YUV_420_888;

        Rect imageCrop = image.getCropRect();
        Image.Plane[] imagePlanes = image.getPlanes();

        for(int planeIndex = 0; planeIndex < imagePlanes.length; planeIndex++) {
            Image.Plane plane = imagePlanes[planeIndex];
            int outputStride;
            int outputOffset;

            switch (planeIndex) {
                case 0: {
                    outputStride = 1;
                    outputOffset = 0;
                    break;
                }
                case 1: {
                    outputStride = 2;
                    outputOffset = pixelCount + 1;

                    break;
                }
                case 2: {
```

```
                outputStride = 2;
                outputOffset = pixelCount;
                break;
        }
        default: {
            return;
        }
    }

    ByteBuffer planeBuffer = plane.getBuffer();
    int rowStride = plane.getRowStride();
    int pixelStride = plane.getPixelStride();

    Rect planeCrop;
    if (planeIndex == 0) {
        planeCrop = imageCrop;
    } else {
        planeCrop = new Rect(
                imageCrop.left / 2,
                imageCrop.top / 2,
                imageCrop.right / 2,
                imageCrop.bottom / 2
        );
    }

    int planeWidth = planeCrop.width();
    int planeHeight = planeCrop.height();

    byte[] rowBuffer = new byte[plane.getRowStride()];

    int rowLength;
    if (pixelStride == 1 && outputStride == 1) {
        rowLength = planeWidth;
    } else {
        rowLength = (planeWidth - 1) * pixelStride + 1;
    }

    for(int row = 0; row < planeHeight; row++){
        planeBuffer.position(
                (row + planeCrop.top) * rowStride + planeCrop.left *
                    pixelStride);

        if (pixelStride == 1 && outputStride == 1) {
            planeBuffer.get(outputBuffer, outputOffset, rowLength);
```

```
                    outputOffset += rowLength;
                } else {
                    planeBuffer.get(rowBuffer, 0, rowLength);
                    for (int col = 0; col < planeWidth; col++) {
                        outputBuffer[outputOffset] = rowBuffer[col * pixelStride];
                        outputOffset += outputStride;
                    }
                }
            }
        }
    }
}
```

YuvToRgbConverter 클래스는 구글의 Camera2Basic 샘플에서 제공하는 YuvToRgb Converter.kt를 자바 버전으로 변환한 것입니다. imageToByteArray() 함수로 Image를 byte[] 포맷으로 변환하고, RenderScript와 ScriptIntrinsicYuvToRGB를 이용하여 YUV 를 RGB 포맷으로 변환합니다. YuvToRgbConverter는 별도의 클래스로 작성하여 다른 프로젝트에서 재사용할 수도 있습니다.

이제 이미지 처리가 완료되었습니다.

7.4.6 카메라 연결 해제

프래그먼트가 비활성화되면 카메라 연결을 해제해야 합니다. [코드 7-28]은 카메라 연결을 해제하는 코드입니다.

코드 7-28 카메라 연결 해제
CameraFragment.java

```java
@Override
public void onPause() {
    closeCamera();
    super.onPause();
}

private void closeCamera() {
    try {
        cameraOpenCloseLock.acquire();
        if (null != captureSession) {
```

```
                captureSession.close();
                captureSession = null;
            }
            if (null != cameraDevice) {
                cameraDevice.close();
                cameraDevice = null;
            }
            if (null != previewReader) {
                previewReader.close();
                previewReader = null;
            }
        } catch (final InterruptedException e) {
            throw new RuntimeException("Interrupted while trying to lock camera
                                       closing.", e);
        } finally {
            cameraOpenCloseLock.release();
        }
    }
```

onPause() 함수가 호출되면 화면이 꺼지거나 프래그먼트가 전환된 것이므로 카메라 연결을 해제하도록 closeCamera() 함수를 호출합니다. closeCamera() 함수는 cameraOpenCloseLock 세마포어를 획득하여 카메라 연결을 해제하는 로직을 임계 영역으로 만들고 captureSession, cameraDevice, previewReader에 각각 close() 함수를 호출하여 카메라 연결을 해제합니다. 카메라 연결이 해제되면 cameraOpenCloseLock을 해제합니다.

이대로 앱을 빌드하여 실행하면 카메라의 이미지를 실시간으로 추론한 결과물을 볼 수 있습니다. 그러나 다음 절의 비동기 처리에서 구현하는 내용이 적용되어야 성능을 제대로 발휘할 수 있습니다.

7.4.7 비동기 처리

7.4.5절까지 구현한 앱을 빌드하여 실행하면 실시간으로 이미지를 처리할 수는 있지만 화면이 끊겨 실사용이 어려운 상태일 것입니다. 카메라의 이미지를 받아오는 로직부터 딥러닝 모델을 활용하는 추론까지 모두 메인 스레드에서만 동작하기 때문입니다. 실시간으로 카메라의 이미지를 받아오는 작업만 해도 많은 리소스를 필요로 하는데 딥러닝 모델까지 수행하려면 하나의 스레드만으로는 역부족입니다. 성능을 개선하기 위해 백그라운드에서 동작하는 스레드를 생성

하고 이를 이용하여 카메라의 이미지를 받고 추론을 하겠습니다. 카메라의 이미지를 받는 로직과 딥러닝 모델로 추론을 하는 로직에 모두 비동기 처리를 적용할 것입니다.

카메라의 이미지를 받아올 때 비동기 처리를 위해 백그라운드 스레드를 이용하도록 [코드 7-29]와 같이 구현합니다.

코드 7-29 백그라운드 스레드 생성
CameraFragment.java

```java
private HandlerThread backgroundThread = null;
private Handler backgroundHandler = null;

private void startBackgroundThread() {
    backgroundThread = new HandlerThread("ImageListener");
    backgroundThread.start();
    backgroundHandler = new Handler(backgroundThread.getLooper());
}
```

먼저 백그라운드 스레드를 생성합니다. 스레드 관리를 위해 HandlerThread와 Handler를 멤버 변수로 선언합니다. `startBackgroundThread()` 함수가 호출되면 새로운 HandlerThread를 생성하고 스레드를 시작합니다. HandlerThread는 백그라운드에서 동작하는 스레드입니다. HandlerThread의 `getLooper()` 함수를 호출하면 백그라운드 스레드의 Looper를 얻을 수 있습니다. Looper는 백그라운드 스레드 안에서 메시지 큐를 가지며, 큐를 계속 확인하면서 들어오는 Message를 Handler가 처리하게 합니다. 이 Looper를 생성자에 전달하여 Handler를 만들면 그 Handler에 요청된 작업이 HandlerThread에서 수행됩니다. [그림 7-14]는 HandlerThread, Handler, MainThread의 관계를 보여줍니다.

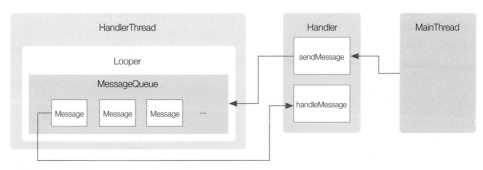

그림 7-14 HandlerThread, Handler, MainThread의 관계

Handler에 요청되는 작업이 백그라운드 스레드인 HandlerThread를 통해 처리되므로 Main Thread는 처리 결과를 기다릴 필요 없이 비동기 처리로 필요한 작업을 계속할 수 있습니다. Camera2 API는 별도의 콜백 함수를 통해 처리 결과를 전달받도록 설계되어 있기 때문에 비동기로 결과를 받기 위해 복잡한 구현을 추가할 필요도 없습니다.

카메라 연결이 시작되기 전에 백그라운드 스레드를 시작하도록 [코드 7-30]과 같이 onResume() 에서 startBackgroundThread() 함수를 호출합니다.

코드 7-30 백그라운드 스레드 시작
CameraFragment.java

```java
@Override
public void onResume() {
    super.onResume();
    startBackgroundThread();

    if(!autoFitTextureView.isAvailable())
        autoFitTextureView.setSurfaceTextureListener(surfaceTextureListener);
    else
        openCamera(autoFitTextureView.getWidth(), autoFitTextureView.getHeight());
}
```

백그라운드 스레드의 종료는 [코드 7-31]과 같이 구현합니다.

코드 7-31 백그라운드 스레드 종료
CameraFragment.java

```java
private void stopBackgroundThread() {
    backgroundThread.quitSafely();
    try {
        backgroundThread.join();
        backgroundThread = null;
        backgroundHandler = null;
    } catch (final InterruptedException e) {
        e.printStackTrace();
    }
}
```

backgroundThread의 quitSafely() 함수를 호출하면 스레드를 종료할 수 있습니다. quit() 함수는 Looper를 즉시 종료하지만 quitSafely() 함수는 MessageQueue에 쌓인 Message

가 모두 처리된 후 종료합니다. join( ) 함수를 호출하면 스레드가 완전히 종료될 때까지 기다립니다. 스레드가 종료되면 멤버 변수를 초기화합니다.

[코드 7-32]와 같이 백그라운드 스레드 종료 함수는 onPause( )에서 호출합니다.

코드 7-32 백그라운드 스레드 종료 호출
CameraFragment.java

```java
@Override
public void onPause() {
    closeCamera();
    stopBackgroundThread();
    super.onPause();
}
```

이제 카메라 연결이 요청되면 백그라운드 스레드가 돌고 그 핸들러를 얻을 수 있습니다. 백그라운드 처리가 필요한 작업을 요청할 때 이 핸들러를 전달하여 해당 작업이 백그라운드 스레드에서 처리되도록 구현하겠습니다.

코드 7-33 카메라 API에 backgroundHandler 전달
CameraFragment.java

```java
private void openCamera(final int width, final int height) {
    ...
    manager.openCamera(cameraId, stateCallback, backgroundHandler);
    ...
}

private void createCameraPreviewSession() {
    ...
    previewReader.setOnImageAvailableListener(imageAvailableListener,
            backgroundHandler);
    ...
}
```

openCamera( ) 함수에서 manager.openCamera( ) 함수를 호출할 때 backgroundHandler를 전달하면 stateCallback이 backgroundThread에서 수행됩니다. 마찬가지로 createCameraPreviewSession( ) 함수에서 previewReader에 setOnImageAvailableListener( ) 함수를 호출할 때에도 backgroundHandler를 전달하면 imageAvailableListener가

backgroundThread에서 수행됩니다. 이로써 카메라에서 이미지를 가져오는 로직에 비동기 처리가 적용되었습니다.

다음으로 딥러닝 이미지를 처리하는 로직에도 비동기 처리를 적용하겠습니다.

코드 7-34 딥러닝 모델 추론을 위한 백그라운드 스레드 시작 및 종료
MainActivity.java

```java
private HandlerThread handlerThread;
private Handler handler;

@Override
public synchronized void onResume() {
    super.onResume();

    handlerThread = new HandlerThread("InferenceThread");
    handlerThread.start();
    handler = new Handler(handlerThread.getLooper());
}

@Override
public synchronized void onPause() {
    handlerThread.quitSafely();
    try {
        handlerThread.join();
        handlerThread = null;
        handler = null;
    } catch (final InterruptedException e) {
        e.printStackTrace();
    }

    super.onPause();
}
```

CameraFragment에서 구현했던 것처럼 onResume( )이 호출되면 새로운 HandlerThread를 생성하여 시작하고, onPause( )가 호출되면 스레드를 종료합니다.

Classifier는 Camera2 API와 달리 백그라운드 스레드 처리를 위한 별도의 인터페이스를 제공하지 않습니다. 따라서 백그라운드 스레드에 작업을 요청하는 함수를 [코드 7-35]와 같이 구현합니다.

코드 7-35 백그라운드 스레드에 작업 요청

MainActivity.java

```java
protected synchronized void runInBackground(final Runnable r) {
    if (handler != null) {
        handler.post(r);
    }
}
```

백그라운드에서 수행할 작업을 Runnable로 만들어서 runInBackground 함수에 전달하면 handler에 post( ) 함수로 Runnable을 전달합니다. 전달된 Runnable은 Looper의 메시지 큐에 추가됩니다.

이제 processImage( ) 함수에서 비동기 처리가 가능하도록 로직을 수정합니다.

코드 7-36 비동기 처리를 적용한 이미지 처리 로직

MainActivity.java

```java
protected void processImage(ImageReader reader) {
    if (previewWidth == 0 || previewHeight == 0) {
        return;
    }

    if(rgbFrameBitmap == null) {
        rgbFrameBitmap = Bitmap.createBitmap(
                previewWidth,
                previewHeight,
                Bitmap.Config.ARGB_8888);
    }

    if (isProcessingFrame) {
        return;
    }

    isProcessingFrame = true;

    final Image image = reader.acquireLatestImage();
    if (image == null) {
        isProcessingFrame = false;
        return;
    }

    YuvToRgbConverter.yuvToRgb(this, image, rgbFrameBitmap);
```

```
    runInBackground(() -> {
        if (cls != null && cls.isInitialized()) {
            final Pair<String, Float> output = cls.classify(rgbFrameBitmap,
                                                sensorOrientation);

            runOnUiThread(() -> {
             String resultStr = String.format(Locale.ENGLISH,
                             "class : %s, prob : %.2f%%",
                             output.first, output.second * 100);
             textView.setText(resultStr);
             });
        }
        image.close();
        isProcessingFrame = false;
    });
}
```

비동기 처리를 위해 딥러닝 모델에 추론을 요청하는 로직을 Runnable로 감싸 runInBack
ground() 함수에 전달해야 합니다. Runnable은 함수가 하나인 인터페이스이므로 람다 함수
로 구현합니다. 주의할 점은 추론 결과를 TextView에 전달하는 로직은 UI 컨트롤의 값을 변
경하는 것이므로 메인 스레드에서 동작해야 한다는 것입니다. 따라서 이 코드는 한 번 더 람다
함수로 감싸 runOnUiThread() 함수에 전달합니다. 이렇게 하면 딥러닝 모델 추론은 백그라
운드 스레드에서 동작하고, 추론 결과를 TextView에 출력하는 로직은 메인 스레드에서 동작
합니다.

이제 실시간 이미지 추론을 위한 코드 작성이 완료되었습니다.

7.5 기기에서의 추론

지금까지 구현한 앱을 빌드하고 기기에서 실행하여 추론 결과를 확인해봅시다. 6장에서 사용
했던 5개 이미지를 여기서도 사용하겠습니다. 앱을 실행하면 [그림 7-15]와 같이 카메라 이미
지 미리보기가 시작되고 TextView에 추론 결과가 나타납니다.

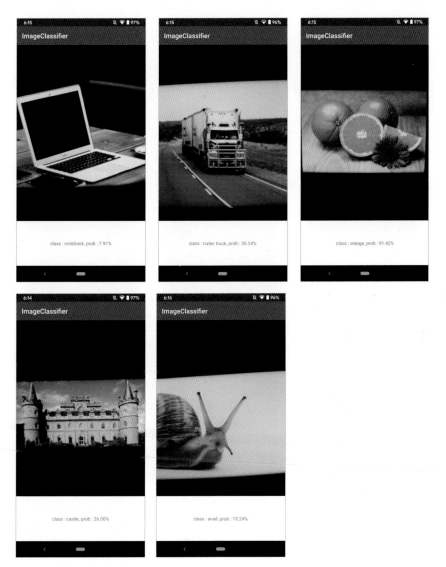

그림 7-15 각 이미지의 추론 결과

랩톱은 7.91%, 트럭은 26.24%, 오렌지는 91.42%, 성은 26.00%, 달팽이는 19.24%로, 정답을 찾아내기는 했지만 오렌지를 제외하고는 사진을 찍었을 때보다 정확도가 다소 떨어집니다. 카메라가 조금씩 움직임에 따라 클래스에 속할 확률이 실시간으로 변하기 때문에 여러 각도에서 다양한 이미지로 테스트하여 추론 결과를 확인해보기 바랍니다.

7.6 마무리

이 장에서는 Camera2 API로 실시간 이미지를 얻어 딥러닝 모델로 처리하는 앱을 개발하는 방법을 살펴보았습니다. Camera2 API의 처리 프로세스를 파악하고 API를 이용하여 실시간으로 카메라의 이미지를 받아오는 방법을 다루었습니다. 또한 모델의 입력 이미지 크기에 따라 카메라의 이미지 크기를 최적화하고, HandlerThread를 이용한 비동기 처리를 적용하여 실시간 이미지 처리를 구현했습니다. 다음 장에서는 안드로이드 기기의 다양한 하드웨어 가속을 활용하여 추론 성능을 개선하는 방법을 알아볼 것입니다.

8장
텐서플로 라이트 모델의
성능 개선

이 장에서는 안드로이드 기기의 다양한 하드웨어 가속을 활용하여 추론 성능을 개선하는 방법을 알아봅니다. 기기에서 추론할 때 CPU의 멀티스레드를 활용하거나 GPU와 NNAPI에 위임하는 방법을 통해 추론 성능을 높일 것입니다. 이 장을 읽고 나면 동일한 모델을 사용하더라도 안드로이드 기기의 하드웨어를 최대한 활용하여 추론 성능을 높이는 다양한 방법을 습득할 수 있습니다.

8.1 추론 성능 측정

안드로이드 기기에서 모델의 성능을 측정하는 방법은 텐서플로 웹 사이트의 다음 페이지에서 확인할 수 있습니다. Adb를 활용한 CLI 환경에서의 성능 벤치마크 방법, 안드로이드 스튜디오의 CPU 프로파일러를 활용한 성능 측정 방법이 소개되어 있습니다.

```
https://www.tensorflow.org/lite/performance/measurement
```

그러나 여기서는 앱이 실행되는 동안 카메라의 입력 이미지와 추론 결과를 보면서 실시간으로 앱의 추론 성능을 확인할 수 있도록 간단한 로깅 기능을 앱에 추가하여 성능을 측정할 것입니다. 먼저 [코드 8-1]과 같이 레이아웃을 구현합니다.

코드 8-1 성능 측정을 위한 TextView 추가
activity_main.xml

```xml
<?xml version="1.0" encoding="utf-8"?>
<androidx.constraintlayout.widget.ConstraintLayout
    xmlns:android="http://schemas.android.com/apk/res/android"
    xmlns:app="http://schemas.android.com/apk/res-auto"
    xmlns:tools="http://schemas.android.com/tools"
    android:layout_width="match_parent"
    android:layout_height="match_parent"
    tools:context=".MainActivity">

    <FrameLayout
        android:id="@+id/fragment"
        android:layout_width="match_parent"
        android:layout_height="wrap_content"
        app:layout_constraintTop_toTopOf="parent" />
```

```
<TextView
    android:id="@+id/textView"
    android:layout_width="wrap_content"
    android:layout_height="wrap_content"
    android:text="Result"
    app:layout_constraintTop_toBottomOf="@id/fragment"
    app:layout_constraintBottom_toBottomOf="parent"
    app:layout_constraintLeft_toLeftOf="parent"
    app:layout_constraintRight_toRightOf="parent" />

<TextView
    android:id="@+id/logText"
    android:layout_width="wrap_content"
    android:layout_height="wrap_content"
    android:text="0 ms"
    app:layout_constraintBottom_toBottomOf="parent"
    app:layout_constraintRight_toRightOf="parent" />

</androidx.constraintlayout.widget.ConstraintLayout>
```

activity_main.xml 파일에 logText라는 ID로 TextView를 하나 추가했습니다. 이 TextView에 모델의 성능이 실시간으로 나타날 것입니다. 이어서 성능 측정을 위한 로직을 구현합니다.

코드 8-2 로깅을 위한 TextView 연결
MainActivity.java

```
@Override
protected void onCreate(Bundle savedInstanceState) {
    super.onCreate(savedInstanceState);
    setContentView(R.layout.activity_main);

    getWindow().addFlags(WindowManager.LayoutParams.FLAG_KEEP_SCREEN_ON);

    textView = findViewById(R.id.textView);
    logText = findViewById(R.id.logText);
```

코드 8-3 추론 함수 전후에 로깅 추가
MainActivity.java

```
protected void processImage(ImageReader reader) {
    ...
        runInBackground(() -> {
            if (cls != null && cls.isInitialized()) {
```

```
final long startTime = SystemClock.uptimeMillis();
final Pair<String, Float> output = cls.classify(rgbFrameBitmap,
                                       sensorOrientation);
final long elapsedTime = SystemClock.uptimeMillis() - startTime;
runOnUiThread(() -> {
    String logStr = elapsedTime + " ms";
    logText.setText(logStr);
    String resultStr = String.format(Locale.ENGLISH,
            "class : %s, prob : %.2f%%",
            output.first, output.second * 100);
    textView.setText(resultStr);
});
}
image.close();
isProcessingFrame = false;
});
...
}
```

그림 8-1 추론 성능 측정 테스트

앞에서 추가한 TextView를 변수에 연결하고, process Image() 함수 안에서 classify() 함수를 호출하기 직전에 SystemClock.uptimeMillis() 함수를 호출 하여 시간을 측정합니다. 추론이 완료되면 다시 한번 SystemClock.uptimeMillis() 함수를 호출하여 시간 을 측정하고, 두 시간의 차이를 구하여 이를 UI 스레드 안에서 TextView에 기록합니다. 이제 액티비티가 실행 되면 실시간으로 추론하면서 시간이 측정됩니다. 지금까 지 구현한 앱을 빌드하고 안드로이드 기기에서 실행하면 [그림 8-1]과 같이 83밀리초가 소요된다고 화면 하단에 표시되는 것을 확인할 수 있습니다.

8.2 추론 성능 개선

동일한 딥러닝 모델을 사용하더라도 기기에서 추론할 때 몇 가지 옵션을 이용하면 성능을 더욱 개선할 수 있습니다. CPU의 여러 스레드를 동시에 이용하거나 GPU를 이용하여 모델을 수행할 수도 있고, 안드로이드 8.1(SDK 27) 버전부터 제공하는 NNAPI를 사용하도록 위임하는 방법도 있습니다. 각각의 방법을 자세히 살펴봅시다.

8.2.1 CPU 멀티스레드

멀티스레드를 이용하는 추론 방법의 경우 Model이나 Interpreter 생성 시 추가적인 옵션을 제공하여 추론할 때 여러 스레드를 동시에 활용하도록 구현할 수 있습니다. [코드 8-4]는 여러 스레드를 활용하는 Model을 생성하는 createMultiThreadModel() 함수를 구현하는 코드입니다.

코드 8-4 CPU의 멀티스레드를 이용하는 Model 생성 함수
Classifier.java

```java
private Model createMultiThreadModel(int nThreads) throws IOException {
    Model.Options.Builder optionsBuilder = new Model.Options.Builder();
    optionsBuilder.setNumThreads(nThreads);
    return Model.createModel(context, MODEL_NAME, optionsBuilder.build());
}
```

Model의 팩토리 메서드인 createModel() 함수를 호출하기 전에 Model.Options를 설정하기 위해 옵션의 빌더를 먼저 생성합니다. 그리고 Model.Options.Builder에 setNumThreads() 함수로 사용하고자 하는 스레드의 개수를 전달합니다. createModel() 함수를 호출할 때 빌더의 build() 함수를 호출하여 Model.Options 인스턴스를 생성해서 전달하면 옵션이 적용된 모델이 생성됩니다. Model 대신 Interpreter를 사용하더라도 [코드 8-5]와 같이 동일한 로직으로 멀티스레드를 활용할 수 있습니다.

코드 8-5 CPU의 멀티스레드를 이용하는 Interpreter 생성 함수
Classifier.java

```java
private Interpreter createMultiThreadInterpreter(int nThreads) throws IOException {
    Interpreter.Options options = new Interpreter.Options();
    options.setNumThreads(nThreads);
```

```
    ByteBuffer model = FileUtil.loadMappedFile(context, MODEL_NAME);
    model.order(ByteOrder.nativeOrder());
    return new Interpreter(model, options);
}
```

이제 앞에서 구현한 createMultiThreadModel() 함수를 이용하여 Model을 생성하도록 init() 함수를 수정합니다.

코드 8-6 멀티스레드를 활용하는 모델 생성 적용

Classifier.java

```
public void init() throws IOException {
    model = createMultiThreadModel(2);
    ...
}
```

2개의 스레드를 사용하도록 모델을 생성했습니다. [그림 8-2]는 이를 적용하여 안드로이드 기기에서 테스트한 추론 결과입니다.

그림 8-2 2개의 스레드를 사용한 추론 결과

테스트에 사용한 구글 픽셀3 기기는 CPU 스레드가 8개입니다. 사용할 CPU 스레드의 개수를 1에서 8까지 바꿔가며 테스트한 결과는 [표 8-1]과 같습니다.

표 8-1 멀티스레드 설정 시 스레드 개수에 따른 추론 소요 시간

CPU 스레드 개수	추론 소요 시간	CPU 스레드 개수	추론 소요 시간
1	87밀리초	5	45밀리초
2	55밀리초	6	44밀리초
3	45밀리초	7	51밀리초
4	40밀리초	8	72밀리초

추론 소요 시간은 실시간으로 변하기 때문에 처음 100프레임을 처리하는 시간의 평균값을 이용했습니다. 스레드를 많이 사용할수록 성능이 더 향상되는 것이 아니라 일정 개수를 넘어서면 오히려 성능이 나빠진다는 것을 알 수 있습니다. 따라서 적절한 스레드 개수를 설정하는 것이 중요합니다.

8.2.2 GPU 위임

GPU를 이용하는 추론 방법의 경우 Model이나 Interpreter 생성 시 GPU를 활용하는 옵션을 추가하면 모델이 추론할 때 기기의 GPU에서 계산을 수행합니다. GPU를 이용하는 모델은 [코드 8-7]과 같이 생성할 수 있습니다.

코드 8-7 GPU를 이용하는 Model 생성 함수
Classifier.java

```java
private Model createGPUModel() throws IOException {
    Model.Options.Builder optionsBuilder = new Model.Options.Builder();
    CompatibilityList compatList = new CompatibilityList();

    if(compatList.isDelegateSupportedOnThisDevice()) {
        optionsBuilder.setDevice(Model.Device.GPU);
    }
    return Model.createModel(context, MODEL_NAME, optionsBuilder.build());
}
```

안드로이드 기기가 GPU 위임을 지원할 수 있는지 확인하기 위해 CompatibilityList를 생성하고 isDelegateSupportedOnThisDevice() 함수를 호출합니다. 결과 값이 True이면 GPU 위임을 사용할 수 있으므로 Model.Options.Builder에 setDevice() 함수로 Model.Device.GPU를 전달합니다. 이제 Model 클래스를 생성할 때 이 옵션을 전달하면 GPU상에서 추론이 수행됩니다. 만약 Model 대신 Interpreter를 사용하려면 [코드 8-8]과 같이 구현할 수 있습니다.

코드 8-8 GPU를 이용하는 Interpreter 생성 함수
Classifier.java

```java
private Interpreter createGPUInterpreter() throws IOException {
    Interpreter.Options options = new Interpreter.Options();
    CompatibilityList compatList = new CompatibilityList();

    if(compatList.isDelegateSupportedOnThisDevice()) {
        GpuDelegate.Options delegateOptions = compatList.getBestOptionsForThisDevice();
        GpuDelegate gpuDelegate = new GpuDelegate(delegateOptions);
        options.addDelegate(gpuDelegate);
    }

    ByteBuffer model = FileUtil.loadMappedFile(context, MODEL_NAME);
    model.order(ByteOrder.nativeOrder());
    return new Interpreter(model, options);
}
```

createGPUModel() 함수를 이용하여 모델을 생성하도록 init() 함수를 [코드 8-9]와 같이 수정합니다.

코드 8-9 GPU를 활용하는 모델 생성 적용
Classifier.java

```java
public void init() throws IOException {
    model = createGPUModel();
    ...
}
```

[그림 8-3]은 앱을 빌드하고 안드로이드 기기에서 실행하여 얻은 추론 결과입니다. 추론에 소요된 시간이 16밀리초에 불과합니다. CPU의 멀티스레드를 이용할 때보다 성능이 더 뛰어납니다.

그림 8-3 GPU를 사용한 추론 결과

8.2.3 NNAPI 위임

NNAPI는 On-Device AI를 지원하기 위한 C 언어 기반의 Native API로, 기기 내에서 인공 신경망 모델을 학습시키거나 추론하는 데 필요한 다양한 기능을 제공합니다. 텐서플로 라이트와 같은 고수준 프레임워크는 NNAPI를 이용하면 안드로이드 기기가 제공하는 다양한 하드웨어 가속을 지원받아 추론을 수행할 수 있습니다. NNAPI는 기기의 환경에 따라 GPU나 DSP$^{Digital Signal Processor}$, NPU$^{Neural Processor Unit}$ 등 가용한 여러 프로세서에 필요한 연산을 효율적으로 분산할 수 있습니다. [그림 8-4]는 NNAPI의 시스템 구조를 보여줍니다.

NNAPI는 HAL 계층과 머신러닝 프레임워크 사이에 위치하면서 전용 하드웨어를 적절히 이용할 수 있도록 제공하는 역할을 합니다. 만약 가용한 전용 프로세서나 드라이버가 없다면 CPU를 이용하여 연산을 수행합니다.

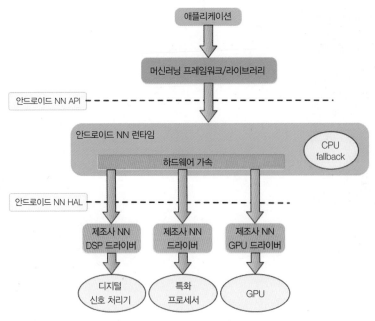

그림 8-4 안드로이드 NNAPI의 시스템 구조

출처: https://developer.android.com/ndk/guides/neuralnetworks?hl=ko

기기에서의 추론에 NNAPI를 이용하려면 [코드 8-10]과 같이 옵션을 설정하여 모델을 생성합니다.

코드 8-10 NNAPI를 이용하는 Model 생성 함수
Classifier.java

```java
private Model createNNAPIModel() throws IOException {
    Model.Options.Builder optionsBuilder = new Model.Options.Builder();

    if(Build.VERSION.SDK_INT >= Build.VERSION_CODES.P) {
        optionsBuilder.setDevice(Model.Device.NNAPI);
    }

    return Model.createModel(context, MODEL_NAME, optionsBuilder.build());
}
```

GPU를 이용하는 Model을 생성할 때와 거의 유사합니다. NNAPI는 안드로이드 8.1(SDK 27) 버전부터 지원하므로 안드로이드 버전을 확인하고, Model.Options.Builder의 setDevice( )

함수를 이용하여 Model.Device.NNAPI를 지정하면 추론할 때 NNAPI에 위임하여 모델이 수행됩니다. 만약 Model 대신 Interpreter를 사용하려면 [코드 8-11]과 같이 구현할 수 있습니다.

코드 8-11 NNAPI를 이용하는 Interpreter 생성 함수
Classifier.java

```java
private Interpreter createNNAPIInterpreter() throws IOException {
    Interpreter.Options options = new Interpreter.Options();

    if(Build.VERSION.SDK_INT >= Build.VERSION_CODES.P) {
        NnApiDelegate nnApiDelegate = new NnApiDelegate();
        options.addDelegate(nnApiDelegate);
    }

    ByteBuffer model = FileUtil.loadMappedFile(context, MODEL_NAME);
    model.order(ByteOrder.nativeOrder());
    return new Interpreter(model, options);
}
```

createNNAPIModel( ) 함수를 이용하여 모델을 생성하도록 init( ) 함수를 [코드 8-12]와 같이 수정합니다.

코드 8-12 NNAPI를 활용하는 모델 생성 적용
Classifier.java

```java
public void init() throws IOException {
    model = createNNAPIModel();
    ...
}
```

[그림 8-5]는 앱을 빌드하고 안드로이드 기기에서 실행하여 얻은 추론 결과입니다. 추론 소요 시간이 21밀리초로, GPU를 이용하는 경우보다 시간이 좀 더 걸리지만 CPU의 멀티스레드를 이용할 때보다는 성능이 더 좋습니다.

그림 8-5 NNAPI를 사용한 추론 결과

8.3 마무리

이 장에서는 안드로이드 기기에서 모델의 추론 성능을 개선하는 방법을 살펴보았습니다. 추론 성능을 측정하는 코드를 구현하고 CPU의 멀티스레드, GPU 위임, NNAPI 위임을 각각 구현하여 성능을 비교해보았습니다. 다음 장에서는 텐서플로 라이트 모델을 최적화하는 방법을 알아볼 것입니다.

9장
텐서플로 라이트 모델 최적화

이 장에서는 텐서플로 라이트 모델을 최적화하는 방법을 알아봅니다. 모델을 실행할 기기의 특성을 고려하여, 학습된 모델을 양자화하는 방법을 살펴보고 각 방법의 효과를 비교해볼 것입니다. 또한 학습 시점부터 양자화를 고려하여 학습하는 방법도 다룰 것입니다. 이 장을 읽고 나면 모델의 정확도 손실을 최소화하면서도 모델의 크기와 추론 소요 시간을 단축하는 방법을 습득할 수 있습니다.

9.1 최적화의 개요

최적화는 모델이 제한된 컴퓨팅 자원 안에서 최고의 성능을 낼 수 있도록 사용 기기에 가장 적합한 상태를 만드는 기법을 말합니다. 텐서플로는 최적화 기법으로 양자화^{quantization}, 가지치기^{prunning}, 가중치 클러스터링^{weight clustering}을 지원합니다.

양자화는 데이터 집합을 더 작고 계측 가능한 범위에 할당하는 기법입니다. 예를 들어 신호 처리에서는 연속적인 아날로그 데이터를 이산적인 디지털 데이터로 근사시키는 방법으로 양자화를 적용합니다. 텐서플로는 모델에서 사용되는 매개변수의 정밀도를 줄이는 방식으로 양자화를 적용합니다. 32비트 부동 소수점^{float} 값을 사용하는 매개변수를 8비트 고정 소수점 범위에서 대응되는 값에 할당하는 식으로 양자화를 적용할 수 있습니다.

양자화 기법에는 양자화 인식 학습^{quantization aware training}과 학습 후 양자화^{post-training quantization}가 있습니다. 양자화 인식 학습은 모델을 학습하는 단계에서 양자화를 적용하기 때문에 학습 데이터가 필요합니다. 학습 과정에서 양자화로 인한 오류가 보정될 수 있으므로 양자화된 모델의 정확도 손실을 최소화할 수 있습니다. 반면에 학습 후 양자화는 학습이 완료된 모델에 적용하기 때문에 학습 데이터가 필요하지 않으며, 양자화를 적용하기도 쉽고 모델 크기 감소 효과도 뛰어납니다. 그래서 양자화를 적용할 때에는 학습 후 양자화를 먼저 적용하고 추가적인 개선이 필요한 경우에 양자화 인식 학습을 고려합니다. 이러한 양자화 기법의 성능을 [표 9-1]에 정리했습니다.

표 9-1 양자화의 유형별 성능(Mobilenet-v2-1-224, Single core CPU, 픽셀2)

유형	정확도	추론 소요 시간	모델 크기
원본 모델	0.719	89밀리초	14메가바이트
학습 후 양자화	0.637	98밀리초	3.6메가바이트
양자화 인식 학습	0.709	54밀리초	

출처: https://www.tensorflow.org/lite/performance/model_optimization

가지치기는 모델에서 추론 결과에 영향이 거의 없는 매개변수를 제거하는 최적화 기법입니다. 가지치기된 모델이 디스크에서 차지하는 용량과 추론 소요 시간은 기존 모델과 같지만 압축률이 더 높습니다. 따라서 모델의 다운로드 크기를 줄일 수 있습니다.

가중치 클러스터링은 각 레이어의 가중치를 미리 정의된 수의 클러스터로 그룹화한 다음 각각의 클러스터에 속하는 가중치의 중심 값을 공유하는 방식입니다. 모델의 고유한 가중치 값의 수가 줄어들기 때문에 모델의 복잡성이 저하됩니다. 따라서 압축률이 개선되어 모델의 다운로드 크기를 줄일 수 있습니다.

이러한 최적화 기법은 [그림 9-1]과 같이 모델 개발의 각 프로세스에서 수행됩니다.

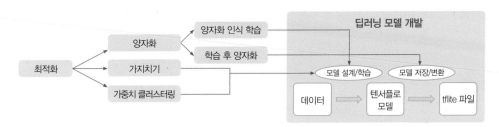

그림 9-1 최적화의 유형과 수행 프로세스

모델을 최적화하면 모델 모델 사이즈가 줄어들고 추론에 소요되는 시간이 단축됩니다. 그러나 모델의 정확도가 낮아지기 때문에 최적화한 모델의 정확도 감소 정도가 용인할 만한 범위 내인지 반드시 확인해야 합니다.

가지치기와 가중치 클러스터링 기법은 TFLite 모델로 변환했을 때 개선 효과가 미미합니다. 그러므로 여기서는 양자화 기법인 양자화 인식 학습과 학습 후 양자화만 다룰 것입니다.

9.2 학습 후 양자화

학습 후 양자화는 학습된 모델을 TFLite 모델로 변환할 때 적용합니다. 텐서플로에서 모델은 기본적으로 32비트 부동 소수점인 np.float32 타입의 매개변수를 사용합니다. 학습 후 양자화는 학습할 때에는 32비트 부동 소수점을 사용하고, 학습이 끝난 뒤 이를 16비트 부동 소수점이나 8비트 고정 소수점까지 줄임으로써 모델의 크기와 추론 소요 시간을 단축하는 방식입니다. 학습 후 양자화를 수행하면 모델의 정확도가 다소 줄어들 수밖에 없기 때문에 학습 후에 정확도가 얼마나 손실되었는지 확인해야 합니다. 학습 후 양자화의 유형에는 Dynamic Range 양자화, Integer 양자화, Float16 양자화가 있습니다.

표 9-2 학습 후 양자화의 유형

유형	정밀도	양자화 대상	특징
Dynamic Range	8비트(1/4)	가중치	활성화를 동적으로 양자화
Integer	8비트(1/4)	가중치+레이어 입출력	대표 데이터셋 필요
		가중치+레이어 입출력+모델 입출력	대표 데이터셋 필요, Int 전용 기기 호환
Float16	16비트(1/2)	가중치	GPU 호환성

[그림 9-2]의 의사결정 트리를 참고하면 학습 후 양자화의 유형을 선택하는 데 도움이 됩니다.

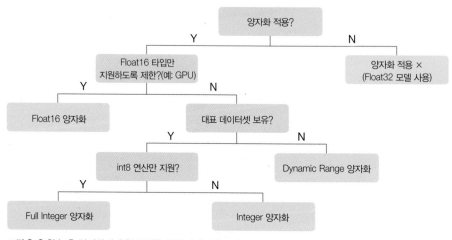

그림 9-2 학습 후 양자화의 유형 선택을 위한 의사결정 트리

출처: https://www.tensorflow.org/lite/performance/post_training_quantization

만약 양자화를 적용하지 않는다면 Float32 모델을 사용하고, 양자화를 적용한다면 추론을 수행할 기기가 Float16 연산만 지원하는지, 대표 데이터셋을 가지고 있는지, int8 연산만 지원하는지를 고려합니다. Float16 연산만 지원하도록 제한된 기기에서는 Float16 양자화 외에 선택 가능한 옵션이 없습니다. 이러한 제한이 없다면 대표 데이터셋이 있는지 확인합니다. 대표 데이터셋이 없다면 Dynamic Range 양자화를 적용할 수 있고, 대표 데이터셋이 있다면 Integer 양자화를 적용할 수 있습니다. 그러나 대표 데이터셋이 있더라도 기기가 int8 연산만 지원한다면 Full Integer 양자화를 적용해야 합니다.

학습 후 양자화 유형별로 각 양자화를 적용한 모델을 생성하여 각각의 모델 크기, 정확도, 추론 소요 시간을 비교해보겠습니다. 모델 크기는 모델을 변환하면서 바로 비교하고, 정확도는 모델을 모두 변환한 뒤 확인하며, 추론 소요 시간은 모델을 안드로이드 기기에 배포한 뒤 앱에서 측정할 것입니다.

먼저 양자화를 적용하지 않은 MobileNet V2 모델을 tflite 파일로 변환한 뒤 양자화를 적용한 모델과 비교해봅시다. [코드 9-1]은 전달된 모델을 양자화 없이 tflite로 변환하는 함수를 구현하는 코드입니다.

코드 9-1 양자화 없이 tflite 파일로 변환
optimization.ipynb

```python
def save_model_tflite(model, path):
    converter = tf.lite.TFLiteConverter.from_keras_model(model)
    tflite_model = converter.convert()
    with open(path, 'wb') as f:
        f.write(tflite_model)

    return os.path.getsize(path)
```

이 함수를 이용하여 MobileNet V2 모델을 [코드 9-2]와 같이 변환합니다.

코드 9-2 MobileNet V2 모델을 tflite 파일로 변환한 후 용량 확인
optimization.ipynb

```python
mobilenet_model = tf.keras.applications.MobileNetV2(weights="imagenet")
origin_size = save_model_tflite(mobilenet_model, "mobilenet.tflite")
print(f'origin_size : {origin_size}')
```

```
origin_size : 13988520
```

양자화를 적용하지 않은 MobileNet V2 모델의 크기는 13,988,520바이트로 약 13메가바이트입니다. 이제 각 양자화 기법을 적용한 모델을 생성하면서 양자화를 적용하지 않은 모델과 비교해봅시다.

9.2.1 Dynamic Range 양자화

Dynamic Range 양자화는 학습이 완료된 모델을 변환할 때 32비트 부동 소수점인 가중치를 8비트의 정밀도로 정적으로 양자화합니다. 따라서 모델의 크기가 1/4 정도로 줄어듭니다. 추론할 때에는 8비트 값을 다시 32비트 부동 소수점으로 변환하고 부동 소수점 커널을 사용하여 계산합니다. 만약 수행할 연산이 양자화된 커널을 지원한다면 활성화는 계산 전에 동적으로 8비트 정수형으로 변환한 후 양자화된 커널을 사용하여 계산하고, 계산이 끝나면 다시 32비트로 역양자화^{de-quantization} 됩니다. 성능을 위해 한 번 변환한 값은 캐싱하여 재사용합니다. [코드 9-3]은 케라스 모델을 Dynamic Range 양자화하여 저장하는 코드입니다.

코드 9-3 케라스 모델을 Dynamic Range 양자화하여 저장
optimization.ipynb

```python
def save_model_tflite_dynamic_range_optimization(model, path):
    converter = tf.lite.TFLiteConverter.from_keras_model(model)
    converter.optimizations = [tf.lite.Optimize.DEFAULT]
    tflite_model = converter.convert()
    with open(path, 'wb') as f:
        f.write(tflite_model)

    return os.path.getsize(path)
```

converter를 생성한 뒤 converter.optimizations에 옵션 값을 설정하는 방식으로 양자화를 적용할 수 있습니다. 옵션 값은 tf.lite.Optimize.DEFAULT를 사용합니다. 이 외에 OPTIMIZE_FOR_SIZE, OPTIMIZE_FOR_LATENCY 값도 있지만 이는 향후 버전에서 제거될 예정입니다. Dynamic Range 양자화는 기본으로 동작하는 양자화 기법이라 추가적인 옵션이 필요하지 않습니다.

이제 [코드 9-4]와 같이 save_model_tflite_dynamic_range_optimization() 함수를 호출하여 양자화된 TFLite 모델을 만들고 크기를 확인합니다.

코드 9-4 MobileNet V2 모델에 Dynamic Range 양자화 적용 후 tflite 파일 용량 확인

optimization.ipynb

```
mobilenet_model = tf.keras.applications.MobileNetV2(weights="imagenet")
dr_size = save_model_tflite_dynamic_range_optimization(mobilenet_model,
    "mobilenet_dynamic_range.tflite")
print(f'dr_size : {dr_size}')
```

```
dr_size : 3593600
```

Dynamic Range 양자화가 적용된 mobilenet_dynamic_range.tflite 파일이 생성되었습니다. 모델의 크기는 3,593,600바이트로 약 3.5메가바이트입니다. 모델의 크기가 25.6%가 되어 약 1/4로 줄어들었습니다.

9.2.2 Float16 양자화

Float16 양자화는 모델의 가중치를 32비트 부동 소수점에서 16비트 부동 소수점 값으로 변환하므로 모델의 크기가 1/2로 줄어듭니다. Float16으로 양자화된 모델은 CPU와 GPU를 이용하여 연산할 수 있습니다. GPU는 Float16 값을 변환 없이 바로 처리할 수 있으며, Float32 값을 계산할 때보다 연산 속도도 빠릅니다. 또한 병렬 처리도 가능하기 때문에 GPU 위임을 이용하여 Float16으로 양자화된 모델을 실행하면 추론 성능이 개선됩니다. CPU를 이용하여 Float16으로 양자화된 모델을 실행하면 첫 번째 추론 전에 Float32 값으로 업샘플링되어 계산됩니다. 따라서 모델의 정확도와 추론 성능의 영향을 최소화하면서 모델의 크기를 줄일 수 있습니다. [코드 9-5]는 모델을 Float16 양자화하여 저장하는 코드입니다.

코드 9-5 케라스 모델을 Float16 양자화하여 저장

optimization.ipynb

```
def save_model_tflite_float16_optimization(model, path):
    converter = tf.lite.TFLiteConverter.from_keras_model(model)
    converter.optimizations = [tf.lite.Optimize.DEFAULT]
    converter.target_spec.supported_types = [tf.float16]
```

```
    tflite_model = converter.convert()
    with open(path, 'wb') as f:
        f.write(tflite_model)

    return os.path.getsize(path)
```

converter의 optimizations는 Dynamic Range 양자화와 동일하게 tf.lite.Optimize.
DEFAULT 값으로 설정하고, 추가로 target_spec.supported_types 값을 [tf.float16]으로
설정했습니다. target_spec은 타깃 디바이스의 세부 사항을 다루는 TargetSpec 클래스입니
다. TFLiteConverter는 여기에 명시된 디바이스를 대상으로 모델을 생성합니다. TargetSpec
클래스는 타깃 디바이스에서 지원하는 연산 집합인 supported_ops와 타깃 디바이스의 타입
목록인 supported_types를 가지고 있습니다. supported_types의 기본 값은 tf.float32인데,
[코드 9-5]처럼 tf.float16으로 바꾸면 Float16 양자화를 적용할 수 있습니다.

이제 [코드 9-6]과 같이 함수를 호출하여 TFLite 모델을 만들고 크기를 확인합니다.

코드 9-6 MobileNet V2 모델에 Float16 양자화 적용 후 tflite 파일 용량 확인
optimization.ipynb

```
mobilenet_model = tf.keras.applications.MobileNetV2(weights="imagenet")
fl16_size = save_model_tflite_float16_optimization(mobilenet_model, "mobilenet_
                                                    float16.tflite")
print(f'fl16_size : {fl16_size}')
```

```
fl16_size : 7031872
```

Float16 양자화가 적용된 mobilenet_float16.tflite 파일이 생성되었습니다. 모델의 크기는
7,031,872바이트로 약 7메가바이트입니다. 모델의 크기가 50.6%가 되어 약 1/2로 줄어들었
습니다.

9.2.3 Integer 양자화

Integer 양자화는 모델의 가중치, 중간 레이어의 입출력 값, 모델의 입출력 값을 32비트 부동
소수점에서 8비트 고정 소수점으로 변환하는 양자화 기법입니다. 따라서 모델의 크기가 1/4

로 줄어들고 추론에 소요되는 시간도 줄어들며, int8 형만 지원하는 저전력 디바이스에서도 사용이 가능합니다. Integer 양자화는 모델의 가중치와 중간 레이어의 입출력 값까지만 양자화하거나, 여기에 더하여 모델의 입출력 값까지 모두 양자화하도록 선택할 수 있습니다. 전자를 Integer 양자화, 후자를 Full Integer 양자화라고 하는데, 각 양자화를 적용하여 저장하는 함수를 구현하겠습니다. 먼저 Integer 양자화하여 저장하는 함수는 [코드 9-7]과 같이 구현합니다.

코드 9-7 케라스 모델을 Integer 양자화하여 저장
optimization.ipynb

```
def save_model_tflite_int_optimization(model, path, representative_dataset):
    converter = tf.lite.TFLiteConverter.from_keras_model(model)
    converter.optimizations = [tf.lite.Optimize.DEFAULT]
    converter.representative_dataset = representative_dataset
    tflite_model = converter.convert()
    with open(path, 'wb') as f:
        f.write(tflite_model)

    return os.path.getsize(path)
```

converter에 optimizations와 representative_dataset을 설정했습니다. representative_dataset은 대표 데이터셋을 생성하는 제너레이터로 아직 구현하지 않았습니다. Integer 양자화를 적용하려면 사전에 대표 데이터셋을 생성할 수 있는 제너레이터가 필요합니다. 대표 데이터셋이 전달되지 않으면 가중치만 양자화되고 활성화는 양자화할 수 없습니다. TFLiteConverter는 대표 데이터셋을 이용해 모델의 입출력 샘플을 생성하여 최적화를 평가하는 데 사용합니다.

대표 데이터셋을 전달하기 위해 ImageNet 데이터를 다운로드합니다. 학습 데이터는 용량이 매우 크기 때문에(약 137기가바이트) 용량이 비교적 작은 검증 데이터(약 6.3기가바이트)를 다운로드하여 사용하겠습니다. 과거에는 ImageNet 웹페이지에서 데이터셋을 바로 다운로드할 수 있었으나, 지금은 이메일을 등록하고 연구 목적으로만 다운로드할 수 있습니다. 연구 목적을 증빙하기 어렵다면 학술 데이터의 토렌트 파일을 제공하는 다음 사이트에서 학습 데이터 및 검증 데이터의 토렌트 파일을 다운로드 할 수 있습니다.

https://academictorrents.com/collection/imagenet-2012

다운로드한 ImageNet 검증 데이터를 프로젝트의 ILSVRC2012_img_val 폴더에 넣고, 이를 활용하여 대표 데이터셋을 생성하는 제너레이터를 [코드 9-8]과 같이 작성합니다.

코드 9-8 ImageNet 검증 데이터에서 대표 데이터 생성
optimization.ipynb

```python
def get_preprocessed_test_image(image_dir, count=100):
    files = os.listdir(image_dir)
    resized_images = np.array(np.zeros((count, 224, 224, 3)))
    for i in range(count):
        file = files[i]
        path = os.path.join(image_dir, file)
        image = np.array(Image.open(path))

        if len(np.shape(image)) == 2 :
            image = convert_channel(image)

        resized_images[i] = tf.image.resize(image, [224, 224])

    return resized_images

def convert_channel(img):
    return np.repeat(img[:, :, np.newaxis], 3, axis=2)

image_count = 100
image_data = get_preprocessed_test_image("./ILSVRC2012_img_val/", image_count)
image_data = np.array(tf.keras.applications.mobilenet.preprocess_input(image_
                      data), np.float32)

def representative_dataset():
    for input_value in tf.data.Dataset.from_tensor_slices(image_data).batch(1).
                       take(image_count):
        yield [input_value]
```

먼저 get_preprocessed_test_image() 함수를 호출하여 ImageNet 검증 데이터의 이미지를 불러와 224×224로 리사이즈합니다. 편의상 샘플 이미지 100개만 가져왔습니다. 검증 데이터 중에는 흑백 이미지도 포함되어 있는데, 흑백 이미지의 형태는 (224, 224, 1)이므로 형태가 맞지 않아 바로 사용할 수 없습니다. 따라서 1채널을 3채널로 확장하고 동일한 값을 각 채널에 복사하여 컬러 이미지처럼 변환하는 convert_channel() 함수를 적용합니다. 모델에 이미지를 입력할 때 전처리를 해야 하므로 대표 데이터도 tf.keras.applications.

mobilenet.preprocess_input( ) 함수로 전처리를 합니다. 이미지가 준비되었으면 이를 이용하여 representative_dataset( ) 함수를 구현합니다. yield를 이용하여 호출될 때마다 준비된 이미지에서 이미지를 하나씩 생성하여 총 100번 반환합니다.

이제 [코드 9-9]와 같이 Integer 양자화된 TFLite 모델을 만들고 크기를 확인합니다.

코드 9-9 MobileNet V2 모델에 Integer 양자화 적용 후 tflite 파일 용량 확인
optimization.ipynb

```
mobilenet_model = tf.keras.applications.MobileNetV2(weights="imagenet")
int_size = save_model_tflite_int_optimization(mobilenet_model, "mobilenet_int.
                                              tflite", representative_dataset)
print(f'int_size : {int_size}')
```

```
int_size : 4134304
```

Integer 양자화가 적용된 mobilenet_int.tflite 파일이 생성되었습니다. 모델의 크기는 4,134,304바이트로 약 4.1메가바이트입니다. 모델의 크기가 29.5%가 되어 약 1/3~1/4로 줄어들었습니다.

다음으로 모델의 입출력 값까지 모두 양자화하는 Full Integer 양자화를 살펴봅시다.

코드 9-10 케라스 모델을 Full Integer 양자화하여 저장
optimization.ipynb

```
def save_model_tflite_fullint_optimization(model, path, representative_dataset):
    converter = tf.lite.TFLiteConverter.from_keras_model(model)
    converter.optimizations = [tf.lite.Optimize.DEFAULT]
    converter.representative_dataset = representative_dataset
    converter.target_spec.supported_ops = [tf.lite.OpsSet.TFLITE_BUILTINS_INT8]
    converter.inference_input_type = tf.uint8
    converter.inference_output_type = tf.uint8
    tflite_model = converter.convert()
    with open(path, 'wb') as f:
        f.write(tflite_model)

    return os.path.getsize(path)
```

Full Integer 양자화를 위해 target_spec.supported_ops를 tf.lite.OpsSet.TFLITE_ BUILTINS_INT8로 설정하고 inference_input_type과 inference_output_type을 tf.uint8로 설정했습니다. 앞서 언급했듯이 supported_ops는 지원되는 연산을 지칭하는 값으로, 기본 값은 텐서플로 라이트에 포함된 기본 연산을 나타내는 tf.lite.OpsSet.TFLITE_ BUILTINS입니다. 이를 tf.lite.OpsSet.TFLITE_BUILTINS_INT8로 변경하면 int8로 양자화된 연산만을 사용하도록 모델이 변환됩니다. 만약 int8로 양자화된 구현이 없는 연산이 모델에 포함되어 있다면 오류가 발생합니다. inference_input_type은 입력 배열의 데이터 타입, inference_output_type은 출력 배열의 데이터 타입입니다. 둘 다 기본 값은 tf.float32인데 Full Integer 양자화에서는 이 값을 모두 tf.uint8로 설정합니다. 또한 Integer 양자화와 마찬가지로 Full Integer 양자화도 대표 데이터셋이 필요하므로 Integer 양자화에서 사용했던 representative_dataset( ) 함수를 그대로 사용합니다.

이제 [코드 9-11]과 같이 Full Integer 양자화된 TFLite 모델을 만들고 크기를 확인합니다.

코드 9-11 MobileNet V2 모델에 Full Integer 양자화 적용 후 tflite 파일 용량 확인

optimization.ipynb

```
mobilenet_model = tf.keras.applications.MobileNetV2(weights="imagenet")
fullint_size = save_model_tflite_fullint_optimization(mobilenet_model, "mobilenet_
            fullint.tflite", representative_dataset)
print(f'fullint_size : {fullint_size}')
```

```
fullint_size : 4134384
```

Full Integer 양자화가 적용된 mobilenet_fullint.tflite 파일이 생성되었습니다. 모델의 크기는 Integer 양자화와 거의 동일한 4,134,384바이트로 약 4.1메가바이트입니다. 모델의 크기가 29.5%가 되어 약 1/3~1/4로 줄어들었습니다.

9.2.4 양자화 모델의 정확도 비교

모델의 예측 정확도가 얼마나 달라졌는지 알아봅시다. 정확도를 테스트하기 위해 ImageNet 검증 데이터를 사용할 것입니다. 검증 데이터는 학습에 개입하는 데이터라 테스트하는 데 사용

하기에는 적합하지 않지만, ImageNet 데이터의 테스트 데이터는 공개되지 않았기 때문에 부득이하게 많은 논문에서도 테스트 용도로 사용하고 있습니다. 같은 이유로 여기서도 검증 데이터를 테스트에 사용하겠습니다.

하지만 검증 데이터를 사용하는 데 문제가 하나 있습니다. 바로 레이블이 없다는 것입니다. 학습 데이터는 이미지가 1,000개의 클래스에 따라 1,000개의 폴더로 정렬되어 있어 폴더가 곧 레이블로 활용될 수 있지만, 검증 데이터는 하나의 폴더에 모든 이미지가 포함되어 있기 때문에 레이블이 없습니다. 따라서 ImageNet을 이용했던 연구자들이 제안한 스크립트를 활용하겠습니다. 미리 얘기하지만 우리는 이 스크립트를 활용하되 실행하지는 않을 것입니다.

[코드 9-12]는 검증 데이터의 이미지를 학습 데이터와 같은 폴더 구조로 변경하는 스크립트입니다. 먼저 각 클래스에 해당하는 1,000개의 폴더를 만들고 이미지를 적합한 폴더 아래로 이동합니다.

코드 9-12 ImageNet 검증 데이터를 폴더 구조로 변경하는 스크립트
valprep.sh

```
mkdir -p n01440764
mkdir -p n01443537
mkdir -p n01484850
mkdir -p n01491361
...
mv ILSVRC2012_val_00000001.JPEG n01751748/
mv ILSVRC2012_val_00000002.JPEG n09193705/
mv ILSVRC2012_val_00000003.JPEG n02105855/
mv ILSVRC2012_val_00000004.JPEG n04263257/
...
```

출처: https://github.com/soumith/imagenetloader.torch

윈도우 환경을 이용하는 독자는 위의 스크립트를 [코드 9-13]과 같이 바꾸어 사용해야 합니다.

코드 9-13 ImageNet 검증 데이터를 폴더 구조로 변경하는 배치 코드
valprep.bat

```
mkdir n01440764
mkdir n01443537
mkdir n01484850
mkdir n01491361
...
```

```
move ILSVRC2012_val_00000001.JPEG n01751748/
move ILSVRC2012_val_00000002.JPEG n09193705/
move ILSVRC2012_val_00000003.JPEG n02105855/
move ILSVRC2012_val_00000004.JPEG n04263257/
...
```

이 스크립트를 실행하면 ImageNet 학습 데이터처럼 이미지가 클래스별 폴더 구조로 재구성됩니다. ILSVRC2012_val_00000001.JPEG 파일은 n01751748 폴더 아래로, ILSVRC2012_val_00000002.JPEG 파일은 n09193705 아래로 순차적으로 이동합니다 (폴더명은 해당 클래스의 WordNet ID입니다). n01751748 폴더 아래에는 이 밖에도 ILSVRC2012_val_00000324.JPEG, ILSVRC2012_val_00001607.JPEG 등 총 50개의 파일이 있는데, 이는 모두 같은 클래스에 속한 이미지입니다. 폴더가 레이블 역할을 할 수 있게 되었지만 폴더 구조만으로는 각 폴더가 어떤 클래스명을 나타내는지 알 수 없기 때문에 폴더명과 클래스명을 매핑하는 json 파일을 참조합니다. json 파일은 다음 주소에서 얻을 수 있습니다.

```
http://s3.amazonaws.com/deep-learning-models/image-models/imagenet_class_index.json
```

json 파일을 다운로드하여 열어보면 다음과 같이 폴더명과 클래스명이 매핑되어 있습니다.

imagenet_class_index.json

```
{
    "0": [
        "n01440764",
        "tench"
    ],
    "1": [
        "n01443537",
        "goldfish"
    ],
    "2": [
        "n01484850",
        "great_white_shark"
    ],
    "3": [
        "n01491361",
        "tiger_shark"
    ],
    ...
```

우리는 스크립트를 적용하지 않고 스크립트와 json 파일로 레이블 목록을 만들어서 사용할 것입니다. [코드 9-14]는 검증 데이터의 레이블을 생성하는 코드입니다.

코드 9-14 스크립트와 json 파일을 이용하여 ImageNet 검증 데이터 레이블 생성

preprocess_imagenet_data.ipynb

```python
import pandas as pd
import json

def create_labels(script_path = "./valprep.bat",
                  json_path = "./imagenet_class_index.json",
                  output_path = "./labels_.txt"):

    script_file = open(script_path, "r");
    str_list = script_file.readlines()
    images = []
    dirnames = []

    if script_path.endswith(".bat"):
        for line in str_list:
            if line.startswith("move"):
                images.append(line[5:33])
                dirnames.append(line[34:43])
    elif script_path.endswith(".sh"):
        for line in str_list:
            if line.startswith("mv"):
                images.append(line[3:31])
                dirnames.append(line[32:41])

    df = pd.DataFrame({'images':images, 'dirnames':dirnames})

    json_file = open(json_path, "r");

    jsonObj = json.load(json_file)
    dirnames_c = []
    classes = []
    for i in range(1000):
        jsonArray = jsonObj.get(f'{i}')
        dirnames_c.append(jsonArray[0])
        classes.append(jsonArray[1])
    df_class = pd.DataFrame({'dirnames_c':dirnames_c, 'classes':classes})
    df_class["index"] = df_class.index
    df_class.set_index(["dirnames_c"], inplace=True)
    df = df.join(df_class, on=["dirnames"], how='left', lsuffix='', rsuffix='',
```

```
        sort=False)
    output_file = open(output_path, "w")
    output_file.write("\n".join(df["classes"].to_list()))

create_labels()
```

스크립트의 'mv 파일명 폴더명' 또는 'move 파일명 폴더명' 행을 읽어 파일명과 폴더명으로 구성된 테이블을 생성한 다음 json 파일을 읽어 폴더명과 클래스명으로 구성된 테이블을 생성합니다. 이 두 테이블을 join() 함수로 결합하면 파일명, 폴더명, 클래스명으로 구성된 테이블을 얻을 수 있습니다. 검증 데이터의 파일이 총 5만 개이므로 이 테이블에는 5만 개의 행이 있습니다. 마지막으로 이 테이블의 classes 열을 따로 추출하여 텍스트 파일로 만듭니다. [그림 9-3]은 이러한 과정을 보여줍니다.

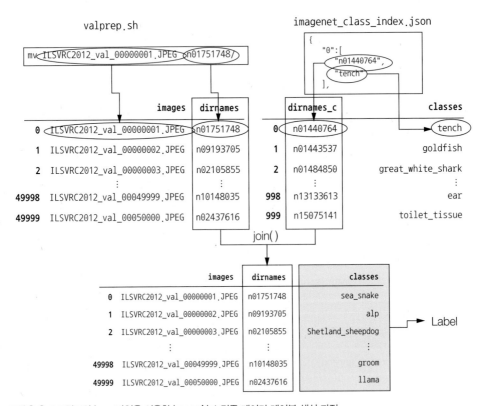

그림 9-3 스크립트와 json 파일을 이용한 ImageNet 검증 데이터 레이블 생성 과정

생성된 labels.txt 파일은 다음과 같이 구성되어 있습니다. 총 5만 행이며 5만 개의 검증 데이터 이미지를 이름 순으로 정렬하면 정확히 매핑됩니다.

labels.txt

```
sea_snake
alp
Shetland_sheepdog
soup_bowl
cradle
```

이제 ImageNet 검증 데이터와 레이블 파일을 이용하여 파이썬 환경에서 TFLite 모델을 로드하여 추론하고 정확도를 비교해봅시다. [코드 9-15]는 tflite 파일을 로드하고 ImageNet 검증 데이터로 추론하여 정확도를 출력하는 코드입니다.

코드 9-15 ImageNet 검증 데이터를 활용한 tflite 모델 테스트
optimization.ipynb

```python
def run_mobilent_tflite_model(path, test_image_count=100):
    interpreter = tf.lite.Interpreter(str(path))
    interpreter.allocate_tensors()

    input_details = interpreter.get_input_details()[0]
    output_details = interpreter.get_output_details()[0]

    input_data = get_preprocessed_test_image("./ILSVRC2012_img_val/", test_image_
                                             count)

    if input_details['dtype'] == np.float32:
        input_data = tf.keras.applications.mobilenet.preprocess_input(input_data)
        input_data = np.array(input_data, np.float32)

    y_pred = np.array(np.zeros((len(input_data), 1000)), np.float32)
    for i in range(len(input_data)):
        if input_details['dtype'] == np.uint8:
            test_image = [np.array(input_data[i].astype(int), dtype=np.uint8)]
        else:
            test_image = [input_data[i]]

        interpreter.set_tensor(input_details['index'], test_image)
        interpreter.invoke()
        output = interpreter.get_tensor(output_details['index'])
```

```
        if output_details['dtype'] == np.uint8:
            output_param = output_details["quantization_parameters"]
            output_scale = output_param["scales"]
            output_zero_point = output_param["zero_points"]
            output = output.astype(np.float32)
            output = (output - output_zero_point) * output_scale

        y_pred[i] = output

    topK = 3
    y_pred_top = tf.keras.applications.mobilenet.decode_predictions(y_pred, top=topK)

    label_file = open("labels.txt", "r")
    label = label_file.read().split("\n")[:test_image_count]

    return check_accuracy(y_pred_top, label)
```

먼저 path로 전달된 tflite 파일 경로를 tf.lite.Interpreter 생성자에 전달하여 Interpreter를 생성하고 텐서를 초기화합니다. 입출력 텐서의 스펙을 구하기 위해 get_input_details( ) 함수와 get_output_details( ) 함수를 호출하여 첫 번째 텐서의 명세를 저장합니다. input_details['dtype']으로 입력 텐서의 데이터 타입을 알 수 있는데, 이 값이 np.float32이면 모델의 입력 값이 float 형이므로 preprocess_input( ) 함수로 전처리하여 입력 데이터를 정규화합니다. Full Integer 양자화 모델은 입력 텐서의 타입이 np.uint8이므로 8bit unsigned integer 타입을 사용하는 이미지를 전달해야 하기 때문에 전처리를 하지 않습니다. 전처리를 하지 않으면 이미지가 정규화되지 않으므로 0~255 범위의 int 형 원본 값을 그대로 사용할 수 있습니다. 대신 이미지를 모델에 입력하기 전에 astype( ) 함수에 int를 전달하고 dtype을 uint8로 명시한 np.array( ) 함수를 적용하여 입력 이미지의 데이터 타입을 uint8로 명시합니다.

이미지가 준비되었으니 interpreter.set_tensor( ) 함수에 입력 텐서의 인덱스와 이미지를 전달하여 입력 텐서에 데이터를 저장합니다. 이제 interpreter.invoke( ) 함수를 호출하여 모델을 실행하고 interpreter.get_tensor( ) 함수를 통해 출력 텐서에서 결과 값을 얻을 수 있습니다.

Float32를 이용하는 모델은 출력 값을 그대로 사용하면 되지만, uint8을 이용하는 모델은 출력 값이 int 형이므로 양자화된 int 값을 그에 대응하는 float 값으로 변환하여 사용해야 합니다. 이때 다음 공식을 적용하여 변환합니다.

```
f = scale * (q - zero_point)
```

f는 우리가 원하는 float 형으로 변환된 값이고 q는 int 형인 양자화된 값입니다. 양자화된 값을 float 값으로 변환하기 위해 zero_point를 빼고 scale을 곱해야 합니다. scale 값과 zero_point 값은 output_details["quantization_parameters"] 딕셔너리에 저장되어 있습니다. 이 딕셔너리에 키로 'scales'를 전달하면 scale 값이 반환되고, 'zero_points'를 전달하면 zero point 값이 반환됩니다. 계산을 위해 output 값의 데이터 타입을 np.float.32로 바꾼 뒤 zero point 값을 빼고 scale 값을 곱하면 대응하는 float 값을 얻을 수 있습니다.

이제 모델의 출력 값을 모두 얻었습니다. 출력 값이 저장된 y_pred 변수를 tf.keras.applications.mobilenet.decode_predictions( ) 함수에 전달하여 예측 결과 중 속할 확률이 가장 높은 클래스를 얻을 수 있습니다. topK 값을 3으로 설정하여 가장 확률이 높다고 예측한 3개의 클래스를 얻었습니다.

다음은 모델이 예측한 상위 3개 클래스에 정답인 실제 레이블 값이 있는지 확인할 차례입니다. labels.txt 파일을 읽어 레이블 값을 가져오고 이 값과 decode_predictions( ) 함수의 결과 값인 y_pred_top 값을 비교합니다. [코드 9-16]은 이를 비교하는 코드입니다.

코드 9-16 모델 예측 값과 실제 레이블 값 비교
optimization.ipynb

```
def check_accuracy(y_pred_top, label):
    success_count = 0

    for i in range(len(y_pred_top)):
        output_list = []

        for output in y_pred_top[i]:
            if isinstance(output, int):
                output_list.append(output)
            else:
                output_list.append(output[1])

        if label[i] in output_list:
            success_count += 1

    return success_count / len(y_pred_top)
```

y_pred_top에 레이블과 일치하는 클래스가 있다면 분류에 성공한 것으로 간주합니다. 제시된 이미지 중 분류에 성공한 이미지가 몇 개인지 비율을 반환합니다.

이제 [코드 9-17]과 같이 각 모델 파일의 경로와 테스트할 이미지 수를 전달하여 모델별 정확도를 확인합니다. 테스트할 이미지 수의 기본 값은 100입니다.

코드 9-17 양자화의 유형별로 생성한 모델의 정확도 비교

optimization.ipynb

```
origin_acc = run_mobilent_tflite_model("mobilenet.tflite")
dynamic_range_acc = run_mobilent_tflite_model("mobilenet_dynamic_range.tflite")
float16_acc = run_mobilent_tflite_model("mobilenet_float16.tflite")
int_acc = run_mobilent_tflite_model("mobilenet_int.tflite")
fullint_acc = run_mobilent_tflite_model("mobilenet_fullint.tflite")

f'{origin_acc}, {dynamic_range_acc}, {float16_acc}, {int_acc}, {fullint_acc}'
```

```
'0.89, 0.71, 0.89, 0.83, 0.84'
```

표 9-3 양자화의 유형별 정확도

양자화	양자화 미적용	Dynamic Range	Float16	Integer	Full Integer
정확도	89%	71%	89%	83%	84%

양자화를 적용하지 않은 모델의 정확도는 89%입니다. Float16 양자화를 적용한 모델은 정밀도 손실이 가장 적은 양자화 기법답게 정확도 손실도 가장 적어서 원본 모델과 동일한 89%의 정확도를 기록했습니다. int8로 양자화한 모델은 정확도가 좀 더 떨어집니다. Full Integer 양자화를 적용한 모델은 파라미터와 입출력 값으로 Integer를 사용하고 모델의 입출력 값도 직접 변환하여 84%의 정확도를 보입니다. 역시 대표 데이터셋을 활용한 Integer 양자화 모델은 Full Integer 양자화보다 다소 낮은 83%이지만, 그래도 차이가 크지 않습니다. 한편 대표 데이터셋을 사용하지 않고 int8 양자화를 한 Dynamic Range 양자화 모델은 71%로 정확도가 가장 낮습니다.

9.2.5 양자화 모델의 추론 소요 시간 비교

양자화 기법을 비교하기 위한 마지막 기준으로 안드로이드 기기에서 추론하는 데 걸리는 시간을 살펴봅시다. 추론 소요 시간을 측정하기 전에 안드로이드에서 TFLite 모델을 손쉽게 변경하기 위해 모델을 생성할 때 빌더 패턴을 사용하도록 코드를 리팩토링합니다. 먼저 Classifier에서 Model을 직접 생성하지 않고 외부에서 입력받도록 생성자의 매개변수에 Model을 추가합니다.

코드 9-18 생성자를 통해 외부에서 Model을 전달받도록 변경한 Classifier 생성자와 init() 함수
Classifier.java

```java
public Classifier(@NonNull Context context, @NonNull Model model) {
    this.context = context;
    this.model = model;
}

public void init() throws IOException {
    initModelShape();
    labels = FileUtil.loadLabels(context, LABEL_FILE);
//        labels.remove(0);

    isInitialized = true;
}
```

Classifier 클래스에서 Model은 필수 요소이므로 @NonNull 어노테이션을 사용하여 Null 값이 들어오지 않도록 제한합니다. 생성자를 변경하면서 init() 함수 안에서 Model을 생성하는 로직도 제거합니다.

다음으로 Classifier를 생성하는 빌더 클래스인 ClassifierBuilder 클래스를 구현합니다.

코드 9-19 ClassifierBuilder 클래스의 생성자
ClassifierBuilder.java

```java
public class ClassifierBuilder {

    Context context;
    Model.Device device;
    int nThread;
    String modelName;
    float imageMean, imageStd, probabilityMean, probabilityStd;

    public ClassifierBuilder(Context context) {
        this.context = context;
```

```
        this.device = Model.Device.CPU;
        this.nThread = 1;

        this.modelName = "mobilenet_imagenet_model.tflite";
        this.imageMean = 0.0f;
        this.imageStd = 255.0f;
        this.probabilityMean = 0.0f;
        this.probabilityStd = 1.0f;
    }
}
```

빌더의 생성자에서는 Context만 매개변수로 받고 나머지 필요한 멤버 변수는 디폴트 값으로 초기화합니다. 우리가 지금까지 만든 모델과 동일한 모델을 디폴트로 생성하도록 초깃값을 지정합니다. 싱글스레드 CPU에서 mobilenet_imagenet_model.tflite 모델을 사용하며, 전처리 시 평균 0, 표준편차 255로 정규화하고 후처리 시 평균 0, 표준편차 1로 정규화하는(즉 후처리 시 정규화하지 않는) 모델이 생성될 것입니다.

[코드 9-20]과 같이 Classifier 생성에 필요한 정보를 빌드 전에 미리 설정하도록 Setter 함수를 구현합니다.

코드 9-20 Model.Device와 CPU의 스레드 개수를 설정하는 Setter 함수 구현
ClassifierBuilder.java

```java
public ClassifierBuilder setDevice(Model.Device device) {
    this.device = device;
    return this;
}

public ClassifierBuilder setMultiThread(int nThread) {
    this.nThread = nThread;
    return this;
}
```

GPU 위임이나 NNAPI 위임을 위한 Model.Device 변수를 설정하는 Setter, CPU 멀티스레드를 위해 스레드 개수를 설정하는 Setter 함수를 구현했습니다. Setter 함수에서 변수를 선언한 뒤 return this; 구문을 추가하여 ClassifierBuilder 자체를 반환하게 하면 함수 호출 시 체이닝을 통해 여러 Setter 함수를 연속적으로 손쉽게 호출할 수 있습니다.

다음으로 tflite 파일을 지정하는 Setter 함수를 구현합니다.

코드 9-21 tflite 파일을 설정하는 Setter 함수 구현

ClassifierBuilder.java

```java
public ClassifierBuilder setModelName (String modelName) {
    this.modelName = modelName;
    return this;
}

public ClassifierBuilder setIntModelName(String modelName,
                          float imageMean, float imageStd,
                          float probabilityMean, float probabilityStd) {
    this.modelName = modelName;

    this.imageMean = imageMean;
    this.imageStd = imageStd;
    this.probabilityMean = probabilityMean;
    this.probabilityStd = probabilityStd;
    return this;
}
```

tflite 파일명을 입력받는 setModelName( ) 함수를 구현했습니다. 입출력 값으로 Integer 형을 사용하는 Full Integer 양자화 모델을 위해 추가로 setIntModelName( ) 함수를 구현합니다. Full Integer 양자화 모델은 Float 기반의 모델과 전처리 및 후처리 시 적용하는 정규화 여부가 다르기 때문입니다. 이를 쉽게 이해할 수 있도록 [그림 9-4]에 나타냈습니다.

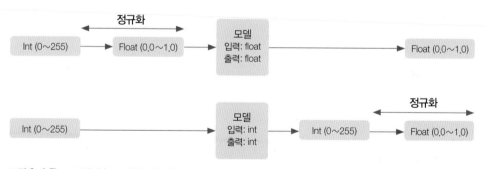

그림 9-4 Float 모델과 Int 모델의 정규화

입출력 값이 float 형인 모델에서는 0~255를 float 값 0~1로 정규화하여 모델에 입력했으며, 모델이 float 값을 다루기 때문에 이 입력 값을 처리하는 데 문제가 없습니다. 모델의 출력도 0~1 사이의 float값을 반환하고 이 값을 후처리 없이 확률 값 0~1로 사용했습니다. 하지만 모

델이 입출력 값으로 int 형을 사용하면 상황이 조금 다릅니다. 만약 똑같이 입력 이미지에 정규화를 적용하고 그 결과 입력 이미지의 픽셀 값이 float 값 0~1이 되면 int 형을 사용하는 모델은 이를 모두 0으로 처리합니다. 따라서 입력 데이터를 정규화하면 안 됩니다. 또한 출력 값도 정수형이므로 출력 값을 기존 모델처럼 확률 값 0~1로 사용하려면 추론 후에 정규화해야 합니다. 출력 값이 8비트 정수형이므로 평균 0, 표준편차 255를 사용하여 후처리 시 정규화를 적용하면 모델의 결과 값이 0~1의 float 형으로 반환될 것입니다. 이처럼 Int 모델의 경우 입력 값을 정규화하지 않고 출력 값을 정규화하도록 setIntModelName( ) 함수에서 입력 값과 출력 값의 정규화에 사용하는 평균과 표준편차를 설정합니다.

[코드 9–22]는 모든 설정 값이 지정된 후 Classifier 인스턴스를 생성하는 build( ) 함수를 구현하는 코드입니다.

코드 9-22 Classifier를 생성하여 반환하는 build( ) 함수 구현
ClassifierBuilder.java

```java
public Classifier build() throws IOException {
    Model model;

    switch(device) {
        case CPU: {
            model = createMultiThreadModel(nThread);
            break;
        }
        case GPU: {
            model = createGPUModel();
            break;
        }
        case NNAPI: {
            model = createNNAPIModel();
            break;
        }
        default:{
            model = createModel();
        }
    }

    return new Classifier(context, model) {
        @Override
        TensorOperator getPreprocessNormalizeOp() {
            return new NormalizeOp(imageMean, imageStd);
```

```
        }

        @Override
        TensorOperator getPostprocessNormalizeOp() {
            return new NormalizeOp(probabilityMean, probabilityStd);
        }
    };
}
```

Classifier의 생성자에서 Model의 인스턴스를 외부로부터 전달받도록 수정했는데, build( ) 함수에서는 지금까지 설정한 값을 이용하여 그에 맞는 Model을 생성하고 이 Model로 Classifier를 생성합니다. Model을 생성하는 createMultiThreadModel( ), createGPUModel( ), createNNAPIModel( ), createModel( ) 함수는 Classifier에 구현된 함수를 그대로 ClassifierBuilder로 옮겨왔습니다.

이때 주목할 것은 Classifier를 생성하여 리턴하는 코드로, Classifier를 생성하면서 get PreprocessNormalizeOp( ), getPostprocessNormalizeOp( ) 함수를 구현했습니다. getPreprocessNormalizeOp( )는 전처리에서 정규화를 적용하는 텐서 연산자를 반환하는 함수이고, getPostprocessNormalizeOp( )는 후처리에서 정규화를 적용하는 텐서 연산자를 반환하는 함수입니다. 여기에 각각 전처리용 평균, 표준편차와 후처리용 평균, 표준편차를 사용하여 정규화 연산자를 생성하게 함으로써 미리 설정한 평균과 표준편차 값이 상속되는 시점에 Classifier의 동작이 결정됩니다. 이를 위해 Classifier는 [코드 9-23]과 같이 추상 클래스로 구현되어야 합니다.

코드 9-23 추상 클래스로 선언된 Classifier 클래스
Classifier.java

```
public abstract class Classifier {

    abstract TensorOperator getPreprocessNormalizeOp();
    abstract TensorOperator getPostprocessNormalizeOp();
```

Classifier를 상속하거나 생성하는 시점에 getPreprocessNormalizeOp( ), getPostprocess NormalizeOp( ) 함수를 구현하도록 추상 메서드로 선언했습니다. Classifier 클래스에서는 이 두 추상 메서드를 사용하도록 구현합니다. 먼저 후처리를 위한 로직은 [코드 9-24]와 같습니다.

```java
TensorProcessor probabilityProcessor;

public void init() throws IOException {
    initModelShape();
    labels = FileUtil.loadLabels(context, LABEL_FILE);
//        labels.remove(0);

    probabilityProcessor = new TensorProcessor.Builder()
            .add(getPostprocessNormalizeOp())
            .build();

    isInitialized = true;
}

public Pair<String, Float> classify(Bitmap image, int sensorOrientation) {
        inputImage = loadImage(image, sensorOrientation);

        Object[] inputs = new Object[]{inputImage.getBuffer()};
        Map<Integer, Object> outputs = new HashMap();
        outputs.put(0, outputBuffer.getBuffer().rewind());

        model.run(inputs, outputs);

        Map<String, Float> output =
                new TensorLabel(labels, probabilityProcessor.process(outputBuffer))
                        .getMapWithFloatValue();

        return argmax(output);
    }
```

추론 결과를 후처리하기 위한 TensorProcessor를 멤버 변수로 선언하고, init( ) 함수에서 TensorProcessor.Builder에 getPostprocessNormalizeOp( )를 호출하여 얻은 정규화를 적용하는 TensorOperator를 추가하고 빌드하여 TensorProcessor의 인스턴스를 생성합니다. classify( ) 함수에서는 추론 결과를 담은 outputBuffer를 바로 레이블에 매핑하지 않고, 방금 생성한 probabilityProcessor의 process( ) 함수를 적용하여 후처리한 결과를 매핑합니다.

전처리를 위한 로직은 [코드 9-25]와 같이 구현합니다.

Classifier.java

```java
private TensorImage loadImage(final Bitmap bitmap, int sensorOrientation) {
    ...
    ImageProcessor imageProcessor = new ImageProcessor.Builder()
            .add(new ResizeWithCropOrPadOp(cropSize, cropSize))
            .add(new ResizeOp(modelInputWidth, modelInputHeight, NEAREST_NEIGHBOR))
            .add(new Rot90Op(numRotation))
            .add(getPreprocessNormalizeOp())
            .build();

    return imageProcessor.process(inputImage);
}
```

전처리는 loadImage( ) 함수 안에서 ImageProcessor를 이용하여 수행합니다. 정규화를 위해 추가했던 new NormalizeOp(0.0f, 255.0f) 연산자를 제거하고 getPreprocess NormalizeOp( ) 함수의 결과 값을 사용하게 함으로써 모델에 따라 정규화 적용 값이 달라지도록 수정합니다.

이제 ClassifierBuilder를 이용하여 tflite 파일을 바꿔가며 Classifier를 생성해봅시다. setMultiThread( ) 함수와 setDevice( ) 함수를 조합하면 더욱 다양한 옵션으로 Classifier를 생성할 수 있습니다. 이처럼 빌더 패턴을 이용하면 모델과 디바이스를 바꿔가며 쉽게 Classifier를 만들어낼 수 있습니다.

코드 9-26 원본 모델을 이용한 Classifier 생성
MainActivity.java

```java
cls = new ClassifierBuilder(this)
        .setModelName("mobilenet.tflite")
        .build();
cls.init();
```

코드 9-27 Dynamic Range 양자화 모델을 이용한 Classifier 생성
MainActivity.java

```java
cls = new ClassifierBuilder(this)
        .setModelName("mobilenet_dynamic_range.tflite")
        .build();
cls.init();
```

코드 9-28 Float16 양자화 모델과 GPU를 이용한 Classifier 생성

MainActivity.java

```java
cls = new ClassifierBuilder(this)
        .setModelName("mobilenet_float16.tflite")
        .setDevice(Model.Device.GPU)
        .build();
cls.init();
```

코드 9-29 Full Integer 양자화 모델과 CPU의 스레드 4개를 이용한 Classifier 생성

MainActivity.java

```java
cls = new ClassifierBuilder(this)
        .setIntModelName("mobilenet_fullint.tflite",
                0.0f, 1.0f,
                0.0f, 255.0f)
        .setMultiThread(4)
        .build();
cls.init();
```

[표 9-4]에 각 양자화 기법이 적용된 모델과 디바이스 설정에 따른 추론 성능을 비교하여 정리했습니다. 원본 모델에 비해 성능의 변화가 어느 정도인지 확인할 수 있습니다.

표 9-4 양자화 기법과 디바이스에 따른 추론 소요 시간 비교

모델	CPU의 스레드 1개	CPU의 스레드 4개	GPU	NNAPI
원본	86밀리초	39밀리초	18밀리초	25밀리초
Dynamic Range 양자화	88밀리초	50밀리초	88밀리초	26밀리초
Float16 양자화	85밀리초	37밀리초	19밀리초	381밀리초
Integer 양자화	65밀리초	33밀리초	91밀리초	26밀리초
Full Integer 양자화	64밀리초	31밀리초	88밀리초	23밀리초

9.3 양자화 인식 학습

양자화 인식 학습은 모델을 학습하는 과정에서 양자화를 적용하는 기법입니다. 모델의 크기를

줄이려는 목적이 아니라, 양자화를 적용한 후 정확도가 더 높은 모델을 얻기 위해 양자화 인식 학습을 이용합니다. 모델의 크기는 학습 후 양자화를 통해 줄일 수 있습니다.

양자화 인식 학습은 학습 단계에서 적용하는 양자화 기법이므로 학습 후 양자화와 달리 학습 데이터가 필요합니다. 6장부터 사용한 ImageNet 데이터는 학습 데이터의 용량이 약 137기가 바이트라 직접 학습이 필요한 양자화 인식 학습에 사용하기에는 적합하지 않습니다. 그러므로 여기서는 MNIST 데이터셋을 이용하겠습니다.

9.3.1 텐서플로 모델 생성

먼저 [코드 9-30]과 같이 단순한 형태의 합성곱 신경망 모델을 하나 생성합니다. 합성곱 레이어 1개, 풀링 레이어 1개, Dense 레이어 1개로 구성된 간단한 합성곱 신경망 모델이며 MNIST 데이터로 학습시켰습니다.

코드 9-30 간단한 합성곱 신경망 모델 생성
quantization_aware_training.ipynb

```python
import tensorflow as tf

mnist = tf.keras.datasets.mnist
(x_train, y_train), (x_test, y_test) = mnist.load_data()

x_train, x_test = x_train / 255.0, x_test / 255.0
x_train = x_train.reshape(-1, 28, 28, 1)
x_test = x_test.reshape(-1, 28, 28, 1)

cnn_model = tf.keras.Sequential([
  tf.keras.layers.Conv2D(12, (3, 3), activation='relu', input_shape=(28, 28, 1)),
  tf.keras.layers.MaxPooling2D((2, 2)),
  tf.keras.layers.Flatten(),
  tf.keras.layers.Dense(10)])

cnn_model.compile(optimizer='adam',
              loss=tf.keras.losses.SparseCategoricalCrossentropy(from_
                  logits=True),
              metrics=['accuracy'])
cnn_model.summary()
cnn_model.fit(x_train, y_train, epochs=1, validation_split=0.1)
cnn_model.evaluate(x_test,  y_test)
```

[그림 9-5]는 모델의 구조를 보여줍니다. 총 20,410개의 파라미터로 구성되어 있으며, evaluate( ) 함수로 측정한 정확도는 95.55%입니다.

```
Layer (type)                   Output Shape          Param #
=================================================================
conv2d_9 (Conv2D)              (None, 26, 26, 12)    120
_____
max_pooling2d_7 (MaxPooling2   (None, 13, 13, 12)    0
_____
flatten_6 (Flatten)            (None, 2028)          0
_____
dense_7 (Dense)                (None, 10)            20290
=================================================================
Total params: 20,410
Trainable params: 20,410
Non-trainable params: 0
```

그림 9-5 원본 합성곱 신경망 모델의 구조

9.3.2 양자화 적용 모델

앞에서 생성한 모델에 양자화 인식 학습을 적용할 수 있습니다. 먼저 커맨드 창에서 다음과 같이 tf2 가상환경을 활성화한 뒤 모델 최적화를 위한 패키지를 설치합니다. tensorflow_ model_optimization은 최적화를 지원하기 위한 텐서플로 패키지입니다.

```
conda activate tf2
pip install tensorflow-model-optimization
```

패키지가 설치되면 [코드 9-31]과 같이 합성곱 신경망 모델에 양자화 인식 학습을 적용할 수 있습니다.

코드 9-31 양자화가 적용된 합성곱 신경망 모델 생성
quantization_aware_training.ipynb

```python
import tensorflow_model_optimization as tfmot

quantized_cnn_model = tfmot.quantization.keras.quantize_model(cnn_model)

quantized_cnn_model.compile(optimizer='adam',
                            loss="sparse_categorical_crossentropy",
                            metrics=['accuracy'])
quantized_cnn_model.summary()
```

tensorflow_model_optimization 패키지의 quantization.keras 모듈에 포함된 quantize_model( ) 함수에 모델을 전달하면 양자화된 모델을 얻을 수 있습니다. 양자화된 모델의 구조는 [그림 9-6]과 같습니다.

```
Layer (type)                  Output Shape              Param #
=================================================================
quantize_layer_3 (QuantizeLa  (None, 28, 28, 1)          3

quant_conv2d_5 (QuantizeWrap  (None, 26, 26, 12)         147

quant_max_pooling2d_4 (Quant  (None, 13, 13, 12)         1

quant_flatten_3 (QuantizeWra  (None, 2028)               1

quant_dense_4 (QuantizeWrapp  (None, 10)                 20295
=================================================================
Total params: 20,447
Trainable params: 20,410
Non-trainable params: 37
```

그림 9-6 양자화된 합성곱 신경망 모델의 구조

입력 계층을 비롯해 모델을 구성하는 각 레이어가 양자화가 적용된 레이어로 변환되었습니다. 또한 매개변수가 다소 늘었지만 학습 가능한 매개변수(Trainable params)의 수는 원본 모델과 동일합니다.

[코드 9-32]는 양자화된 모델에 학습 데이터의 일부를 사용하여 추가로 학습시킨 뒤 정확도를 확인하는 코드입니다.

코드 9-32 양자화된 합성곱 신경망 모델의 추가 학습
quantization_aware_training.ipynb

```
train_image_subset = x_train[0:1000]
train_labels_subset= y_train[0:1000]

quantized_cnn_model.fit(train_image_subset, train_labels_subset,
                        batch_size=500, epochs=1, validation_split=0.1)
quantized_cnn_model.evaluate(x_test, y_test)
```

정확도가 96.68%로 원본 모델과 거의 유사하며 오히려 좀 더 향상되었습니다. 아직은 케라스 모델이므로 tflite 파일로 변환된 후에도 모델의 정확도가 유지되는지 확인이 필요합니다. 원본 합성곱 신경망 모델과 양자화가 적용된 합성곱 신경망 모델을 tflite 파일로 저장합니다.

코드 9-33 합성곱 신경망 모델을 tflite 파일로 저장

quantization_aware_training.ipynb

```python
converter = tf.lite.TFLiteConverter.from_keras_model(cnn_model)
cnn_tflite_model = converter.convert()

with open("./cnn_model.tflite", 'wb') as f:
    f.write(cnn_tflite_model)
```

코드 9-34 양자화된 합성곱 신경망 모델을 tflite 파일로 저장

quantization_aware_training.ipynb

```python
converter = tf.lite.TFLiteConverter.from_keras_model(quantized_cnn_model)
converter.optimizations = [tf.lite.Optimize.DEFAULT]
quantized_cnn_tflite_model = converter.convert()

with open("./quantized_cnn_model.tflite", 'wb') as f:
    f.write(quantized_cnn_tflite_model)
```

원본 모델은 추가적인 양자화 없이 tflite 파일로 변환했고, 양자화를 적용한 모델은 학습 후 양자화를 같이 적용했습니다.

9.3.3 양자화 모델의 정확도 비교

변환된 tflite 파일을 이용하여 Interpreter를 생성하고 test 데이터로 추론하여 모델의 정확도를 확인해봅시다. 앞서 파이썬 코드에서 tflite 파일을 읽어 수행했던 [코드 9-15]의 run_mobilent_tflite_model() 함수와 같은 기능을 하는 함수를 MNIST 데이터에 맞게 수정합니다. [코드 9-35]와 같이 tflite 파일의 path를 읽어 Interpreter를 생성하고 x_test, y_test로 전달된 데이터를 이용하여 정확도를 확인합니다.

코드 9-35 tflite 파일로 모델을 생성하여 정확도를 측정하는 함수

quantization_aware_training.ipynb

```python
def run_tflite_model(path, x_test, y_test):
    interpreter = tf.lite.Interpreter(str(path))
    interpreter.allocate_tensors()

    input_details = interpreter.get_input_details()[0]
    output_details = interpreter.get_output_details()[0]
```

```
y_pred = []
for i, test_image in enumerate(x_test):
    test_image = np.expand_dims(test_image, axis=0).astype(np.float32)

    interpreter.set_tensor(input_details['index'], test_image)
    interpreter.invoke()
    output = interpreter.get_tensor(output_details['index'])

    y_pred.append(output.argmax())

y_pred = np.array(y_pred)
accuracy = (y_pred == y_test).mean()
return accuracy
```

이제 원본 합성곱 신경망 모델과 양자화가 적용된 합성곱 신경망 모델의 tflite 파일을 전달하여 정확도를 비교합니다.

코드 9-36 원본 합성곱 신경망 파일의 정확도 확인

quantization_aware_training.ipynb

```
run_tflite_model("./cnn_model.tflite", x_test, y_test)
```

코드 9-37 양자화된 합성곱 신경망 파일의 정확도 확인

quantization_aware_training.ipynb

```
run_tflite_model("./quantized_cnn_model.tflite", x_test, y_test)
```

원본 합성곱 신경망 모델을 사용한 경우의 정확도는 96.38%이고, 양자화가 적용된 합성곱 신경망 모델을 사용한 경우의 정확도는 96.60%입니다. 양자화를 적용했음에도 불구하고 정확도가 원본 모델과 거의 유사하고 심지어 조금 높습니다. 이처럼 양자화 인식 학습은 양자화를 적용하더라도 원본 모델 수준으로 정확도를 최대한 유지할 수 있게 해줍니다.

9.4 마무리

이 장에서는 텐서플로 라이트 모델을 최적화하는 방법을 살펴보았습니다. 학습 후 양자화 기법으로 양자화된 모델의 성능을 비교해보고, 양자화 인식 학습을 통해 양자화된 모델의 정확도를 높이는 방법도 다루었습니다. 적절한 양자화 기법을 적용하여 리소스가 제한된 안드로이드 기기에서 모델의 성능을 극대화할 수 있는 앱을 만들어보기 바랍니다.

Index

Index

Index

Index

Index